集人文社科之思　刊专业学术之声

集 刊 名：数字生态与治理
主　　编：张平文
执行主编：邱泽奇　宋　洁

Digital Ecology and Governance (Vol.1)

编辑委员会

张平文　中国科学院院士，武汉大学校长、党委副书记，北京大学博雅讲席教授，大数据分析与应用技术国家工程实验室主任
邱泽奇　北京大学中国社会与发展研究中心主任、数字治理研究中心主任，北京大学博雅特聘教授、社会学系教授
宋　洁　北京大学工学院党委书记、工业与工程管理系教授
陆　伟　武汉大学信息管理学院院长、教授
黄敏学　武汉大学经济与管理学院副院长、教授
宋　伟　武汉大学计算机学院计算机科学系副主任、副教授

第一辑

集刊序列号：PIJ-2023-483
集刊主页：www.jikan.com.cn/数字生态与治理
集刊投约稿平台：www.iedol.cn

张平文 主编

数字生态与治理

第一辑 （Vol.1）

本辑主题：数字生态与中美欧数字治理格局

Digital Ecology and Governance

邱泽奇　宋洁　执行主编

社会科学文献出版社
SOCIAL SCIENCES ACADEMIC PRESS (CHINA)

卷首语：数字生态与数字治理

邱泽奇

伴随着数字技术渗透的广泛和深入，新一轮的全球化正在进行中，世界治理格局已然进入一个崭新的阶段。数字化发展正迈向有规制、有治理的发展阶段，数字治理受到世界各国尤其是中美欧等主要经济体的关注，一跃成为核心的世界议题之一。

数字化发展对人类产生的影响广泛且深远，正以前所未有的方式让人类成为一个高度互联的整体，尽管反对数字连接的力量始终存在。一方面，经济依然存在世界分工，却以新创新链、新产业链、新供应链、新价值链的方式将人类的生产活动互联为一个整体，且比以往任何时候都更加紧密；另一方面，社会也因高度互联而呈现一体化发展趋势，人类命运共同体对整个人类福祉的影响比以往任何时候都要大。数字治理不仅是一种新现象，也是一个最具挑战性的议题。

数字治理是一个崭新的领域，在数字化进程中，主权国家依然主导着世界格局的发展和演化。以数字形态高度互联的一体化发展趋势虽然在形式上能够实现，但是依然是基于主权国家框架的。各国的政治制度、市场环境、技术环境、社会文化依然是影响数字化进程的重要因素。

在面向未来的探索中，既有治理与数字治理的复杂关联是基础，也是机会。世界各国尤其是主要经济体之间围绕数字治理形成错综复杂的合作与竞争关系，也将因此重构国际数字治理格局。在面向未来的探索中，生态学为理解数字治理领域的复杂性和关联性提供了有益的视角。用数字生态视角看待数字化发展既意味着把数字化发展作为一个有机整体，也意味着把数字化发展作为一种有机结构。要了解中国及国际数字治理格局发展变化情况，需要对世界各国尤其是中美欧等主要经济体的数字治理情况进行探讨，了解它们各自的特点，因为这些经济体是影响数字化发展走向的力量；更需要对数字治理要素间的关联与互动机制予以考察，探索国际数字治理新格局的发展和变化情况，因为这关涉人类整体的利益。

　　本辑试图从数字生态视角出发，对中国和世界其他主要经济体尤其是中国、美国、欧盟的数字化发展和数字治理现状进行研究。本辑的"数字生态与数字治理"部分对数字时代的治理特征、规制特征进行了总括性介绍与分析；"数字治理格局的研究方法"部分对数字治理格局研判的理论和方法进行了系统性、技术性概括，并深入介绍了国内、国际两个层次的数字生态指数；"中美欧数字治理格局现状与展望"部分运用数字生态视角下的数字治理格局研究方法，对中美欧数字治理格局进行了分析与研判；"应用探索与创新研究"部分介绍了未来可能的研究方向及研究领域；"数字生态指数测算"部分系统呈现了数字生态指数（2022）的研究发现。

　　纵观人类的历史变迁，我们有理由认为，数字治理是治理研究的前沿领域。从数字生态视角入手探讨数字治理是北京大学跨学科团队的集体努力，融汇了数学、数据科学、工学、社会学、政治学、法学、国际关系学等文理工多学科的智慧。本辑是这一努力的阶段性产出，目的是助力"十四五"规划提出的"营造开放、健康、安全的数字生态"，助力数字治理。

数字生态与治理

第一辑
2023年10月出版

·数字生态与数字治理·

数字化转型中的国家治理变化
……………………李由君 韩卓希 乔天宇 翟 崑 邱泽奇 / 1
良好数字生态与数字规则体系 ………………………… 李昊林 彭 铎 / 20

·数字治理格局的研究方法·

数字治理格局研判的理论与方法探索
………………………… 乔天宇 李由君 赵 越 谭 成 张平文 / 34
中国数字生态指数的测算与分析
………………… 王 娟 张 一 黄 晶 李由君 宋 洁 张平文 / 48
国际数字生态指数的测算与分析
………………………… 乔天宇 张蕴洁 李 铮 赵 越 邱泽奇 / 72

·中美欧数字治理格局现状与展望·

中美欧内部数字治理格局比较研究
……………………… 李昊林 王 娟 谢子龙 王卓明 宋 洁 / 95
中美欧国际数字治理格局比较分析与建议
……………………… 张蕴洁 冯莉媛 李 铮 艾秋媛 邱泽奇 / 108
中美欧数字经济与数字贸易的比较研究
……………………………… 王 娟 张蕴洁 宋 洁 张平文 / 122

·应用探索与创新研究·

半导体技术创新与产业发展的复杂性研究
……………………………………… 李 铮 乔天宇 邱泽奇 / 142

国际数字治理格局地图
　　……………… 乔天宇　赵　越　李　铮　艾秋媛　宋　洁　邱泽奇 / 170

·数字生态指数测算·

数字生态指数（2022）报告 ……… "数字生态指数（2022）"课题组 / 194

Table of Contents & Abstracts ……………………………………… / 233

《数字生态与治理》征稿启事 ……………………………………… / 241

·数字生态与数字治理·

数字化转型中的国家治理变化

李由君　韩卓希　乔天宇　翟　崑　邱泽奇[*]

摘　要　数字化转型给个体、组织、社会各层次各领域带来了显著变化，也对国家治理过程与国家治理效果产生了深刻影响，而既有研究很少从宏观视角系统地分析数字化转型带来的国家治理变化。国家治理与以往的不同之处至少有三个维度的体现：一是从国家内部事务的治理效果来看，数字化转型提供了经济跨越式增长的条件，国家发展呈现路径创新；二是从国家间的治理方式来看，因面对共同的数字化发展新问题、新逻辑，国家间出现了治理趋同现象；三是身处广泛连接的数字时代，多重全球挑战凸显国家作为治理单元的效力不足，国家治理需要兼顾全球数字秩序。数字技术的泛扩散、强适应属性与数字化转型的连接、生成逻辑是国家治理变化的内在机制。

关键词　国家治理　数字化转型　全球数字治理　数字技术　制度差异　治理趋同

数字化转型（digital transformation）是当下个体、组织乃至国家共同面对的最宏观的时代变迁。这场由数字技术广泛传播与应用引发并塑造的变迁（Hanelt et al.，2021），不仅给个体生活、组织运行带来了显著变化，而且深刻影响着国家治理。

自党的十八届三中全会提出实现国家治理体系和治理能力现代化以来，

---

[*] 李由君，北京大学社会学博士；研究方向为城乡社会学、国家治理。韩卓希，荷兰莱顿大学治理与全球事务学院博士研究生；研究方向为世界政治。乔天宇，北京大学大数据分析与应用技术国家工程实验室博士后；研究方向为技术社会学、组织社会学、计算社会学。翟崑，北京大学国际关系学院教授；研究方向为东南亚、亚太问题，世界政治和国际战略问题等。邱泽奇，北京大学中国社会与发展研究中心主任、数字治理研究中心主任，北京大学博雅特聘教授、社会学系教授；研究方向为技术应用社会变迁、组织社会学、社会研究方法。

国家治理逐渐成为学界讨论的热门话题。相关研究从国家治理的权力配置形态、国家治理内容、国家治理体系结构特征等方面提炼形成理论知识与实证研究成果，丰富了对国家治理实然现状和应然目标的理解。然而，既有研究更多关注国家治理中的政府治理与社会治理，侧重微观与中观层面的治理主体间结构关系分析，集中对具体的服务、管理活动进行讨论，缺乏对国家治理宏观意涵与整体样貌的把握。实际上，国家治理不仅涉及政府治理和社会治理中的具体活动，还包括超越具体治理活动、兼顾各行各业发展的国家整体方略、法律法规，以及处理同其他国家与国际组织关系等国际事务的国家对外战略、策略。同时，与西方治理理论倾向于弱化政府权威、坚持多中心取向不同，中国的国家治理概念沿袭马克思主义的国家理论，认为国家是公共权力的象征，国家治理本质上是政治统治的"治"与政治管理的"理"的有机结合（王浦劬，2014），是最高权威通过行政、立法和司法机关对权力、资源进行调配，对全社会实施管理的过程（徐湘林，2011）。党的十八届三中全会通过的《中共中央关于全面深化改革若干重大问题的决定》指出，"国家治理体系是在党领导下管理国家的制度体系，包括经济、政治、文化、社会、生态文明和党的建设等各领域体制机制、法律法规安排，也就是一整套紧密相连、相互协调的国家制度"。它同样强调国家治理内涵的丰富性与全局性。

在国家治理研究中，数字化转型也是普遍缺失的分析背景。虽然有研究关注了目前正在经历的数字化转型及其对治理活动产生的影响，但是它将数字化转型限制在数字政府、智慧社区等具体领域，忽略了数字技术独特特征带来的社会系统化、整体化变迁（乔天宇、向静林，2022）以及由之而来的国家治理过程、治理效果变化。

本文的目的在于分析数字化转型对宏观层面国家治理产生的影响，尤其是关注其中的治理效果及治理整体样貌的变化。国家治理概念涵盖范围极其广泛，既包括治理体系、治理能力，也包括治理手段、治理内容、治理过程和治理效果，因此有必要对其进行界定。本文所讨论的国家治理，一是与具体的治理过程相区别，并不涉及治理中形成的主体网络、互动关系、制度规则等内容；二是以国家为基本分析单位，分别讨论一国之内的治理效果呈现、国家与国家的治理比较、多国联动中的治理诉求，试图在突出国家治理丰富性与整体性的同时，展现国家治理新趋势，拓展现有国家治理研究的视域。

一 治理变迁与数字技术影响

"治理"（governance）一词起源于14世纪，自20世纪80年代学界研究视角从统治（government）向治理转化之后开始有了特殊的含义。它侧重于强调多元参与主体间的互动关系，在一般意义上指向一定范围内主体如何共同构建并维持某种有序状态以及这种有序状态呈现的结果。

治理指向秩序的形成与维持，但在秩序的维持过程中，治理对象——治理范围中的社会要素、社会关系处于动态发展变化中，会逐渐积累结构性失衡与偏差，进而形成社会矛盾。若这些矛盾无法在原有的治理方式中消化、解决甚至造成严重后果，则治理变迁成为必然。治理变迁是国家治理研究的重要内容，也是国家对治理问题的动态、整体层面的把握。

制度主义和社会转型理论是治理研究中的两条重要脉络。制度主义包括的理论派别颇为庞杂，但无论是早期的制度主义还是新制度主义，都倾向于认为制度是影响观念与行为的重要因素，差别在于新制度主义更强调制度的内生性本质，制度的形式与功能依赖它产生和维持的各种条件（Przeworski, 2004）。在讨论治理问题时，制度主义将制度视为解释治理机制、治理模式与治理效果的关键，而制度是什么，则依照讨论情境有着差异化的界定。

历史制度主义在研究国家治理时，将制度界定为"嵌入政体或政治经济组织结构中的正式或非正式的程序、规则、规范和惯例"，并认为制度是推动国家历史沿着某一路径发展的相对稳定和最为核心的因素之一，使治理过程、治理效果呈现路径依赖（Hall and Taylor, 1996）。即使鲜有历史制度主义者认为制度是产生历史效果的唯一因素，但技术要素显然很少被纳入其分析框架。同时，由于历史制度主义强调制度的持续作用与国家发展的路径依赖特征，在进行国家比较时，相关分析倾向于将国家治理方式"类型化"，常常忽略了不同制度环境中的国家在面对相似问题时可能出现的治理共性，也在面对国家通过改革实现环境适应、主动进行治理方式调整等动态事实时失去了解释力（徐湘林，2011）。虽然历史制度主义承认历史发展和国家治理存在持续时期和被某些"重要的关节点"打断的断裂时期，但是在制度主义的研究范式下，究竟是什么导致"重要的关节点"的突然出现，治理变迁如何发生，这些问题并没有得到很好的回答。

相较于历史制度主义擅长解释治理中的"不变"，波兰尼的《大转型：我们时代的政治与经济起源》提供了理解治理的另一种思路，更适宜解释治理中的"变化"。社会转型理论不囿于组织或国家层面治理类型的刻画与划分，而是立足宏观时代背景，探究工业社会的市场经济与自由资本高度发展如何带来了经济要素与社会原有结构的不适配，进而引发不平等、社会矛盾等亟须治理变迁予以回应和解决的问题。这一思路也将技术等要素纳入分析框架，后工业社会、网络社会的治理危机等相关论述均可被看作随着技术变革社会转型理论的继续发展，都是从国家治理蕴含的社会各个要素以及要素之间的平衡/不平衡关系的角度切入，进而分析国家治理以及治理变迁。进入数字时代，数字技术以及随之而来的社会系统性变化，改变了原有社会的平衡状态。数字技术已然是影响国家治理的关键，成为时下发展社会转型理论、进一步讨论治理变迁不得不考虑的要素。

关于数字技术的研究始于20世纪六七十年代（Rice et al.，2020），随着技术的迅猛发展和社会影响的持续扩散而成为热门研究话题。技术进步一向被认为是社会变迁的重要动力，甚至被部分理论视为社会变迁的决定因素。而数字技术则具有不同于以往农业技术、工业技术的全新特征，使其在产生影响时呈现独特的逻辑机制。一方面，数字技术具有灵活性和可伸缩性，即数字技术的编码、组件、模块可以相对轻松和低成本地更换和升级，便于其迅速地覆盖更广泛的物理空间（Tilson et al.，2010），这可称为数字技术的"泛扩散"属性；另一方面，数字技术具有生成性和创新性，即可以通过自我复制和多次迭代实现性能飞升与功能跨越，更宜适应复杂环境变化，进而实现数字技术从一个应用场景向另一个应用场景的迁移（Parker et al.，2017），这可称为数字技术的"强适应"属性。

数字技术的上述属性特征使建立在数字技术基础上的数字化转型在短短几十年间渗透到社会生活的各个领域。数字技术不仅是一种工具，而且因工具的"泛扩散"属性和"强适应"属性而成为当下社会越发显著的宏观环境。以数字技术为媒介，数字化转型带来的不仅有个体对自我、对社会感知的变化，个体与社会联结状态的变化，还有组织内部结构设计、管理方式的变化，组织间关系状态、合作网络的变化等。这些变化直接牵涉不同层次的治理问题,并已经引发了众多讨论。不过,无论是从数字技术本身的泛扩散、强适应属性还是从个体层次、组织层次社会行动之间的复杂交织状态来看,全局性的数字化转型、广域的数字环境最终需要由具有整体意涵、协调各个领域与多样诉求的国家治理予以回应,需要对数字化转型如何作用于国家治理进行充分与系统的讨论。

如何理解数字化转型对国家治理的作用?本文认为主要存在两种视角:治理过程视角和治理效果视角。治理过程视角探究治理中形成的行动主体网络关系、制度、技术等要素的相互作用以及规范形成;治理效果视角则关心国家治理呈现的宏观层面的总体样貌、突出趋势,并不涉及具体场景下的治理过程,虽然失去细节,但是能直观展现数字化转型的普遍影响及逻辑机制,这也是本文的选择。同时,本文讨论的国家治理效果并不涉及对治理好或坏的评价,而是试图呈现国家治理的客观变化趋势。国家治理涉及不同事务领域,比如个人事务领域的国家治理、社区事务领域的国家治理。本文将研究设定在国家事务领域,原因有二:一是国家事务领域的国家治理可以更好地展现国家治理的整体性,便于系统性、全局性地分析数字化转型的影响;二是国家事务领域的国家治理直接涉及国内与国际关系,提供了探索数字治理时代国内外事务治理研究联系与共性的最佳视域,有助于从数字时代全球治理的必要性入手填补国家治理研究的相关空白。

本文第二部分到第四部分将从三个维度来讨论数字化转型带来的国家治理变化。第二部分聚焦国家内部事务,以经济社会中部分领域突破了国家原有治理模式确定的发展路径、在国家治理的薄弱环节逆势而上、形成了改变国家发展状态的新"发展轴"为例,论证数字化转型带来的国家治理效果路径创新;第三部分在国家之间进行治理比较,数字技术的独特性以及普遍应用使国家内生的制度文化不再是运用新治理方式的阻碍,为回应数字时代新问题,不同国家出现了采用相似的治理手段的现象;第四部分着眼于多国之间的数字关系以及由此形成的治理需求,当面对数字时代可能存在的无国界挑战时,在主权国家框架下制定的治理规则或将逐渐面临失效,全球数字治理亟待发展。

二 国家发展：突破原有模式的路径创新

制度主义在对组织治理效果乃至国家治理效果做出解释时，时常以组织或国家的制度类型、治理模式为切入点。例如，Chandler（1997）将美国19世纪五六十年代企业的规模经济归因于企业管理制度的创新而非技术变迁；韦尔、斯考克波（2009）用社会政策传统和国家结构来解释瑞典、英国和美国应对大萧条的恢复战略差异。随着数字时代的到来，面对数字经济的重要拉动作用，也有研究尝试从制度、法律等营商环境角度解释各国数字经济的发展程度差异，中国的数字经济飞速发展常被认为是政府支持和制度环境推动的结果。

尽管政府支持对中国数字经济的蓬勃发展具有重要意义，但是通过细致考察就会发现，在中国，政府作用的发挥更多集中在数字经济发展的中期阶段而非早期阶段。首先，在21世纪初，像大多数发展中国家一样，中国在互联网基础设施投入和覆盖范围方面没有格外突出；其次，当下的互联网巨头，比如"BAT"（百度、阿里、腾讯）最初发展的投资者多为外国资本（Casanova et al., 2018），那时政府的重点扶持对象是电信等国有企业；最后，在政府对数字经济与数字企业的支持中，准入限制和保护主义的确促进了中国企业更快、更全面地覆盖本国市场，但是这些政策真正发挥作用是在"BAT"等数字企业成型、壮大之后，并在2010年左右开始得到明显加强（Danilin, 2019）。

由此看来，较为迟缓的网络基础设施建设、并不充裕的国内资本投入、依靠准入限制维持的欠发达市场，使中国数字经济在发展早期处于相对弱势地位。比较而言，美国则凭借长期的制度和技术环境培育，造就了有利于数字企业发展的良好条件。许多美国的数字企业最早实际上是以数字化模式运营已相对成熟的传统服务。例如，数字化的电子商务与美国市场早已存在的交易目录（trade catalogs）存在渊源关系；数字时代的"共享"模式直接"继承"了美国汽车、房屋等行业完备的短期租赁体系；网络搜索、数字金融、云服务等技术也是数字化进程加速演进之前，美国企业已发展出的需求（Danilin, 2019）。这些相关的数字企业是在对明确需求的有效满足之下，伴随着技术赋能而迅速崛起的。

若继续沿着将制度视为关键解释变量的思路对国家数字经济领域的治理效果及发展进行判断，则对中美两国而言，中国数字企业可谓"先天不足"，很难拥有超越国家整体市场发展阶段的综合实力，更难与强调经济效率优先，在"大企业、小政府"治理模式下有先发优势的美国企业抗衡。在制度主义倾向于形成路径依赖的分析框架中，中国数字经济在制度环境相对劣势的条件下应处于落后、追赶的状态。

令人惊奇的是，中国不仅实现了数字经济的快速发展，而且在电子商务、电子服务市场、金融科技市场等领域均超越了美国，其中电子商务2017年规模约为4700.55亿美元，比美国高出33个百分点，且差距在逐渐拉大（王振、惠志斌，2019）。如何理解不变的制度模式出现了不同的治理效果？制度主义在此似乎失去了解释力。然而，若从数字经济不同于其他经济类型的内在机制上分析则可一窥端倪。已有研究认为，中美两国数字经济发展具有不同的驱动力，中国数字经济的主要驱动力不是既有的市场趋势或者强大的数字技术，而是在不断增长的社会需求中，服务部门的失位和失败使借鉴国外的数字方案成为一种成本低且见效快的替代选择（Danilin，2019）。虽然中国数字经济发展早期面对企业发育不足、社会服务弱化等制度劣势，但是这些劣势反而为数字企业创造了机会。在中国数字经济发展的案例中，制度不是唯一的影响因素，需求或者规模成为重要的解释变量。例如，在电子商务领域，规模优势成为中国数字经济神话的关键驱动，中国互联网络信息中心于2022年发布的第49次《中国互联网络发展状况统计报告》显示，中国10.32亿互联网用户对应用新技术的需求直接冲击了美国在该领域的技术积累与先发优势。

经济领域的数字化转型给中国企业乃至整个国家的经济发展带来了新机遇，而数字化转型的作用却不仅于此。随着数字经济的崛起，数字产业成为国家各领域、各行业的新"发展轴"。在国家整体的发展与治理中，与数字产业关联密切的领域、行业也得到了明显发展。例如，北京大学大数据分析与应用技术国家工程实验室团队于2021年研制的国际数字生态指数（乔天宇等，2022）显示，中国在移动互联网、宽带等数字接入情况方面的得分与国际排名要相对好于国民教育水平、电力覆盖率等民生情况的得分与国际排名。数字化转型深刻地改变了社会经济多个领域的发展路径，突破了原有的治理模式，产生了不一样的国家治理效果。

数字化转型使"需求导向"与"规模导向"成为数字经济的新发展机制，超越了制度的影响效果，其根源在于数字技术不同于农业技术、工业技术的内在属性。首先，数字技术具有的"泛扩散"属性和"强适应"属性使之可以通过普及标准与协议增进模块化，基于模块化减少分工协作成本、降低模仿与整合的技术门槛，推动技术研发与技术应用从组织内部向社会范围转移。其次，在数字技术实现社会研发与社会应用的同时，市场原有的供应关系、产业关系乃至价值关系都发生了重构与生成，一向作为消费方、被动接受企业供给的"社会"具备了提供产品、创造服务的可能。依托数字技术，经济领域的数字化转型不断生成新的关系结构，不仅对全球产业深度融合与价值链重构起着重要作用（Ponte et al., 2019），也使美国基于企业组织运营优势的经济地位受到中国来自市场规模的挑战。在国家内部事务领域，由数字技术引发国家治理效果变化的作用机制如图1所示。

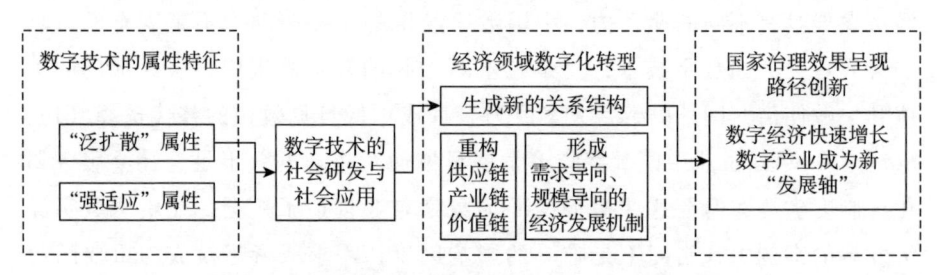

图1　数字技术引发国家治理效果变化的作用机制

除了在农业社会建立于经验积累之上的增长、工业社会建立于科学管理之上的增长外，数字社会又提供了新的增长机遇——基于需求与规模的增长。数字经济的快速增长以及数字产业作为新"发展轴"的带动效应使国家治理表现出创新性的治理效果。在数字技术的支持下，中国发展模式既有的薄弱环节出现了补强与发展的可能，在数字时代的拐点，社会经济的"马太效应"让位于"弯道超车"。

三　国家之间：容纳制度差异的趋同现象

在讨论不同组织、国家的治理异同时，制度主义时常将其历史、文化积淀与制度基础视为形成组织、国家特殊政策策略、治理手段的重要原因。例如，社会学中的新制度主义以相对宽泛的方式定义制度：制度不仅包括正式规则、程序、规范，还包括影响人的认知与行动的道德范式、象征系统等文化范畴（Hall and Taylor，1996）。相关研究认为，组织、国家之所以采用某些治理机制、治理手段，不是因为这些机制、手段最具有效率，而是因为它们具有社会合法性、与组织和国家所处的文化环境相契合。然而，在数字时代下，国家因独特文化、观念、规范等广义制度而呈现的治理差异有了减弱趋势，不同国家出现了采用相似的治理手段的现象。

其实，在组织治理层次，已有文献注意到组织制度差异对组织治理影响的弱化趋势，并试图对此予以解释。他们将制度差异影响弱化的原因归结于数字技术的特征，即数字技术的"泛扩散"属性与"强适应"属性。首先，当数字技术被纳入组织的运营管理中时，地方性、特殊化组织技术与数字技术之间的分离会趋于消失，组织向一般化的数字逻辑靠拢，数字技术以及运用数字技术的能力逐渐成为组织治理轴心（Kallinikos et al.，2013）；其次，在组织的战略决策层面，依靠数据的判断和数据驱动的执行被认为打破了传统决策方式固有的思维惯性和认知局限（Besson and Rowe，2012），数字决策得到广泛应用。组织间基于制度、文化、环境的管理与决策差异进一步转变为数据资源与数字处理能力方面的微小差异。总的来看，在组织治理中，数字化转型实现了一切对象以数据的形式呈现，蕴含在不同组织内部的文化环境、制度体制状况均可被抽象为数据、算法与算力，并获得了统一的比较与改进标准。

同样的作用机制也可以被应用到国家治理层次。一方面，国家制度差异得以依存的异质化关系结构、运行逻辑基础被数字技术"侵蚀"，经由数字化转型变为同质化要素。国家需要回应的差异化治理问题转化为数字时代共同面临的治理新问题，治理内容、治理手段也逐渐相似（吕方、梅琳，2017）。另一方面，数字技术的"泛扩散"属性和"强适应"属性打破了政治经济文化等领域、政府企业社会等主体之间的天然屏障，强化了治理要素的相互渗透，单一主体无力妥善回应牵涉多方力量的发展诉求（徐清源，2021）。单一领域与单一主体内部的地方性、特异性在多方主体互动中进一步消解。建立在数据持续收集基础上、逐渐"聪明化"的算法可能成为协调多元利益诉求与多方主体的统一化逻辑。因此，各国的国家治理出现了建立在数字技术应用和数字化转型基础上的趋同，国家整体制度差异与治理模式不同之下出现了相似的治理手段。在国家比较层面，数字化转型引发国家治理趋同现象的作用路径如图2所示。

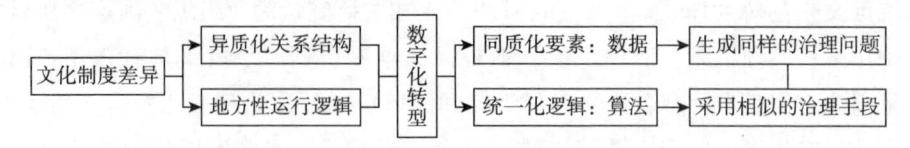

图2 数字化转型引发国家治理趋同现象的作用路径

下文将以中国与美国在数字时代新的国家治理手段与治理趋势为例，证明国家之间出现了容纳制度差异的趋同现象。长期以来，中国的国家治理以政府为主导，企业及社会的作用发挥被限制在市场经营、社区建设等小范围。随着数字化转型的发展，企业主体的重要性和其在中国国家治理中发挥的作用均逐渐加强，中国国家治理开始与强调企业主体性、能动性的"美国模式"有了相似之处。首先，国家在营商环境建设方面表现出明确且积极的改革意向，采取了一系列强化政府服务属性的措施，如降低创业以及工程审批难度，简化项目许可、税费缴纳和破产清算程序（World Bank Group，2020），积极培育孵化乡镇电商企业等。这些措施既削弱了政府的行政垄断权力，也节约了企业运营成本、活跃了市场要素。其次，经过数字经济多年增长积累，一批数字企业巨头出现，这些企业开始在鼓励研发、培养人才等方面引领方向并提供经费（Danilin，2020），甚至成为国家科研计划和重大项目的重要参与主体。如华为拥有3147项5G标准专利声明，专利数全球排名第一，是中美科技竞争的重要承载方之一；腾讯设立"科技卓越奖学金"；百度牵头与清华大学、中国信息通信研究院、中国电子技术标准化研究院等单位合作建立了第一个深度学习国家级工程实验室，影响力拓展到数字人才建设与科技发展方向方面。最后，数字企业尤其是其中的平台企业凭借成熟的运营模式、先进的技术手段与丰富的数据资源，逐渐渗透到各行各业，不仅影响了规范组织间市场与非市场关系的规则制定，而且在乡村扶贫与振兴、城市社区建设、法规政策制定等非传统经济领域也开始扮演重要角色。数字企业在中国国家治理中扮演的角色越发重要。

美国作为倡导市场原则、秉持自由主义制度的典型国家，除去货币政策和财政政策等间接影响经济主体行为的手段外，一向避免政府对企业经营做出过多干涉（青木昌彦、奥野正宽，2005）。在数据治理方面，美国长期贯彻同样的政策导向。凭借相较于其他国家巨大的技术优势，以及脸书、苹果、微软、谷歌等企业在全球数据市场的垄断地位，美国一向支持数据的自由流动，提倡减少对企业收集、使用数据的监管与限制，以确保其企业利益及国家利益的最大化。当涉及隐私问题时，美国也倾向于在政府干预最少的情况下依赖企业自律，只有少数涉及敏感个人数据的行业受到了监管。但是，随着一系列个人数据泄露的丑闻曝光，尤其是2018年脸书在未经用户同意的情况下收集用户数据这一消息被披露，科技公司不受控制的力量以及美国市场驱动的数据监管模式受到了公众以及各界的普遍质疑。在欧盟强调保护公民隐私权益的《通用数据条例》（GDPR）实施后不久，时任加州州长的杰里·布朗（Jerry Brown）签署了《加州消费者隐私法案》（CCPA），为加州消费者提供了访问、删除和选择退出"出售"其个人信息的权利与各种隐私保护，该法案于2020年1月1日生效。虽然《加州消费者隐私法案》引起了科技公司、行业协会等利益相关方的大力反对，也在美国引发了联邦与州之间关于数据隐私法规的冲突，但是《加州消费者隐私法案》表现出在隐私问题上向欧盟数据治理模式靠拢的可能，也被佛蒙特州、纽约州等其他州效仿（Baik，2022）。

数字化转型带来了国家治理手段的新变化与部分趋同，以政府为主导的中国模式开始重视企业主体地位，走向多元治理；以企业效率为目标的美国模式则出现了限制企业力量、保护隐私权益的"欧洲行为"。这些新的治理手段与治理趋势并不能用国家的文化制度差异予以充分解释。虽然国家之间存在相似的治理手段并不是一个新现象，但是这一部分讨论的特殊性在于，这些相似缘于数字化转型中共同的治理问题，是在以数字技术为基础的关系结构不断生成中呈现的可能趋势。不过，制度差异影响效果减弱、治理手段部分趋同并不意味着国际合作的可能性增大，也不意味着全球协议乃至全球共同体即将出现。相反，原先隐藏在制度差异背后的争夺有限资源、压制竞争对手、占据有利地位等利益诉求开始赤裸裸地显现出来，可能成为影响国际合作、应对全球风险的主要障碍。

四 多国联动：超越国家界限的全球挑战

数字化转型带来的国家治理变化不仅体现为国家治理效果的路径创新、国家之间的治理手段趋同，而且因数字技术的全球扩散与应用，体现为其他国家及组织、个人对国家治理的深刻影响。全球事务参与和规则制定业已成为国家治理不可忽视的重要内容，国家治理视域需要不断扩大。在众多全球事务中，跨境数据流动、数字技术主权构建以及网络空间安全维护是三个突出问题，面对这些治理问题，在主权国家框架下制定的治理规则已有逐渐失效的趋势。为了有效应对此趋势，各国应从关注单一国内事务向兼顾全球事务的国家治理转变。

（一）全球数据治理框架有待形成

在数字时代，物联网、互联网、云计算以及人工智能等领域的发展均依赖对海量数据的传输、存储、处理和分析。海量数据以及与之匹配的运算能力，可以提升数字服务的匹配度，扩展全球价值链的数字连接范围。数据不仅是一种新的生产要素，而且是数字经济发展与数字技术创新的第一驱动力。跨境数据一方面具备流动数据的优点（陈寰琦，2020），另一方面因跨越政治边界、涉及众多尚未被各国法律统一化和明确化的问题而给个人隐私、社会秩序、国家安全带来挑战。

虽然建立全球数据治理规范和相关国际监管机制是重要且紧迫的议题，但是到目前为止，尚未形成覆盖广泛的数据治理体系。世界贸易组织等国际组织在数据领域制定的规则或趋于过时，或不够清晰有力（Aaronson and Leblond，2018）。全球主要国家对不同类型跨境数据的规制也缺乏共识，并在三个问题上出现了明显博弈。

一是数据能否自由流动。对于这一问题，国际社会存在多重主张，短期内难以达成一致。美国整体上提倡跨境数据自由流动、减少数据监管，反对各种类型的数据保护主义；欧盟在数据权利和隐私保护的基础上建立其数据治理模式，希望公民有权掌管个人数据；中国和俄罗斯对数据流动持谨慎态度，不主张完全自由流动，而是采取一定的管制措施；韩国、印度等国家则尝试探索不同于中美的数据治理路径，也可能影响全球数据流动模式和监管框架进程（Feigenbaum and Nelson，2021）。

二是数据本地化与数据流动存在矛盾。数据本地化要求将数据存储在数据来源国的相关设备上，以尽可能保障国家安全。然而，抑制数据流动会对全球经济造成较大负面影响。据估计，2009~2018年全球跨境数据流动拉动的经济增长占全球GDP总量的3%，相当于2.3万亿美元（刘宏松、程海烨，2020）。在后疫情时代，随着各国经济普遍衰退，数字经济异军突起，抑制数据流动所带来的负面影响或许会更加显著。

三是是否对数据主权设立边界。数据主权被定义为"一个国家对自身所掌握的数据进行独立管理和使用的权力，其数据既包括本国属地内产生的数据，也涵盖本国公民在境外产生的数据"（Walter et al., 2021）。数据监管是数字大国普遍采取的措施，但是各界尚未就数据主权问题达成明确共识，数据的"边界"以及监管的尺度、程度，都将深刻影响国家间关系，牵一发而动全身。

可见，在跨境数据治理方面，一国自身的治理方式难以对跨境数据实现全面覆盖，国家需要在数据能否自由流动、如何处理数据本地化与数据流动存在的矛盾、是否对数据主权设立边界等问题上与他国寻求共识。由于数字化转型建立了多国间的普遍联动，国际社会已然构成一个广泛连接的全域网络。然而，美国、欧盟、中国和较小的区域组织各有其数据治理局域网络，它们各自主导的规则体系既有重叠，也有矛盾。互不相通的治理规则既不利于数据整体上的有效利用，也不利于对数据进行及时监管。对于主权国家来说，努力参与全球规则制定、拓展本国治理规则适用范围、谋求协调合作的全球数据治理框架逐渐成为国家治理的重要内容。

（二）技术主权处于动态构建之中

"技术主权"概念来自欧洲，其基本思想是，数字社会的技术权力是国家其他权力的核心支柱，争夺技术权力已成为技术政治战略的根本目标（唐新华，2021）。掌握先进技术、实现技术管控，直接影响一国的政治安全、经济地位与国际话语权（忻华，2020）。

在技术主权思想引导下，欧盟积极开展相关活动。自2017年上任以来，法国总统马克龙多次提及包含"经济主权"和"技术主权"在内的"欧洲主权"构想，欧盟官方机构、欧洲智库也对此进行了广泛讨论，主张欧盟应在人工智能、数字通信等尖端技术领域占据领先地位，主导国际技术标准与管制规则体系的构建。中美两国虽未过多谈及技术主权问题，但掌握先进技术、维护国家安全的相关举措一直普遍存在。

实际上，随着数字进程的加深，技术问题不仅是国家内部事务治理的范畴，也需要被纳入全球治理视野。一方面，对于技术不占优势的国家而言，掌握前沿技术的主体很容易威胁国家安全，甚至引发颠覆政权的后果。例如，意大利国际政治研究院在论述俄罗斯选举制度时提出，数字技术可能给俄罗斯选举带来风险。自 2019 年以来，在线投票逐步替代传统线下投票，数字投票技术投入使用，这既引发了诸如投票计算及归责等问题，也因在线投票完全超出独立观察员的控制范围，很容易被他国势力操纵（E-lections，2021）。此次俄乌冲突，网络战、舆论战、信息战的使用亦可证明技术不占优势的国家可能会受到安全威胁。另一方面，由于新兴技术存在军事化的可能，国家间的信任以及基于信任的技术合作趋于弱化，如果缺乏全球层面的有效应对，那么数字技术挑战可能增加国家间的摩擦。兰德公司（Parker，2021）发布的报告显示，量子传感技术主要应用于定位、导航和计时以及监视和侦察等情报收集活动，未来几年，量子传感技术可能会率先在商业或军事领域出现。由于中美在量子技术的研发支出和技术创新方面均占据主导地位，美国政府严禁其国内企业在量子技术上同中国合作。这种国家间的壁垒将会严重制约技术的共同进步。

技术发展一向是国家治理的重要内容。在数字时代，技术发展的条件和参与主体均超越了国家边界。各国因数字连接而关系日益紧密，但由于国家间在技术能力上存在发展差异，仅以国家内部为治理视域只会让各国陷入对自身主权与安全的担忧之中，进而阻碍国家间的技术合作与共同研发。只有建立全球性的技术研发与应用秩序，共同应对技术实力差距带来的霸权与滥权，才能实现国家事务与人类共同事务的兼顾，实现国家治理的内外平衡。

（三）网络空间安全问题亟须解决

网络空间综合了数据流动、新技术应用等，可以集中体现数字化带来的治理挑战以及国家治理需要兼顾全球事务的必要性。近年来，全球网络安全事件频发。2021 年 5 月，美国最大的成品油管道运营商 Colonial Pipeline 受到攻击，只能一度关闭整个能源网络，直接影响美国东海岸燃油供应。2021 年 7 月，由于黑客组织的渗透和恶意软件传播，伊朗铁路公司铁路系统被迫中断；同期，以色列软件监控公司 NSO 被曝光售卖一款手机间谍软件，多国政要、记者、律师、人权活动人士受到潜在监听威胁。

由于缺少行动一致的全球治理方案，虽然许多国家加强了本国网络安全领域的防范措施，加大了投入力度，但是来自境外的网络攻击与信息窃取依然难以根除，网络空间安全问题需要各国携手共同应对。其中，关系较为紧张的国家间合作虽然难度最大，但也具有重要的示范意义。2021年7月12日，美国卡内基国际和平研究院（原称基金会）发文呼吁（Lonergan，2021），美俄两国应从具体领域入手展开合作，如就金融领域的网络攻击达成双边协议，在建立双边信任后，两国网络安全磋商可以继续向其他领域拓展。

同时，在新兴技术被越来越多地用于军事防御，明显改变国际安全环境的背景下，小国常常通过部署远程自主精确装置建立全球信息监控网络，从而对大国形成威慑。红外线、雷达以及磁场感应等监控装置成为构建全球监控网络的手段（Hammes，2021）。因此，构建网络安全方面的全球治理模式更需要协调大国与中小型国家的关系，扭转和改变大国倾轧小国、小国采用极端手段反抗的局面和恶性结果。

从农业社会到工业社会，虽然主权国家也需要针对国际关系与全球事务予以协调应对，但全球治理尚未成为紧迫的治理议题。数字时代，数字技术的普遍应用与数字化转型却使兼顾全球秩序成为国家治理的必需。原因在于，数字技术搭建了国家与国家、国内与国外广泛连接的全域网络。过去，资源分配、技术发展、安全维护等国家事务仅涉及国内的个人、组织等治理主体，即使有境外主体参与，也被限制在可控范围。如今，不仅他国及他国的个人、组织可能会参与本国的国家事务，而且他国的规则、主张以及全球网络关系状态也可能对本国的国家治理产生影响。传统国家治理向兼顾全球事务的国家治理转变机制如图3所示。

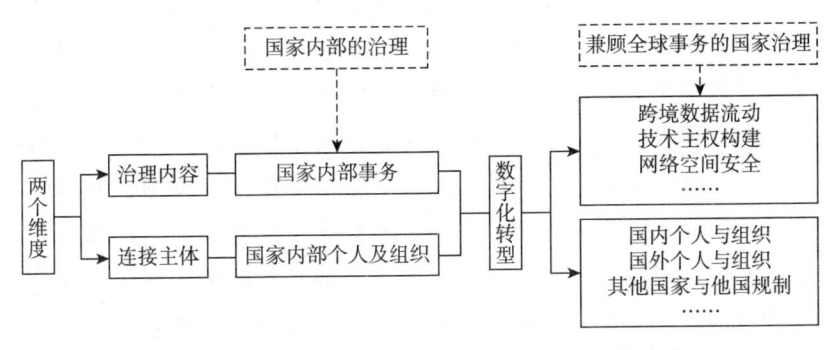

图3 传统国家治理向兼顾全球事务的国家治理转变机制

这一部分讨论的三种典型全球数字治理问题，实际触及数字时代国家治理中相互连接的不同主体。在跨境数据流动方面，通过数字化转型连接到国家治理的既有跨境数据相关国家、国际上的数据流动规制主张，也涉及由它们形成的网络；在技术主权构建方面，可能利用技术手段威胁本国安全的组织、可能在发展技术方面相互合作的国家也都是国家治理需要考量的对象；在网络空间安全方面，来自境外的技术黑客、拥有技术优势的企业、具有反抗能力的小国亦要求国家治理拓展其视域。

五　总结与讨论

本文从国家内部发展、国家之间比较和多国联动三个维度论述了国家治理在数字化转型背景下的变化。总的来看，这三个维度的治理变化蕴含着数字化转型两重不大相同的逻辑。

第一重逻辑是生成逻辑。基于数字技术的"泛扩散"属性和"强适应"属性，数字技术实现了社会研发与社会应用，在数字化领域生成了一些不同于工业时代却具有普遍性的新结构关系和运行方式。对于国家内部事务发展来说，原有的治理方式出现了不同的治理效果，其内在原因是数字技术在经济领域的普遍传播与广泛应用重构了供应链、产业链、价值链，原先制度发挥治理作用的机制被新的结构关系带来的新机制取代，路径创新进而取代路径依赖成为可能。这与国家与国家之间的治理趋同本质上是同一逻辑。数字化转型生成的新的同质化数据要素、统一化算法逻辑，将表现为国家治理手段上的相似。制度主义由于过于强调不同组织、国家间的制度差异，并将差异类型化，在一定程度上忽略了技术变革带来的社会要素及环境的突破性变化，故而在数字化转型期的治理问题上缺乏解释力。

第二重逻辑是连接逻辑。数字技术应用拓展了原有治理问题讨论的空间边界，将全球多元主体连接到同一个治理场景中，国家治理因此面临全球挑战，需要兼顾全球治理问题。过去因为法律限制、物理空间隔绝、技术阻断等原因形成的国家与国家间边界在数字化转型中被逐渐渗透。对于国家治理来说，曾经的参与主体是可知可控的，并经历长期社会互动形成了一定程度的秩序共识。而如今，在跨境数据流动、技术主权构建、网络空间安全等领域，越来越多的境外行动者、"无秩序者"进入国家治理场景,成为不得不顾及的不稳定要素,进而推动着国家治理的变化与适应。生成和连接两重逻辑相互交织,共同构建了数字变迁的整体运动变化。

本文虽然着重论述了数字化转型带来的国家治理变化,但是也承认在数字化转型中有许多社会要素、社会关系乃至社会逻辑没有发生改变。本文对制度主义的批评、对技术变革的强调也并非要落回技术决定论的窠臼。相反,本文对分析的国家治理做出重重限定,就是想说明技术对社会以及治理的影响要在一定层次范围内讨论。技术不是引起治理变化的单一决定因素。由不同主体共同构建、共同参与的行动者网络才是理解社会要素变化以及数字变迁作用机制更全面、更具体的场域,而这些问题已深入对治理过程的讨论,有待后续研究予以进一步探索。

参考文献

陈寰琦,2020,《签订"跨境数据自由流动"能否有效促进数字贸易:基于 OECD 服务贸易数据的实证研究》,《国际经贸探索》第 10 期,第 4~21 页。

刘宏松、程海烨,2020,《跨境数据流动的全球治理——进展、趋势与中国路径》,《国际展望》第 6 期,第 65~88 页。

吕方、梅琳,2017,《"复杂政策"与国家治理:基于国家连片开发扶贫项目的讨论》,《社会学研究》第 3 期,第 144~168 页。

玛格丽特·韦尔、西达·斯考克波,2009,《国家结构与国家以凯恩斯主义应对大萧条的可能性——以瑞典、英国和美国为例》,载彼得·埃文斯、迪特里希·鲁施迈耶、西达·斯考克波编著《找回国家》,方力维、莫宜端、黄琪轩等译,生活·读书·新知三联书店。

乔天宇、向静林,2022,《社会治理数字化转型的底层逻辑》,《学术月刊》第 2 期,第 131~139 页。

乔天宇、张蕴洁、李铮、赵越、邱泽奇,2022,《国际数字生态指数的测算与分析》,《电子政务》第 3 期,第 17~30 页。

青木昌彦、奥野正宽编著,2005,《经济体制的比较制度分析》(修订版),魏加宁等译,中国发展出版社。

唐新华,2021,《技术政治时代的权力与战略》,《国际政治科学》第 2 期,第 59~89 页。

王浦劬,2014,《国家治理、政府治理和社会治理的基本含义及其相互关系辨析》,《社会学评论》第 3 期,第 12~20 页。

王振、惠志斌主编,2019,《全球数字经济竞争力发展报告(2019)》,社会科学文献出版社。

忻华,2020,《"欧洲经济主权与技术主权"的战略内涵分析》,《欧洲研究》第4期,第1~30页。

徐清源,2021,《数字企业平台组织的结构、行动和治理》,博士学位论文,北京大学。

徐湘林,2011,《中国的转型危机与国家治理:历史比较的视角》,《复旦政治学评论》第1期,第42~69页。

Aaronson, S. Ariel and Patrick Leblond. 2018. "Another Digital Divide: The Rise of Data Realms and its Implications for the WTO." *Journal of International Economic Law*, 21 (2): 245 – 272.

Baik, Jeeyun. 2022. "Data Privacy and Political Distrust: Corporate 'Pro Liars', 'Gridlocked Congress', and the Twitter Issue Public around the US Privacy Legislation." *Information, Communication & Society*, 25 (9): 1211 – 1228.

Besson, Patrick and Frantz Rowe. 2012. "Strategizing Information Systems-Enabled Organizational Transformation: A Transdisciplinary Review and New Directions." *The Journal of Strategic Information Systems*, 21 (2): 103 – 124.

Casanova, Lourdes, Cornelius P. Klaus, and Dutta Soumitra. 2018. *Financing Entrepreneurship and Innovation in Emerging Markets*. Mass: Academic Press, pp. 69 – 80.

Chandler, A. Dupont. 1997. *The Visible Hand: The Managerial Revolution in American Business*. Cambridge: Harvard University Press, pp. 490 – 500.

Danilin, I. V. 2019. "Development of the Digital Economy in the USA and China: Factors and Trends." *Outlines of Global Transformations: Politics, Economics, Law*, 12 (6): 246 – 267.

Danilin, I. V. 2020. "The Impact of the COVID Crisis on the Innovative Potential of China's Internet Platforms." *Herald of the Russian Academy of Sciences*, 90 (6): 779 – 788.

Danilin, Ivan. 2019. "BAT Role in the Development of Chinese Internet Markets and the Future Challenges for the PRC Digital Economy." *Mezhdunarodnye Protsessy*, 16 (4): 55.

Elections, V. Gel'man. 2021. "Russian Style: The Menu of Manipulations à la Carte", https://www.ispionline.it/en/pubblicazione/elections-russian-style-menu-manipulations-la-carte-31422.

Feigenbaum, A. Evan and M. R. Nelson. 2021. "The Korean Way with Data: How the World's most Wired Country is Forging a Third Way", https://carnegieendowment.org/2021/08/17/korean-way-with-data-how-world-s-most-wired-country-is-forging-third-way-pub-8561.

Hall, A. Perter and Rosemary C. R. Taylor. 1996. "Political Science and the Three New Institutionalisms." *Political Studies*, 44 (5): 936 – 957.

Hammes, T. X. 2021. "Defence Dominance: Advantage for Small States", October 19, https://www.rsis.edu.sg/rsis-publication/rsis/defence-dominance-advantage-for-small-states/#. YY qCXr1Bzt1.

Hanelt, A., Bohnsack René, Marz David, and Marante C. A. 2021. "A Systematic Review of the Literature on Digital Transformation: Insights and Implications for Strategy and Organizational Change." *Journal of Management Studies*, 58（5）：1159 – 1197.

Kallinikos, Jannis, Aaltonen Aleksi, and Marton Attila. 2013. "The Ambivalent Ontology of Digital Artifacts." *MIS Quarterly*, 37（2）：357 – 370.

Lonergan, D. Erica. 2021. "After the Biden-Putin Summit, U. S. -Russia Expert Consultations Should Focus on the Financial Sector", https：∥www. lawfareblog. com/after-biden-putin-summit-us-russia-expert-consultations-should-focus-on-financial-sector.

Parker, Edward. 2021. "Commercial and Military Applications and Timelines for Quantum Technology", RAND Corporation, https：∥www. rand. org/pubs/research_reports/RRA1482 – 4. html.

Parker, Geoffrey, Alstyne Marshall Van, and Xiaoyue Jiang. 2017. "Platform Ecosystems: How Developers Invert the Firm." *MIS Quarterly*, 41（1）：255 – 266.

Ponte, Stefano, Gereffi Gary, and Raj-Reichert Gale, eds. 2019. *Handbook on Global Value Chains*. Northampton：Edward Elgar Publishing, pp. 54 – 73.

Przeworski, Adam. 2004. "Institutions Matter？" *Government and Opposition*, 39（4）：527 – 540.

Rice, E. Ronald, Yates J. Simeon, and Blejmar Jordan. 2020. "Introduction to the Oxford Handbook of Digital Technology and Society：Terms, Domains, and Themes." In Simeon J. Yates and Ronald E. Rice, eds., *The Oxford Handbook of Digital Technology and Society*. New York：Oxford University Press, pp. 5 – 9.

Tilson, David, Lyytinen Kalle, and Sørensen Carsten. 2010. "Research Commentary—Digital Infrastructures：The Missing is Research Agenda." *Information Systems Research*, 21（4）：748 – 759.

Walter, Maggie, Lovett Raymond, Maher Bobby, Williamson Bhiamie, Prehn Jacob, Bodkin-Andrews Gawaian, and Lee Vanessa. 2021. "Indigenous Data Sovereignty in the Era of Big Data and Open Data." *Australian Journal of Social Issues*, 56（2）：143 – 156.

World Bank Group. 2020. "Doing Business 2020", World Bank, pp. 8 – 10, 51.

Yoo, Youngjin. 2010. "Computing in Everyday Life：A Call for Research on Experiential Computing." *MIS Quarterly*, 34（2）：213 – 231.

［原文载于《西安交通大学学报》（社会科学版）2022年第3期；

收入本辑时有修改］

良好数字生态与数字规则体系

李昊林 彭錞*

摘 要 "十四五"规划纲要提出要通过构建数字规则体系营造良好数字生态。对此，有必要对良好数字生态的内涵予以阐释，从应然层面析出开放、健康、安全三大要求所蕴含的子要求。我国数字规则体系现已初具规模，但是存在开放要求落实不足、健康要求中的积极创新子要求落实不足等问题。我国数字规则体系的完善应充分因应开放、健康、安全的要求，通过形成具有国际竞争力的数字规则体系，构建符合中国发展利益的数字生态圈。

关键词 数字社会 数字中国 数字生态 数字经济 数字规则体系 数字治理

《中华人民共和国国民经济和社会发展第十四个五年规划和2035年远景目标纲要》（以下简称"十四五"规划纲要）第五篇题为"加快数字化发展 建设数字中国"，从"打造数字经济新优势"、"加快数字社会建设步伐"、"提高数字政府建设水平"和"营造良好数字生态"四个方面勾勒出数字中国建设的宏伟蓝图。如果说数字经济、数字社会和数字政府这三大目标描绘如何顺应数字时代，运用数字技术，"以数字化转型整体驱动生产方式、生活方式和治理方式变革"更多属于数字中国的"软件"，那么营造良好数字生态这一目标就是在点明落实前述三大目标所不可或缺的基础性、背景性前提，更多属于数字中国的"硬件"。唯有"硬件"齐备和完善，方能最大限度地发挥"软件"的效能与功用；也只有在良好数字生态之下，数字经济、数字社会和数字政府才能在中国落地生根、开花结果。因此，

---

* 李昊林，北京大学法学院博士研究生；研究方向为宪法与行政法。彭錞，北京大学法学院助理教授，北京大学宪法与行政法研究中心研究员；研究方向为宪法、行政法、信息法。

"营造良好数字生态"尽管在篇目上位于"十四五"规划纲要第五篇之尾，但对该篇描绘的数字中国战略目标具有提纲挈领的重要意义。

要营造良好数字生态，"十四五"规划纲要进一步指出，须"坚持放管并重，促进发展与规范管理相统一，构建数字规则体系"。事实上，放和管都离不开数字规则体系这一依据，促进发展与规范管理相统一更需依靠数字规则体系所具有的"赋能"（enable）与"保障"（safeguard）两大功能。因而，厘清了数字规则体系的意涵，就牵住了良好数字生态建设的"牛鼻子"。而数字规则体系的构建，归根到底又要体现为数字法律法规制度的设计与实施。这也是为什么国家网信办负责人明确指出"加强数字生态建设，要始终把法治作为基础性手段"（庄荣文，2021）。在这一方面，法学研究应当仁不让，发挥基础性的保障作用。

然而，令人遗憾的是，尽管关于数字治理问题的法学研究早已数不胜数，但既有法学文献并未探讨何为"良好数字生态"，亦未以此为标准审视我国现有的数字规则体系，因此也无法在该目标的指导下提出我国数字规则体系的完善之道。本文旨在弥补现有研究的不足，首先，对良好数字生态的内涵进行挖掘，厘清开放、健康、安全三大要求的具体指向；其次，从整体上对我国数字规则体系进行评估，明确我国数字规则体系发展的现状，指出现有数字规则体系存在的不足；最后，基于"营造良好数字生态"的目标，探究我国数字规则体系的完善之道。

一 良好数字生态的内涵

"十四五"规划纲要对我国数字生态做了清晰的顶层设计，明确我国数字生态建设的核心目标是"坚持放管并重，促进发展与规范管理相统一，构建数字规则体系，营造开放、健康、安全的数字生态"。由此可见，良好数字生态应当满足三大要求：开放、健康、安全。这不仅是对良好数字生态的描绘，而且是对数字生态发展的规范指引，有必要对其具体内涵进行分析。

（一）开放的数字生态

良好数字生态中的开放要求，不仅是对互联网与数字经济固有规律的尊重（胡启恒，2012），而且是对开放、共享等新发展理念的一种贯彻落实，是个人、企业、政府等各类主体共享数字赋能的正当需求（张守文，2021）。

对数字生态的开放要求，可以从数字经济、数字社会和数字政府三个维度予以把握。关于数字经济的开放，"十四五"规划纲要要求通过多种方式充分释放数字资源的潜能，如"鼓励企业开放软件源代码、硬件设计和应用服务"（隆云滔等，2021）、"鼓励企业开放搜索、电商、社交等数据"等。关于数字社会的开放，"十四五"规划纲要要求在提升公民数字素养的同时，推动数字化服务普惠应用，推进公共服务资源数字化并加大数字化资源共享开放力度（王美、随晓筱，2014），加快信息无障碍建设，从而缩小主体间及地区间数字接入鸿沟（张家平等，2021）和"数字红利差异"（邱泽奇等，2016），使数字生活真正向所有主体开放，被所有主体共享。关于数字政府的开放，"十四五"规划纲要既要求政府在内部系统整合政务信息、重要治理数据（袁刚等，2020），从而打破部门间的数据孤岛，实现数据赋能（沈费伟、诸靖文，2021），也要求政府及其他承担公共管理职责的部门探索向社会和企业开放公共数据资源的方式，鼓励第三方深化对公共数据的挖掘利用，并优先推动企业登记监管、卫生、交通、气象等高价值数据集向社会开放。

营造开放的数字生态实际上也是构建网络空间命运共同体的题中应有之义。"十四五"规划纲要要求我国在数字规则领域积极开展对外交流和合作，具体又包含三方面内容。其一，之所以难以在数字领域开展广泛的国际合作，是因为各国在数据领域的经济、主权、安全等方面缺乏彼此尊重和相互信任。为此，我国要推动制定数字和网络空间国际规则，并积极在数据安全、数字货币、数字税等议题上提出和推广中国方案，以期达成共识、取得互信，为国际合作奠定基础。其二，我国要积极参与具体的国家间合作，促进国际数字生态圈的形成和巩固。习近平总书记强调，"让更多国家和人民搭乘信息时代的快车、共享互联网发展成果"[①]，这意味着开放的要求不仅指向数据要素、技术要素、服务要素的可流动性，也指向开放对象的全面性。"十四五"规划纲要明确提出要向欠发达国家提供技术、设

[①] 《"中国机遇"让世界搭乘数字经济发展快车》，中国产业经济信息网，http://www.cinic.org.cn/xw/cjpl/411735.html，最后访问日期：2023年8月24日。

备、服务等数字援助，使各国共享数字时代红利。其三，对外的数据资源流通离不开国内相关制度的配套与支持。对此，"十四五"规划纲要明确应该加快建立数据资源跨境传输等基础制度，从而为国际合作在国内的落地提供切实依托。

（二）健康的数字生态

我国数字经济发展迅速，具有数据、人才、市场等多方面的比较优势，但也存在较为明显的不均衡、不充分问题。"十四五"规划纲要基于对我国数字领域发展现状的研判，指出要"坚持放管并重，促进发展与规范管理相统一"。这是对良好数字生态中健康要求的最直接表述，即我国数字生态既应积极创新，也应规范有序。

健康的数字生态不能缺乏生机，而是要鼓励与促进创新。从国际角度来看，世界各国在数字领域的竞争，首先就是在创新能力和成果方面的竞争。从区块链、人工智能到元宇宙，数字经济不断显示出其高创新性特征。从国内角度来看，创新在我国现代化建设全局中已居于核心地位，是高质量发展的核心驱动力。事实上，在《"十四五"数字经济发展规划》中，数字化已被定位为全领域、全要素创新升级的重要机遇和手段。正如国家网信办负责人所言，"深化数字经济技术创新应用、激发数字经济发展活力，是营造良好数字生态的重要内容和关键领域"[1]。

具体而言，在支持企业创新方面，一方面，"十四五"规划纲要识别出以平台企业、共享经济企业为代表的关键创新主体，要求清理不合理的行政许可、资质资格等事项，支持其发展，增强其国际竞争力；另一方面，"十四五"规划纲要也提出若干可以提升企业创新能力、拓宽企业创新空间的具体方案，努力缩小"数字红利差异"。例如，完善数字技术开源社区等创新联合体发展，鼓励社会力量参与"互联网＋公共服务"创新提供服务模式和产品，实施"上云用数赋智"行动，深入推进服务业数字化转型、农业生产经营与管理服务数字化改造等。在公共服务创新方面，"十四五"规划纲要要求加快推进数字乡村建设、智慧社区建设，加快构建数字技术

---

[1] 《多方探索融合创新赋能 营造数字生态治理新环境》，人民网，http://finance.people.com.cn/n1/2022/1127/c1004－32575300.html。

辅助政府决策机制，提高基于高频大数据精准动态监测预测预警水平等。

健康的数字生态也不能野蛮生长、混乱无序。一些业已存在的发展乱象或灰色地带如不能及时得到规范与治理，会制约我国数字经济、数字社会、数字政府的进一步发展。因而，健康要求同样包含有序这一子要求。

"十四五"规划纲要在规范有序方面提出四个亟待解决的问题。第一，数据要素市场规则不健全。规范的数据要素交易机制、场所付之阙如，会导致我国数据资源无法安全有序流动（王融，2015）。第二，对大型互联网平台的监管规则亟待更新。尽管互联网平台是数字时代创新的核心主体之一，但此类主体也可能借由自身数据或技术优势，阻碍其他企业尤其是中小企业的创新与发展。近年来引发广泛关注的爬虫与反爬虫之争（许可，2021a）、"平台二选一"（曾雄，2021）都是明证。第三，隐私保护与个人信息保护不完备。这类规则的缺失或执法不足，往往会导致大型企业利用自身技术优势地位，侵害用户正当权益，乃至产生大数据"杀熟"等行为（王锡锌，2021）。第四，无人驾驶、在线医疗、金融科技、智能配送、人工智能、区块链等新技术领域监管不力。这会导致新技术所引发的安全隐忧与伦理隐忧迟迟无法得到回应（吴汉东，2017）。

（三）安全的数字生态

安全发展是新发展理念的重要原则（谢迪斌，2021），"统筹发展与安全"是贯穿于"十四五"规划纲要的指导思想，良好数字生态自然也包括数字安全这一要求。在过去的讨论中，研究者往往从"网络安全"或"数据安全"来对数字安全进行讨论，但"十四五"规划纲要同样将"数字关键基础设施/数字关键技术安全"视为数字安全不容忽视的组成部分。

网络安全的重要性已获得国际社会的普遍认可，欧盟将网络安全定位为未来主权的核心支柱之一（Publications Office of the European Union，2020）。当今，一国在网络空间的安全建设可能至少如同在现实空间中的国防安全建设一样重要。为此，"十四五"规划纲要以专节形式对网络安全进行规定。在物理硬件与软件技术方面，"十四五"规划纲要要求加强网络安全基础设施建设、网络安全关键技术研发，加快人工智能安全技术创新；在法律法规与制度标准方面，"十四五"规划纲要明确提出要加强网络安全风险评估和审查，同时须对现有规则体系予以优化。

数据安全之所以重要，核心是因为数据及算法尤其是"个性化推荐"算法在数字时代所扮演的角色，以及"数治"在国家治理能力现代化建设中所承担的功能（王锡锌、黄智杰，2021）。数据安全被单独提出来强调，核心是要提醒存储关键或重要数据的主体对这类数据的敏感性有更高的认知和警觉。2021 年 9 月 8 日，国务委员兼外交部部长王毅在"抓住数字机遇，共谋合作发展"国际研讨会中发出《全球数据安全倡议》，强调"各国有责任和权利保护涉及本国国家安全、公共安全、经济安全和社会稳定的重要数据及个人信息安全"，这是对数据安全最完整的阐述。

除网络安全与数据安全外，数字关键基础设施/数字关键技术安全同样是数字安全不可或缺的组成部分。这要求在数字领域实现数字关键基础设施/数字关键技术安全可控。其中，关键基础设施安全既要求基础设施本身软硬件的可靠性，也要求其配套设施（如电力供应）的可靠性。而关键技术安全不仅要求关键技术具有较好的抗攻击性，亦要求我国在各类关键技术上具有较强的独立性和自主性。

二 现有数字规则体系之现状与不足

数字规则体系是一国进行数字治理的主要依据，也是一国数字生态最重要的制度环境。从美国及欧盟的发展经验来看，它们在塑造自身数字生态的同时，也都在不断完善自身的数字规则体系。事实上，有学者已经指出应关注《通用数据保护条例》（GDPR）对推进欧盟数字一体化市场建设及构建面向非欧盟国家的新壁垒的意义。欧盟对其数字生态的塑造，主要就是通过打造体现欧盟价值诉求的数字规则体系实现的（许可，2018）。

随着《网络安全法》《数据安全法》《个人信息保护法》的实施，以及《数据出境安全评估办法（征求意见稿）》《网络数据安全管理条例（征求意见稿）》等文件的发布，我国数字规则体系在宏观层面已初具规模，但仍有必要基于良好数字生态目标的三大要求，对我国现有数字规则体系予以审视和评估。我国现有数字规则体系较多体现了安全要求和健康要求中的规范有序子要求，但对开放要求及健康要求中的创新发展子要求的落实则明显不足。

（一）现有数字规则体系中安全要求与规范有序子要求的体现

我国现有数字规则体系的主要组成部分，基本都是在回应"十四五"规划纲要所提出的安全要求与规范有序子要求。并且，我国现有数字规则体系对数字安全要求的回应较为全面：在网络安全方面，我国已出台《网络安全法》及《网络安全审查办法》；在数据安全方面，我国已出台《数据安全法》，并正在对《数据出境安全评估办法（征求意见稿）》《网络数据安全管理条例（征求意见稿）》《信息安全技术 重要数据识别指南（征求意见稿）》等配套规则征求意见；在数字关键基础设施/数字关键技术安全方面，我国已出台《关键信息基础设施安全保护条例》。与欧美国家相比，我国数字安全规则体系在许多方面已处于同等严格水平①。例如，在个人信息处理者所需采取的网络安保措施方面，我国与欧美国家确立了六个基本要求：建立一套内部规程以防御或侦测网络安全攻击行为，对数据处理系统施加保密措施，指定个人信息处理安保负责人，评估数据泄露所可能造成的危害，实施内部人员控制，并对所有职员都进行教育②。

我国现有数字规则体系对规范有序子要求的回应主要集中于"大型互联网平台监管"及"隐私保护与个人信息保护"两个方面。监管大型互联网平台对世界各国来说既是一个新课题，也是一个难题。2020年12月欧盟公布了《数字市场法案》和《数字服务法案》的草案，2021年2月美国参议院反垄断委员会主席艾米·科罗布彻提出《竞争和反垄断执法改革法案》，但到目前为止这些文件依然还未生效。与之相比，我国出台的《国务院反垄断委员会关于平台经济领域的反垄断指南》，成为全球第一部由官方正式发布的专门针对平台经济的系统性反垄断指南（孙晋，2021）。

针对个人信息保护问题，我国已出台《个人信息保护法》。该法所确立的个人信息保护规则，明显较美国联邦及各州更加严格，与因个人信息保护而闻名于世的欧盟相比也不遑多让。《个人信息保护法》第五条明确了个人信息处理活动所应具备的合法性基础，第六条确立了个人信息处理活动应满足目的限定要求及必要性要求，第八条确立了个人信息准确要求，第

---

① 对于欧美网络安全战略的介绍，可参见郎平，2013。
② 《网络安全法》第二十一条、第三十四条，《个人信息保护法》第五十一条、第五十二条。

九条确立了个人信息处理安保要求及个人信息处理者对个人信息处理活动负责要求，第十九条确立了保存期限最短要求。从文本角度看，《个人信息保护法》所确立的个人信息处理活动原则体系与《通用数据保护条例》（GDPR）第五条所确立的原则体系具有高度一致性[①]。与此同时，《个人信息保护法》还赋予个人信息主体一系列在个人信息处理活动中所享有的权利，我国不仅完整规定了知情决定权（第四十四条）、查阅复制权（第四十五条）、更正补充权（第四十六条）、删除权（第四十七条）等传统"公平信息实践"所要求的权利[②]，还对敏感个人信息（第二章第二节）及个人信息共享（第二十三条）提出了较为严格的监管要求，并规定了最高可达个人信息处理者上一年度营业额百分之五的罚款。

（二）现有数字规则体系对开放要求与积极创新子要求的落实不足

和安全要求与规范有序子要求相比，我国现有数字规则体系对开放要求与积极创新子要求回应不足。就数字开放要求而言，我国在公共数据开放、引导企业数据开放、数字跨境流通等方面都缺乏明确的规则指引。2018年，中央网信办、国家发改委、工信部联合印发《公共信息资源开放试点工作方案》，然而自此之后，公共数据开放就一直处于试点状态。2019年《政府信息公开条例》修改时，也未针对公共数据开放设置任何新的规定。目前，我国仍然缺乏对公共数据开放问题进行调整的全国性规则。由于缺乏规范指引与约束，业已建成的公共数据开放网站及平台也存在数据实用性差、功能不完善等现实问题，对数字经济的促进作用及社会创新的激发作用并不突出（王晓冬，2021）。尽管学界已对公共数据公开中所可能存在的安全问题（王翔等，2018）、个人信息保护问题（宋烁，2021）、重要技术性问题（朱峥，2021）进行了研究，但我国公共数据开放的最大问题恐怕还是规范缺位。与我国相比，欧美在这个问题上规则更为完善。例如，

[①] 《通用数据保护条例》（GDPR）第五条第一款 a 项到 f 项分别确立了合法性要求（Lawfulness）、目标限定要求（Purpose Limitation）、数据最小化要求（Data Minimisation）、数据准确性要求（Accuracy）、储存期限最短要求（Storage Limitation）、信息系统完整要求与保密要求（Integrity and Confidentiality）；第二款确立了可归责性要求（Accountability）。在美国的《加州隐私权法案》（CPRA）中也可以看到类似的原则体系。

[②] 对于"公平信息实践"的讨论可参见丁晓东，2019。

欧盟早在2003年就通过了《公共部门信息指令》（Public Sector Information Directive），并在2019年对该指令进行了修订，修订后的指令即《欧盟开放数据和公共部门信息再利用指令》［Directive（EU）2019/1024 of the European Parliament and of the Council of 20 June 2019 on Open Data and the Re-Use of Public Sector Information（Recast）］，目前已确立起颇具特色的许可证书授权使用模式①。与公共数据开放类似，我国也缺乏引导企业数据开放的规则。欧盟在2018年通过了《非个人数据自由流动框架条例》（Regulation on a Framework for the Free Flow of Non-personal Data in the European Union），欧洲委员会通信网络内容与技术执行署还发布了《欧洲数据经济中的私营部门数据共享指南》（Guidance on Sharing Private Sector Data in the European Data Economy）。其中，该指南区分了"企业-政府"（Business-to-Government）和"企业-企业"（Business-to-Business）语境下的私营部门数据共享，并提出了一系列私人数据共享应遵循的原则，包括透明度、共享价值创造、尊重彼此的商业利益、确保不扭曲的竞争以及最小化数据锁定等。

在数据跨境流通问题上，2021年10月29日，国家网信办发布《数据出境安全评估办法（征求意见稿）》，表达了我国政府在数字跨境流通问题上的最新态度。②与之前的评估办法相比，新的征求意见稿首次在第一条中列入了"促进数据跨境安全、自由流动"的要求，体现出对《数据安全法》第十一条所确立的"数据安全自由流动原则"的落实（许可，2021b）。然而，从具体制度设计来看，该征求意见稿所规定的需要申报数据出境安全评估的主体范围非常广泛：凡是个人信息量达到一百万人的处理者，或累计向境外提供超过十万人以上个人信息或一万人以上敏感个人信息的处理者，都需要通过所在地省级网信部门向国家网信部门申报数据出境安全评估。同时，该征求意见稿对申报材料的要求也非常严格：除基本申报书外，还要求个人信息处理者提供数据出境风险自评估报告以及数据处理者与境外接收方拟订立的合同或者其他具有法律效力的文件。2021年11月14日，国家网信办又发布了《网络数据安全管理条例（征求意见稿）》。该征求意

---

① 相关研究可参见商希雪，2021。
② 这是继2017年《个人信息和重要数据出境安全评估办法（征求意见稿）》、2019年《个人信息出境安全评估办法（征求意见稿）》之后，国家网信办起草的第三份安全评估办法。

见稿第三条虽然也明确"坚持促进数据开发利用与保障数据安全并重""保障数据依法有序自由流动",但是从具体规则来看,进一步加重了所有涉及数据跨境活动的数据处理者的合规义务。例如,该征求意见稿第三十九条所设置的各项合规义务将适用于所有向外提供数据的数据处理者,而且未对该条中的"数据"范围予以限定,未排除其适用于非个人数据及企业数据的可能性。较为严苛的合规义务,固然可以防控数据跨境流通的安全危险,但是也可能造成开放不足。

在积极创新要求方面,我国现有数字规则体系也回应不足。其一,我国现有数字规则体系中的个人信息保护规范与欧盟类似,欧盟数字规则体系可能恰恰过于强调个人信息保护而忽视企业创新需要(Atkinson, 2021)。已脱欧的英国正是基于对这一问题的反思,试图对其数字规则体系进行系统性调整,从而实现对本国数字企业创新及数字经济发展的赋能(Department for Digital, 2021)。其二,如上文所述,欧盟在公共数据资源开放、引导企业数据资源开放等方面都已形成基础制度,而我国数字规则体系在这一方面近乎空白。其三,对于"十四五"规划纲要所提出的其他具体要求,如清理不合理的行政许可、资质资格事项,完善数字技术开源社区等创新联合体发展,"上云用数赋智"等,我国现有规则体系也并未在这些方面有更多推进。其四,对于重要数字技术如云计算技术、人工智能技术、区块链技术等,我国现有数字规则体系也少见欧盟数字规则体系中广泛存在的保障和引导这些技术发展的伦理规范。

三 中国数字规则体系的完善之道

诚然,先野蛮生长后规范治理的老路已经不适合正在蓬勃兴起的数字经济,但并不意味着我国数字规则体系就应当偏重安全要求与规范有序子要求,而忽视开放要求与积极创新子要求。未来我国数字规则体系的建设与完善,应当正确把握开放、健康、安全三大要求之间的关系,弥补我国现有数字规则体系存在的两大不足,补齐数字安全要求与规范有序子要求的落实短板。

第一,就开放、健康、安全三大要求而言,安全要求与规范有序子要求应当是开放要求与积极创新子要求的保障,而非阻碍。事实上,即便在个人信息保护这一问题上，规范有序子要求与积极创新子要求之间也并非对立关系。完善个人信息保护规则，完全可以以建立个人与企业的信任关系（trust-building）为核心目的①。在健康的数字生态中，个人对个人信息处理活动应当具有信任，企业能够基于其数据技术获得正当和合理的收益，政府在对数字处理活动进行边界控制的同时也应不断开放自身数据、促进数字经济的发展。此时规范有序子要求与创新子要求便不仅不矛盾，反而可以促进后者的实现。

第二，针对开放要求与积极创新子要求落实不足的现状，我国应加快构建公共数据公开、企业数据公开等数字规则。对于正在构建的《网络数据安全管理条例（征求意见稿）》《数据出境安全评估办法（征求意见稿）》等规范，有必要在"数据安全自由流动原则"的基础上，着重强化我国规则体系中有利于数据流动的要素（张凌寒，2021）。在规则构建方面，应当依照比例原则的要求，使受到安全审查关注的数据类型限于具有重大安全风险的数据类型，同时灵活设定企业的报审材料要求，避免给企业施加过重的合规负担。此外，还可以参考英国的政策构想，适度放宽"反向数据跨境"下的数据安全审查义务②，从而便于我国数据企业对外提供数据处理服务。

第三，就安全要求与规范有序子要求而言，我国现有数字规则体系其实也存在落实短板——数字市场要素规则。就数字市场要素规则而言，目前数字资源产权归属问题引发学界和业界热议。这个问题之所以复杂，一方面是因为牵涉主体很多，包括个人、法人、国家等③；另一方面是因为权利形态的可能性多，包括所有权、用益权、知识产权、竞争利益等④。草率立法固然会付出巨大的错误成本，但是迟迟不确立任何规则同样会导致数据资源流通无法获得合法性确认，阻碍我国数字经济发展。从规范有序子要求与积极创新子要求平衡的角度看，通过事前设定规则将数据权益笼统划给个人或特定企业的做法很可能行不通。这样的规则设计很可能使被赋权的个人或企业可以在未遭受任何损害的情况下，对数据流通与运用提出侵权主张，阻碍数据价值的实现，造成"反公地悲剧"。诚如有学者已经指

---

① 已有学者关注到信任在数据治理中的重要意义。参见徐珉川，2021。
② "反向数据跨境"是指，我国的个人信息处理者处理外国公民个人信息的情形。
③ 支持法人所有的学说参见崔国斌，2019；支持国家所有的学说参见张玉洁，2020。
④ 用益权说参见申卫星，2020。

出的那样，市场规则必须基于对当代动态竞争秩序的尊重，必须意识到商业道德与一般道德的不同①。基于数据自身的特点，从事后的、基于使用行为正当性角度去明确数字资源权益归属可能更具合理性。如果要从事前角度进行确权，那么便有必要通过关系进路，对各方权益及行为边界进行具体规定②，同时应留下"合理使用"等标准调整的空间。

四 结语

现今，美国、欧盟两大数字生态圈正在逐步形成，并且都具有强烈的国别和区域特色。"十四五"规划纲要提出"营造良好数字生态"目标，既是对数字中国的发展路径做出总体规划，也具有超越国内治理的全球意义。2021年10月30日，习近平主席宣布中方决定申请加入《数字经济伙伴关系协定》（DEPA）。作为世界第二大经济体，中国的数字生态无疑会对全球数字生态产生重大影响。本文立足开放、健康、安全三大目标，对我国数字规则体系的建设现状进行全面审视，揭示既有体系的不足，也提出未来完善的建议。限于篇幅，本文的讨论存在两个方面的局限。一方面，未能深入探究过去数十年中国数字治理法律制度发展的动力和路径，没有对我国数字规则体系现状的成因做出系统分析。特定的法律或公共政策在特定时空获得优先考虑，背后必有其价值和利益考量。要探求中国数字规则体系的未来发展，需要揭示这些深层次的价值和利益考量，突破固有格局，避免路径依赖。另一方面，对中国数字规则体系理想图景的描述是初步的、宏观的，而且对规则执行关注不够。未来关于数字规则体系的研究议程应超越规范中心主义，切实研判规范与社会的互动，刻画规范在实践中是如何被使用、扭曲或弃用的，以对完善数字规则体系本身提供更富洞察力的智力支持。

参考文献

崔国斌，2019，《大数据有限排他权的基础理论》，《法学研究》第5期，第3~24页。
戴昕，2021，《数据界权的关系进路》，《中外法学》第6期，第1561~1580页。

---

① 相关论述可参见孔祥俊，2018。
② 相关讨论可参见戴昕，2021。

丁晓东，2019，《论个人信息法律保护的思想渊源与基本原理——基于"公平信息实践"的分析》，《现代法学》第 3 期，第 96～110 页。

胡启恒，2012，《互联网精神》，《科学与社会》第 4 期，第 1～13 页。

孔祥俊，2018，《论反不正当竞争的基本范式》，《法学家》第 1 期，第 50～67 页。

郎平，2013，《网络空间安全：一项新的全球议程》，《国际安全研究》第 1 期，第 128～141 页。

隆云滔、王晓明、顾荣、包云岗，2021，《国际开源发展经验及其对我国开源创新体系建设的启示》，《中国科学院院刊》第 12 期，第 1497～1505 页。

邱泽奇、张樹沁、刘世定、许英康，2016，《从数字鸿沟到红利差异——互联网资本的视角》，《中国社会科学》第 10 期，第 93～115 页。

商希雪，2021，《政府数据开放中数据收益权制度的建构》，《华东政法大学学报》第 4 期，第 63～65 页。

申卫星，2020，《论数据用益权》，《中国社会科学》第 11 期，第 110～131 页。

沈费伟、诸靖文，2021，《数据赋能：数字政府治理的运作机理与创新路径》，《政治学研究》第 1 期，第 104～115 页。

宋烁，2021，《论政府数据开放中个人信息保护的制度构建》，《行政法学研究》第 6 期，第 78～89 页。

孙晋，2021，《数字平台的反垄断监管》，《中国社会科学》第 5 期，第 101～127 页。

王美、随晓筱，2014，《新数字鸿沟：信息技术促进教育公平的新挑战》，《现代远程教育研究》第 4 期，第 97～103 页。

王融，2015，《关于大数据交易核心法律问题——数据所有权的探讨》，《大数据》第 2 期，第 49～55 页。

王锡锌，2021，《国家保护视野中的个人信息权利束》，《中国社会科学》第 11 期，第 115～134 页。

王锡锌、黄智杰，2021，《论失信约束制度的法治约束》，《中国法律评论》第 1 期，第 96～112 页。

王翔、刘冬梅、李斌，2018，《我国公共数据开放的促进与阻碍因素——基于交通运输部"出行云"平台的案例研究》，《电子政务》第 9 期，第 2～13 页。

王晓冬，2021，《我国公共数据开放面临的问题及对策》，《中国经贸导刊》（中）第 10 期，第 78～79 页。

吴汉东，2017，《人工智能时代的制度安排与法律规制》，《法律科学》（西北政法大学学报）第 5 期，第 128～136 页。

谢迪斌，2021，《安全发展是新发展理念的重要原则》，《南方日报》2 月 1 日，第 A1 版。

徐珉川，2021，《论公共数据开放的可信治理》，《比较法研究》第 6 期，第 143～156 页。

许可，2018，《数字经济视野中的欧盟〈一般数据保护条例〉》，《财经法学》第6期，第71~83页。

许可，2021a，《数据爬取的正当性及其边界》，《中国法学》第2期，第166~188页。

许可，2021b，《自由与安全：数据跨境流动的中国方案》，《环球法律评论》第1期，第22~37页。

袁刚、温圣军、赵晶晶、陈红，2020，《政务数据资源整合共享：需求、困境与关键进路》，《电子政务》第10期，第109~116页。

曾雄，2021，《平台"二选一"反垄断规制的挑战与应对》，《经济学家》第11期，第91~99页。

张家平、程名望、龚小梅，2021，《中国城乡数字鸿沟特征及影响因素研究》，《统计与信息论坛》第12期，第92~102页。

张凌寒，2021，《个人信息跨境流动制度的三重维度》，《中国法律评论》第5期，第37~47页。

张守文，2021，《发展法学：经济法维度的解析》，中国人民大学出版社。

张玉洁，2020，《国家所有：数据资源权属的中国方案与制度展开》，《政治与法律》第8期，第15~26页。

朱峥，2021，《政府数据开放目录制度的问题及其应对之策》，《情报杂志》第12期，第143~149页。

庄荣文，2021，《营造良好数字生态》，《人民日报》11月5日，第9版。

Atkinson, D. Robert. 2021. "A U. S. Grand Strategy for the Global Digital Economy", Information Technology and Innovation Foundation (ITIF), January 19.

Department for Digital. 2021. "Culture Media & Sport", Data: A New Direction, GOV. UK, Septembe-r 10. p. 95.

Publications Office of the European Union. 2020. "Cybersecurity—our Digital Anchor—A European Perspective", EUR 30277 EN.

（原文载于《电子政务》2022年第3期；收入本辑时有修改）

· 数字治理格局的研究方法 ·

数字治理格局研判的理论与方法探索

乔天宇　李由君　赵　越　谭　成　张平文*

摘　要　在世界各国围绕数字治理领域的竞争日趋激烈的背景下,对数字治理格局做出科学研判已十分紧迫且重要。本文首先阐述了对数字治理及数字治理格局的理解,并在回顾既有关于数字治理格局研究的两种视角的基础上,提出了用于研判数字治理格局的数字生态视角。本文认为,生态视角对关联性、层次性、聚集性、整体性和动态性更为关注,在把握数字治理格局问题上,具备匹配数字时代高度互联、复杂互动的总体特征,关联更宽阔、更广泛的问题域等优势。此外,本文还介绍了运用数字生态视角研判数字治理格局的方法与技术路线。

关键词　数字治理　数字治理格局　生态视角

数字技术变革在微观层面重塑着人际互动(Rainie and Wellman,2012;阎学通,2019),在宏观层面也重塑着国家间关系,围绕数字治理领域的竞争已成为当下国家间竞争的焦点。数字治理面临的机遇与挑战正受到世界各国的关注。为应对这些机遇与挑战,各国(区域)①纷纷出台相关战略文件,努力加快推进各自国内的数字治理建设步伐。国家之间正围绕数字治

---

* 乔天宇,北京大学大数据分析与应用技术国家工程实验室博士后;研究方向为技术社会学、组织社会学、计算社会学。李由君,北京大学社会学博士;研究方向为城乡社会学、国家治理。赵越,北京大学工学院博士研究生;研究方向为机器学习、数据价值、数字经济。谭成,北京大学政府管理学院博士研究生;研究方向为数字政府、数字乡村。张平文,中国科学院院士,武汉大学校长、党委副书记,北京大学博雅讲席教授,大数据分析与应用技术国家工程实验室主任;主要研究领域为复杂流体多尺度建模与计算、自适应方法、大数据分析、人工智能数理基础等。

① 本文相关内容将同时涉及国家和区域,为使表述更加清晰流畅,后文类似之处将统一使用"国"或"国家"。

理形成错综复杂的合作与竞争局面，将可能重构人类政治经济版图，牵涉人类未来福祉。

由此，从整体上把握世界各国围绕数字治理形成的新格局状况，已十分紧迫且重要。于我国而言，把握世界数字治理格局，尤其是对当下围绕数字治理领域呈现的现状及走向进行科学探索和精准画像，挖掘并研判数字治理格局的模式特征与发展趋势，将为国家制定相关数字化发展战略提供现实依据，也将为中国参与世界数字治理指明方向。采用何种理论视角与研究方法对数字治理格局开展宏观分析与研判，是首先需要回答的问题。

一 数字治理与数字治理格局

（一）数字治理的两种内涵和两重关注

治理是指对一定范围内社会活动进行有效规约的行动，它是一个综合性概念，涉及政治、经济、文化、社会等各领域（王浦劬，2014；王诗宗，2009）。治理针对的领域不同，其目标及行动原则也存在较大差异。随着数字技术广泛应用和渗透，数字治理议题也开始受到各界关注。数字治理涉及的领域、内容与实践活动同样极为丰富（鲍静、贾开，2019），由此在概念内涵上存在一定的模糊与混杂。本文采用以下方式理解数字治理的概念。

1. 两种内涵："通过数字的治理"和"对数字的治理"

（1）"通过数字的治理"，指通过应用数字技术来加强治理效果，侧重于数字技术的工具属性，将数字技术视作治理的手段与动能。强调如何运用数字技术实现国家政治、经济、文化、社会等各领域的建设发展目标，如何利用数字技术赋能实现治理能力现代化，进而提升国家综合竞争力，谋求国际优势地位。在"通过数字的治理"这一内涵的指引下，对数字治理的研究工作需要先对各国数字化发展进行精准画像，了解各国在数字化领域具备的实力，识别各国数字化发展的优势条件与限制条件，分析国家数字化发展潜力。

（2）"对数字的治理"，指将数字技术及其应用结果作为治理对象，通过治理活动来优化数字技术发展及应用可能带来的各种影响。强调在数字化转型过程中如何运用公共政策与相关规制，对数字技术在各领域中的渗透与应用进行有效规范与约束，以实现优质、有序的发展。在"对数字的治理"这一内涵的指引下，对数字治理的研究工作首先需要围绕各类数字规制体系开展，进而考察这些数字规制体系与国家数字化发展之间的相互作用，以及它们对数字时代国家间关系可能产生的影响。数字规制体系根据其约束范围可划分为三种类型：①超国家范围的规制，以欧盟《通用数据保护条例》为代表；②国家范围的规制，如《中华人民共和国数据安全法》；③联邦或地方范围的规制，如美国的《加州消费者隐私法案》。

数字治理的这两种内涵是根据数字技术应用与治理活动的关系划定的，这种界定能覆盖的相关行动范围更加广泛，且能在不同治理目标上将数字治理同各种场景领域以及国家行动联系起来。

2. 两重关注：主权国家内部的数字治理和全球数字治理

（1）关注主权国家内部的数字治理。以数字为媒介，高度互联的人类社会形态正在形成，但目前在很大程度上人类社会仍是基于主权国家框架，主权国家依然主导着世界格局的发展与演化（邱泽奇，2022）。因此，讨论数字治理问题还不能摆脱主权国家框架和由此建立的世界体系，各国的政治制度、市场环境、技术环境、社会文化依然是影响数字化发展的重要因素。考察主权国家内部的数字治理需要对一国的状况进行全面刻画。本文将从数字生态视角出发，提出一个用于刻画数字化发展与数字治理状况的四要素框架。

（2）在超越主权国家的层面关注全球数字治理。数字化发展以促进实现高连通性为主要特征（乔天宇、向静林，2022），数字治理有突破主权国家边界的天然趋势；跨境数据流动、数字产品与服务贸易、网络空间安全建设等事务中的诸多问题，涉及各国间的协调与合作。国家间也正在数字技术创新和数字人才方面展开竞争。这些都表明，数字治理议题不能局限在主权国家内部讨论。

对数字治理的以上两重关注并不能截然分开讨论，全球数字治理尚无法脱离现有世界体系，仍深受国家内部治理的影响。世界各国在长期发展中形成了各自的独特性，涉及政治、经济、文化、意识形态等方面，它们相互结合，共同影响着国家间的合作与冲突。在数字时代，它们依旧左右着数字治理领域的国际秩序。由此，在考察数字治理时，需同时对这些方面的国家间差异予以高度关注。

（二）作为结构模式的数字治理格局

数字治理格局是指围绕"通过数字的治理"和"对数字的治理"形成的一种相对稳定的结构状态。这种结构状态既可能是由各类参与主体互动形成的，也可能是对关键要素间所呈现结构的刻画，还可能是要素与主体之间形成的相互作用模式。由于数字治理既要关注主权国家内部的治理，也要关注超越主权国家的全球治理，对数字治理格局的研判也可以进一步分为"对国家内部数字治理格局的研判"和"对国际数字治理格局的研判"两个层次。"对国家内部数字治理格局的研判"主要针对主权国家，刻画其数字治理关键要素的发展状态与结构，以及考察这些关键要素与作为数字治理主体的国家间形成的相互作用模式，并在此基础上形成对一国发展状况的判断。"对国际数字治理格局的研判"主要关注不同国家在数字治理领域形成的国家间关系结构，并基于对这些关系结构现状的刻画与分析预判可能的演变趋势。

研判数字治理格局具有很强的现实意义。在各国围绕数字领域竞争日益激烈的背景下，对各国数字治理进行精准画像，将有利于分析各国的发展水平与模式，确定我国在数字治理格局中所处的位置，明晰我国相对于其他国家在数字化领域所具有的优势与劣势，判断我国可能与哪些国家在数字化领域存在竞争甚至冲突，进而对国家间关系的未来演化做出预测。这些都将为我国制定未来数字化发展行动战略提供支撑和依据。

研判数字治理格局的工作也具有深远的理论意义。本文在理论上阐发了一种数字生态视角，并将其应用在对数字治理格局的研究之中。数字生态视角将注重数字化发展与数字治理中呈现的复杂性特征，考察其中涉及的各种关联与互动，强调从整体性角度把握格局，将各层次中可能出现的稳定结构状态看作相互作用下出现的结果，而非孤立地考察各个数字化发展主体或要素。对此，下文还将予以详细讨论。

二 既有数字治理格局研究的两种视角

虽然数字治理格局是本文提出的新概念，但是在既有研究中，已有很多与研判数字治理格局目标相近的工作。这些既有研究大体上可归为两类，它们采用了两种不同的研究视角,分别是以主权国家为分析单位的个体视角(individual perspective)和以国家间互动为分析单位的关系视角(relational perspective)。

(一)以主权国家为分析单位的个体视角

目前,很多研究从数字经济发展实力角度评价主权国家的数字化发展水平。核算数字经济增加值规模占国内生产总值(GDP)比重被很多学者和机构作为衡量一国数字经济发展的主要手段[①]。然而,近来有研究认为,基于 GDP 框架测算数字经济存在诸多局限,很难刻画数字经济在发展中表现出来的复杂性、多样性等新特征。国内外许多机构以构建指标体系并测算指数的方式考察主权国家数字经济发展状况。在国际上,欧盟委员会从 2014 年开始发布数字经济与社会指数(DESI),从连通性、人力资本、网络服务使用、数字技术集成和数字公共服务五个方面评估了欧盟国家的数字经济发展水平。国内的上海社会科学院、阿里研究院、中国信息通信研究院等产业与学术界的研究机构,也都发布过类似的指数报告(徐清源等,2018)。这些指数报告的共同点在于,都利用多维数据综合反映各国数字经济发展状况,体现数字经济内部的多样性。这些研究大多显示,中国的数字经济竞争力已排在国际前列。

除数字经济外,还有研究同样利用测算指数的方式对各国在数字政府、智慧城市建设等方面的表现进行考察与比较。数字政府建设能为国家与社会各主体创造巨大利益(Jaeger and Thompson,2003),其发展水平对判断各国数字能力和国家能力至关重要。瑞典民主多样性(V-dem)研究所关注一国政府的互联网信息过滤能力与政府网络安全能力(Mechkova et al.,1993)。联合国发布的电子政务发展指数(EGDI)从在线服务、电子参与、政府数据开放和地方在线服务四个维度衡量各国数字政府发展状况。上述提到的各种指数研究的共同点在于,都以国家为分析单位,重点考察主权国家数字化发展相关状况,采用的都是一种国家个体视角。

还有研究针对各方数字化发展中呈现的模式与特征作定性归纳,对数字规制模式的讨论即属此类,它同样多运用国家个体视角。制定并完善规

---

① 相关研究可参见蔡跃洲,2018;向书坚、吴文君,2018;许宪春、张美慧,2020。

制体系以促进或规范数字领域相关活动是对数字进行治理的主要手段，比较分析国家在数字规制上的模式异同也是研究数字治理的重要内容。有文献归纳了当今世界上存在的三种数字规制典型模式，它们代表了三种不同的基本价值取向：①强调数据的资本属性，提倡数据自由流动、减少数据监管，反对各种类型的数据保护主义——美国的数字规制体系即属此模式；②看重数据背后的个人权利，主张保护数据中的个人隐私——欧盟即属此模式；③从注重数据安全和数据主权的角度出发，对数据采取一定的管制措施——中国总体来说属于此模式（李昊林、彭錞，2022）。也有研究指出，除这三种典型模式外，其他国家也在探索独特的数字规制体系，比如，澳大利亚采用利益均衡原则下的折中型数据立法（胡炜，2018），韩国、印度尝试推出不同于中美的数字规制体系（Feigenbaum and Nelson，2021）。

（二）以国家间互动为分析单位的关系视角

以国家间互动为分析单位，刻画一国在多国互动中占据的结构性位置，正逐渐被一些研究应用，属关系视角。国家间互动关系中蕴含着很多国家主体属性不能揭示的信息（Burt，1995；Emerson，1964）。国际贸易是国家间互动关系的典型表现，目前相关研究也多围绕国际贸易展开。在国内，庞珣和何晴倩（2021）的研究是从国家间互动关系入手分析国际格局状态及演化的最新成果，他们利用多地区投入产出表数据系统刻画全球价值链，将其作为一种流动型网络来分析，但并非专门围绕数字领域的考察。马述忠等（2022）分析了全球59个国家间的数字贸易，该研究尽管关注了贸易这种国家间互动形式，也专门针对数字领域，但更多还是从国家规模角度测算一国的贸易额、信息与通信技术（ICT）产品进口占比等，未涉及互动关系本身及结构，从本质上看这仍类似于前一种基于主权国家的研究工作。

除产品与服务贸易外，数字领域知识产品的跨国引用或使用也是既往研究关注的焦点，它同样体现了国家间在数字领域的互动。《2019世界知识产权报告》利用过去几十年来各国创新者在专利和科学出版物档案中留下的地理足迹数据，构建全球创新网络，通过考察国家在该互动结构中所处位置来判断国家实力（WIPO，2019）。

在上述两种视角中，个体视角常用于关注各国内部的数字治理状况，目前围绕数字化发展的一些特定维度，已有相对丰富的成果；关系视角能用于判定一国在国家互动网络中所处的结构性位置,但目前围绕数字领域的专门探索尚不多见。

(三)既有两种视角的不足

在将数字治理格局作为一个整体予以分析方面,既有两种视角均显示出一定不足。个体视角能对一国状况进行细致刻画和分析,但以国家为分析单位、针对各国的单独考察,明显忽略了国家间关系可能反映出的特征。关系视角尽管能弥补这一缺陷,但是又多局限在国家间关系这一单一层次上,可能会缺乏对国内格局状况的深入理解。仅考察国家间关系,也难以把握两种分析单位层次之间可能存在的反馈互动。本文希望阐发一种生态视角(ecological perspective),其在理念上对整体性更加强调,具有更广阔的视野和宽泛的问题领域,能够同时兼顾个体视角和关系视角的特点,容纳二者各自侧重的研究问题,在数字治理格局研判上更具优势。

三 数字生态视角下的数字治理格局研判

(一)数字生态视角

1. 生态视角及其关注

生态是一个用以描述生物与环境间相互作用关系的集合概念,指在一定范围内各类生物有机体间的相互作用关系,以及有机体与影响它们发展的自然或人造环境要素间相互作用关系的总和(Manuel and Anna, 2018)。对各种关联性的关注是生态视角最显著的特征。生态研究最初虽是生物学的一个分支,但特别注重关联性的理念,对很多其他学科都产生过重要的启发与影响。

生物生态学关注不同层次上的生物组织及其中的相互作用关系,这是因为不同层次上组织的特征与动态存在明显差异。由此,研究生态首先要给定关注的层次。个体生态、种群生态、群落生态与生态系统生态构成生物生态学重点关注的不同层次,它们面对不同类型的主体与相互关系。

对生物体集聚现象的关注以及从互动角度理解集聚并解释新群体形成也是生态学思路的一大特色。在一定生态层次上,生物体集聚现象可能十分明显。个体生物间通过互动及与周遭环境互动而聚集成群。不同种群间也可以通过互利等相互作用形式实现物种间共生，最终导致更大规模生物群落的出现与进化。

现代生态学在方法论上倾向于整体论，而非还原论。这是由于在生态组织层次的各尺度上，都存在独特的、不可还原的涌现属性（Odum and Barrett, 2009）。但现代生态学主张的整体论并不认为整体不能被分割，而是强调不应仅仅孤立地考察各个部分，要以一种更现实的方式分析构成整体的各部分间的复杂相互作用，同时对跨层次间的相互作用予以关注。

生态研究十分重视各种动态和演化进程。无论是种群，还是生物群落，都是在动态中形成并演化的。无论是生物体间的竞争与合作，还是作为开放系统的生态单元与环境间发生的各种能量与物质的交换，也都是随时间发生动态变化的过程。

以上讨论涉及的生态视角关注可归纳为五个方面：①关联性，重点关注主体之间、环境要素之间以及主体与环境要素之间的各种相互作用，而非孤立地考察主体或要素；②层次性，将属于不同层次的多种关系类型甚至多层之间的复杂相互作用都纳入视域予以综合研究；③聚集性，关注由主体间互动带来的新集聚或新主体形成现象；④整体性，突出对有机整体及涌现属性的关注，避免落入还原论窠臼；⑤动态性，十分重视各种动态及演化进程。

生态视角被其他学科广泛借鉴，不仅应用在对自然界的研究中，而且相关理念影响着对社会现象的研究。早在20世纪30年代，美国社会学家帕克就提出了"人类生态"（human ecology）的概念，主张运用生态视角研究人类社会。帕克认为，研究人类生态与研究自然界生态类似，也是要考察"人类的相互依赖关系以及人与其所处环境之间的关系"（Park, 1936）。在人类生态理念的引领下，以帕克为代表的芝加哥学派开启了美国本土社会学对工业社会的研究进程，通过重点关注正式与非正式制度约束下社会成员间的共生与冲突关系，研究城市这个由人口与地域空间共同构建的社会有机体。伴随着生态视角在社会科学中的扩散，生态概念也有了更广泛的外延与更多样的表达（Walker, 2005）。

2. 数字生态视角及其应用

数字生态视角是生态视角在研究数字化发展中面对新现象与新问题的

自然延展，也是一种研究数字治理格局的重要理论视角。从农业社会到工业社会再到数字社会，人类的生产生活始终都处在一定的生态单元之中。在农业社会，人们虽然没有关于生态的系统性理论知识，但也能自觉运用生态视角来应对生产生活、实现局域治理。进入工业社会，人类居住空间由分散的乡村转移至人口密集的城市，人与人之间的关系及相互作用逐渐增强，于是就有了帕克等社会学者注意到高频度、高密度人类互动，以及由此带来的整体性变迁。由他们开创的主动将生态理念应用到研究人群、社区、城市中的思路，为理解工业时代的社会现象并有效实施治理提供了依据和入手点（Park，1936）。数字化显著改变了人类社会的基本形态及特征，数字技术作用下的人类活动空前联通与复杂，高度互联、复杂互动下的社会经济系统比以往任何时候都呈现不可分割的有机整体状态。数字生态视角将承袭生态研究对关联性与整体性等关注的特点，把数字化发展及其影响作为一个有机整体加以考量。由此，在研究数字化发展相关问题中应用数字生态视角将具有天然优势。

数字生态并不是一个抽象概念，由该视角引领的研究需要关注数字化发展及数字治理的各种具体表现与多样形态。数字生态也并不是一种专属视角，相反，它是一种可推广的一般性视角，并不局限于应用在国际数字治理格局研究中。事实上，目前已有文献将该视角用于评估中国各省区市数字化发展水平，以及研究数据要素关键特征（王娟等，2022；张平文、邱泽奇，2022）。

除理论启发外，生态研究已发展至有一套相对成熟的研究方法与技术工具。运用数字生态视角研判数字治理格局，借鉴这些研究方法与技术工具也十分必要。

（二）数字生态视角下数字治理格局的研判方法

数字生态视角下应对各国数字化发展与数字治理整体状况进行画像并给出评判。评判围绕四个方面展开：①数字基础是开展数字治理的基本条件；②数字能力与数字治理能取得的成果与效能高度相关；③数字应用是数字技术在具体场景中落地的体现；④数字规制，作为"对数字的治理"的手段，同时构成了影响数字化发展的制度环境。就像帕克（Park，1936）在考察人类生态时从人口、人造物、习俗与观念、自然环境等要素入手一样，可将数字基础、数字能力、数字应用和数字规制视为数字生态的四个核心要素。不同于以往多数研究侧重于其中1个或2~3个要素，数字生态视角下的研究首先希望能对数字化发展与数字治理做一个全面刻画，这也是其注重整体性的体现。进一步，针对这四个维度进行更细致的操作化与测量，搭建了包含10个二级指标和26个三级指标的指标体系；从28个数据源①中收集了41个国家的数据，测算数字生态指数（乔天宇等，2022）。在此基础上，通过比较上述要素的相对发展水平，可进一步区分各国数字化发展的驱动模式。此外，还可通过对各要素间相互作用的分析，识别数字生态耦合的结构性特征。通过分析发展模式与数字规制体系之间的相互构建，我们可以更深入地理解各国内部数字治理格局呈现的差异。

数字生态视角下可分析各类主体间关系及关系间的互依结构。近年来，网络分析方法被更多运用到生态研究中（Girvan and Newman, 2002; Proulx et al., 2005; Baggio et al., 2016）。数字生态视角下的数字治理格局研判也可借鉴相关思路，通过收集能反映国家间互动的关系网络数据（如数字产品与服务贸易数据、数字治理相关协定数据等）②，运用相关网络分析工具，呈现国家间互依的结构性特征，并推断各国所占据的生态位。这将有助于形成关于国家间存在竞争甚至冲突抑或是合作联盟等的生态性判断。

图1以中国、美国、欧盟（以下简称"中美欧"）为例，给出了一个运用数字生态视角研判数字治理格局的技术路线。研究可进一步分为中美欧内部数字治理格局研判和中美欧国际数字治理格局研判两个部分。其中，前者着重从四个维度描述国家数字化发展与数字治理整体状况的画像，并在此基础上对国家状况加以对比；后者着重分析国家间互动结构及总结中

---

① 这28个数据源大体上包含五种类型：统计数据，主要来自一些权威国际组织（如经济合作与发展组织、世界银行）或专门行业机构（如国际电信联盟）发布的基本统计信息；既有指数型数据，主要是由国内外一些研究机构发布的，经一定测算程序得到，能反映一国在特定方面发展水平或相对排名状况的得分结果，如万维网基金会公布的"开放数据晴雨表"指数；微观调查数据，如经济合作与发展组织开展的国际学生评估项目，对其中一些能反映数字技术应用的内容进行统计汇总得到国家层面的测度结果；文本型数据，主要指反映数字规制状况的各国法律文本数据，由编码员根据给定框架编码；部分来自互联网平台的数据。

② 反映数字产品与服务贸易的国家间互动数据，主要通过联合国商品贸易统计数据库（UN Comtrade）获得，数字治理相关协定数据主要是由课题组成员通过检索相关协定内容整理得到。

美欧三方围绕数字领域呈现的互动模式。从中可以看到，在数字生态视角的指引下，各部分研究都十分注重对关联性的考察。

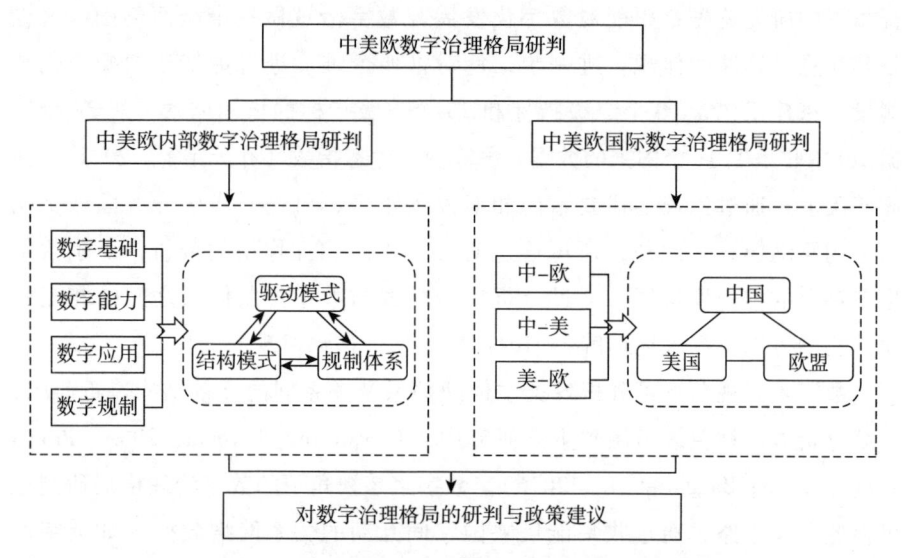

图 1 数字生态视角下研判中美欧数字治理格局的技术路线

四 总结与展望

目前世界大国围绕数字治理开展的竞争日趋激烈。研判当下数字治理格局紧迫且重要，将为中国更好参与世界数字治理指明方向。本文首先从两种内涵和两重关注的角度阐述了对数字治理的理解，回顾了既有研究的两种视角，并指出这两种视角在把握数字治理格局的整体性上存在一定不足。在此基础上，本文提出了一种用于研判数字治理格局的数字生态视角，该视角受生态研究启发，对数字化发展中的关联性、层次性、聚集性、整体性和动态性更为关注。

与既有相关研究比较，运用数字生态视角研判数字治理格局，优势主要体现在四个方面。①数字生态视角契合数字时代高度互联、复杂互动的总体特征。数字联通使得当下人与人、人与物、物与物之间的联系比以往任何时候都要频繁且紧密，以一种注重关联性和整体性的态度看待数字化发展，有利于对其中各种互动结构做出全面考察。②数字生态视角能关联更广泛的问题域。由于对层次性和整体性的重视，数字生态视角下的数字治理格局研究面对的内容将更加丰富，不仅会关注数字治理的关键要素以及要素之间的关系，还会关注不同层次上的数字治理主体间关系，由主权国家间互动构建的治理格局也自然进入研究视域（李由君等，2022）。③数字生态视角将提供一些适当的理论概念，帮助研究者准确地捕捉关键问题，理解数字治理格局。比如，用生态位概念刻画主体与环境互动时所处位置，将为预测主体的"生存"机会变动奠定坚实的理论基础（Popielarz and Neal，2007）。④数字生态视角可有效提示研究者关注数字时代风险。数字联通的复杂性可能会带来无法预见的系统性崩溃，数字治理也面对着高度的不确定性。无论是一国内的治理，还是国际治理，都要面临理念和方式的重大变革。数字生态视角对关联性的看重，时刻提醒要注意数字时代中那种由微小错误或扰动可能带来严重后果的风险（Perrow，1999），也提示了开展复杂治理探索的必要性（范如国，2017）。

数字生态视角下的数字治理格局研判是一项典型的具有"宏观观照"的研究工作（陈云松，2022）。这一主题下的后续研究将首先围绕中美欧展开，也希望针对中美欧数字治理格局研判的工作能成为本土社会科学宏观量化研究的一个有益尝试，在发挥数字生态视角与相应研究方法优势的同时，更具治理与制度价值，为国家制定相关数字化发展领域战略提供科学的现实性依据。

参考文献

鲍静、贾开，2019，《数字治理体系和治理能力现代化研究：原则、框架与要素》，《政治学研究》第3期，第23~32页。

蔡跃洲，2018，《数字经济的增加值及贡献度测算：历史沿革、理论基础与方法框架》，《求是学刊》第5期，第65~71页。

陈云松，2022，《当代社会学定量研究的宏观转向》，《中国社会科学》第3期，第114~127页。

范如国，2017，《"全球风险社会"治理：复杂性范式与中国参与》，《中国社会科学》第2期，第65~83页。

胡炜，2018，《跨境数据流动立法的价值取向与我国选择》，《社会科学》第4期，第95~102页。

李昊林、彭錞，2022，《良好数字生态与数字规则体系构建》，《电子政务》第3期，第31~38页。

李由君、韩卓希、乔天宇、翟崑、邱泽奇，2022，《数字化转型中的国家治理变化》，《西安交通大学学报》（社会科学版）第3期，第51~60页。

马述忠、刘健琦、贺歌，2022，《数字贸易强国：概念理解、指标构建与潜力研判》，《国际商务研究》第1期，第1~13页。

Odum, E. P. and Gary W. Barrett, 2009，《生态学基础：第五版》，高等教育出版社。

庞珣、何晴倩，2021，《全球价值链中的结构性权力与国际格局演变》，《中国社会科学》第9期，第26~46页。

乔天宇、向静林，2022，《社会治理数字化转型的底层逻辑》，《学术月刊》第2期，第131~139页。

乔天宇、张蕴洁、李铮、赵越、邱泽奇，2022，《国际数字生态指数的测算与分析》，《电子政务》第3期，第17~30页。

邱泽奇，2022，《专题导语：数字生态与数字治理》，《电子政务》第3期，第1~3页。

王娟、张一、黄晶、李由君、宋洁、张平文，2022，《中国数字生态指数的测算与分析》，《电子政务》第3期，第4~16页。

王浦劬，2014，《国家治理、政府治理和社会治理的基本含义及其相互关系辨析》，《社会学评论》第3期，第12~20页。

王诗宗，2009，《治理理论及其中国适用性》，浙江大学出版社。

向书坚、吴文君，2018，《OECD数字经济核算研究最新动态及其启示》，《统计研究》第12期，第3~15页。

徐清源、单志广、马潮江，2018，《国内外数字经济测度指标体系研究综述》，《调研世界》第11期，第52~58页。

许宪春、张美慧，2020，《中国数字经济规模测算研究——基于国际比较的视角》，《中国工业经济》第5期，第23~41页。

阎学通，2019，《数字时代的中美战略竞争》，《世界政治研究》第2期，第1~18页。

张光、宋歌，2022，《数字经济下的全球规则博弈与中国路径选择——基于跨境数据流动制视角》，《学术交流》第1期，第96~113页。

张平文、邱泽奇编著，2022，《数据要素五论：信息、权属、价值、安全、交易》，北京大学出版社。

Baggio, A. Jacopo, Shauna B. BurnSilver, Alex Arenas, et al. 2016. "Multiplex Social Ecological Network Analysis Reveals how Social Changes Affect Community Robustness more than Resource Depletion." *Proceedings of the National Academy of Sciences*, 113 (48): 13708 – 13713.

Burt, S. Ronald. 1995. *Structural Holes: The Social Structure of Competition*. Cambridge: Harvard University Press.

Emerson, M. Richard. 1964. "Power-dependence Relations: Two Experiments." *Sociometry*, 27 (3): 282.

Feigenbaum, A. Evan and Michael R. Nelson. 2021. "The Korean Way with Data: How the World's most Wired Country is Forging a third Way", https://carnegieendowment.org/2021/08/17/korean-way-with-data-how-world-s-most-wired-country-is-forging-third-way-pub-85161.

Girvan, Michelle and Mark Newman E. J. 2002. "Community Structure in Social and Biological Networks." *Proceedings of the National Academy of Sciences*, 99 (12): 7821–7826.

Jaeger, T. Paul and Kim M. Thompson. 2003. "E-government around the World: Lessons, Challenges, and Future Directions." *Government Information Quarterly*, 20 (4): 389–394.

Manuel, M. and S. Anna. 2018. *Ecology: Concepts and Applications*, 8th Edition. McGraw-Hill Education.

Mechkova, V., Pemstein D., and Seim B. 1993. "Measuring Internet Politics: Digital Society Project (DSP)." *Annual Report V.* 4, http://digitalsocietyproject.org/wp-content/uploads/2022/08/DSP_working_paper_1_v4.pdf.

Park, Robert Ezra. 1936. "Human Ecology." *American Journal of Sociology*, 42 (1): 1–15.

Perrow, Charles. 1999. *Normal Accidents: Living with High Risk Technologies*. New Jersey: Princeton University Press.

Popielarz, A. Pamela and Zachary P. Neal. 2007. "The Niche as a Theoretical Tool." *Annual Review of Sociology*, 33: 65–84.

Proulx, R. Stephen, Daniel E. L. Promislow, and Patrick C. Phillips. 2005. "Network Thinking in Ecology and Evolution." *Trends in Ecology & Evolution*, 20 (6): 345–353.

Rainie, Harrison and Barry Wellman. 2012. *Networked: The New Social Operating System*, Vol. 10. Cambridge: MIT Press.

Walker, A. Peter. 2005. "Political Ecology: Where is the Ecology?" *Progress in Human Geography*, 29 (1): 73–82.

Walton, John. 1993. "Urban Sociology: The Contribution and Limits of Political Economy." *Annual Review of Sociology*, 19: 301–320.

WIPO. 2019. "World Intellectual Property Report 2019—The Geography of Innovation: Local Hotspots. Global Networks", https://www.wipo.int/pressroom/en/articles/2019/article_0013.html.

（原文载于《中国科学院院刊》2022年第10期；

收入本辑时有修改）

中国数字生态指数的测算与分析

王　娟　张　一　黄　晶　李由君　宋　洁　张平文*

摘　要　数字时代悄然来临，数字中国成为国家战略，而营造良好数字生态是建设数字中国的内在要求。基于数字经济、数字社会和数字政府等相关内涵及发展态势的研究，本文从数字基础、数字能力、数字应用三个维度构建衡量区域数字生态发展的测评体系，并创新性地运用大数据分析方法，依托全国领域内代表性机构通过海量数据研制的各项指标，运用熵值法综合测算得到中国数字生态指数2021。本文通过全面、深度刻画中国31个省级行政区和337个城市的数字生态发展水平、驱动模式、区域格局、发展韧性等基本情况，为各地发展数字生态、实施数字中国战略提供决策支持。

关键词　数字中国　数字社会　数字生态　数字经济　数字治理　数字政府

近年来，全国各地高度重视数字经济发展，并使之成为带动经济高质量发展的新引擎（江小涓、孟丽君，2021）。同时，各地的数字政府建设也驶入"快车道"，智慧城市、城市大脑等综合政务信息化普遍发展（黄璜、孙学智，2018）。普惠金融、数字乡村等领域的快速发展也极大地促进了数

---

* 王娟，北京大学大数据分析与应用技术国家工程实验室特聘副研究员；研究方向为数字经济、企业数字化转型。张一，北京大学大数据分析与应用技术国家工程实验室特聘副研究员；研究方向为数字经济与应用统计。黄晶，北京大学大数据分析与应用技术国家工程实验室大数据工程师；研究方向为人工智能在互联网、金融、零售行业的应用。李由君，北京大学社会学博士；研究方向为城乡社会学、国家治理。宋洁，北京大学工学院党委书记、工业与工程管理系教授；主要研究领域为在线学习、仿真优化及其在工程管理领域的应用。张平文，中国科学院院士，武汉大学校长、党委副书记，北京大学博雅讲席教授，大数据分析与应用技术国家工程实验室主任；主要研究领域为复杂流体多尺度建模与计算、自适应方法、大数据分析、人工智能数理基础等。

字社会的发展（郭峰等，2020；邱泽奇，2018）。与此同时，数字基础设施、数据资源开放、数字人才创新、网络信息安全等领域发展不平衡、不充分、不协调的问题也逐渐引起重视（郑磊，2017；陈煜波、马晔风，2018；Baller et al.，2016；赵惟、傅毅明，2020）。以大数据、人工智能、区块链等为代表的数字技术，正在对产业经济、社会发展和政府治理等领域产生广泛且深刻的影响。由于数字技术具有显著的跨界融合、价值溢出、网络效应等特征（Steyn and Johanson，2010；Afuah，2013），数字经济、数字社会乃至数字政府等发展之间密切关联、相互影响、难以剥离，从整体上构成了更为宏观的数字生态。《中华人民共和国国民经济和社会发展第十四个五年规划和2035年远景目标纲要》明确提出，要"打造数字经济新优势""加快数字社会建设步伐""提高数字政府建设水平""营造良好数字生态"。这是"数字生态"概念首次出现在国家战略规划文件中。因此，仅仅衡量数字经济规模已不能全面评估数字中国的建设水平，需要从更为宏观和广阔的数字生态视角进行评估（Organization for Economic Co-operation and Development，2014），对现阶段中国不同地区数字生态发展格局进行整体性和系统性比较分析具有重要意义。

现有相关指数研究主要从数字经济或智慧城市的角度来研究数字技术对经济社会的影响、作用与意义等（徐清源等，2018；Benamrou et al.，2016），尚无一套从"投入—转化—产出"逻辑构建包含数字经济、数字政府和数字社会等内涵的数字生态指数。自2019年起，北京大学大数据分析与应用技术国家工程实验室（以下简称"国家工程实验室"）研制并于2020年首次发布数字生态指数，以多源、多方、多维、多视角的动态方式和大数据分析方法对各地数字生态进行全面、充分和精准刻画。本文旨在介绍数字生态指数的指标构建、测算方法以及全国数字生态指数分析，从而将分散在不同研究领域的指数研究进行综合，为国家数字化全面建设尤其是数字中国战略落地提供指数工具与决策支撑。

本文结构安排如下：第一部分梳理国内外相关指数，并进行简要评述；第二部分结合现阶段中国数字经济、数字社会、数字政府等快速发展的实际情况，在"数字基础－数字能力－数字应用"框架下构建中国数字生态指数指标体系，并介绍数据来源、陈述测算方法；第三部分呈现数字生态指数计算结果，深刻反映中国数字生态发展水平、驱动模式、区域格局、发展韧性等基本情况；第四部分对全文进行总结，为政策制定者和从业者提供治理启示。

一 数字经济与智慧城市相关指数梳理

数字经济是世界各国实现高质量发展和竞争力提升的新引擎，也是学术界重点关注的前沿问题。有效发展数字经济的首要前提是加深对数字经济的认识，对其进行科学全面评估。现有研究比较统一的看法是，由于数字经济的内涵不断丰富、范围不断延伸，以 GDP 框架来核算数字经济规模存在诸多缺陷，有必要建立新的评价体系与计算方法（International Monetary Fund, 2018）。综合指数是通过环境、经济、社会或技术发展等多个维度对广泛存在的复杂对象进行简单排名与比较的实用工具，在政策分析和公众沟通等方面卓有成效（Nardo et al., 2005）。为了更加全面地评估数字技术对经济社会的影响程度，国内外机构构建了很多有关数字经济、智慧城市等的综合指数。

（一）国际数字经济指数梳理

1. 数字经济与社会指数

欧盟委员会为促进形成统一的欧盟数字市场，从 2014 年开始对外发布数字经济与社会指数（DESI），对欧盟 28 国和包含中国在内的 17 个国家进行监测。该指数包含五个维度：①数字连接程度，衡量宽带等基础设施及其服务质量；②数字人力资本，衡量消费、创造、高等教育等领域利用数字技术的人群数量；③公民互联网使用，衡量公民在线开展资讯、社交、金融、购物等应用活动的多样性；④数字商业技术，衡量企业在商业活动中采用数字化技术的程度；⑤数字公共服务，衡量政府在线提供公共服务和数据公开的程度。数字经济与社会指数是以政策为导向的数字化发展效果评估指数，重点关注各国政府、企业和个体的数字化应用场景的多样性、公平性（群体分布）和兼容性（国际往来）水平。

2. ICT 发展指数

联合国国际电信联盟（ITU）于 2009 年开始发布《衡量信息社会报告》，从 ICT 接入、ICT 使用和 ICT 技能三个维度对 187 个国家（地区）的 ICT 基础硬件设施接入情况、互联网和移动手机应用程度以及最基础的数字能力情况进行评估。ICT发展指数是衡量一个国家实现数字经济发展的基础条件，并不反映在这些基础条件之上实现了哪些领域的应用，以及产生了哪些社会经济影响，比较适合分析发展中国家和最不发达国家的对比情况。

3. 网络化准备指数

世界经济论坛自2002年起开始发布网络化准备指数，2019年将相关工作移交给波特兰研究所，该指数从技术、主体、治理与影响四个维度对134个国家的数字化发展准备条件与竞争能力进行评估。其中，技术维度旨在衡量各国在信息技术上的接入、内容和未来发展情况，主体维度旨在衡量个体、企业、政府使用数字技术的程度，治理维度旨在评估数字技术使用过程中的信任、规制和包容等问题与制度建设情况，影响维度旨在评估数字技术在经济发展、生活质量、可持续发展等方面产生的效应。网络化准备指数构建了从信息技术基础设施到社会主体应用程度、从制度建设到社会经济效应的长逻辑链条，意在表明信息技术是实现经济增长和社会进步最重要的驱动力，并且一个国家（地区）需要构建有利于数字化全面应用发展的基础设施体系和制度环境。

4. 国家数字进化指数

Chakravorti 和 Chaturvedi 将数字化定义为政府、企业以及个人在商品、服务、信息和思想方面发生互动和交易的过程，并从供给条件、需求条件、制度环境和创新变革四个维度对全球60个国家的数字化进程进行评价（Chakravorti and Chaturvedi, 2017）。其中，供给条件包括信息基础设施、交易基础设施和实体基础设施，需求条件包括顾客消费意愿、电子货币使用、电子设备使用，制度环境包括营商环境、商业生态系统、制度有效性和信用程度，创新变革包括创新要素、创新过程、创新应用等。国家数字进化指数从发展的视角构建了一个地区数字化升级发展的基本条件框架，强调供需市场和创新与制度等发挥的系统性作用。

5. 全球数字经济竞争力指数

上海社科院于2017年12月首次发布全球数字经济竞争力指数，从数字基础设施、数字产业、数字创新和数字治理四个维度对120多个国家的数字经济竞争力进行评估。其中，数字基础设施包括云、管、端方面的竞争力，数字产业包括经济产出、国际贸易、平台企业方面的竞争力，数字创新包括技术研发、人才支撑、创新转化方面的竞争力，数字治理包括公共服务、治理体系和安全保障方面的竞争力。全球数字经济竞争力指数从国家竞争力的角度评估数字经济发展情况，反映国家在数字经济领域的产业发展和技术创新等方面的优势或领先程度，以及在数字基础设施和数字治理体系方面的完善和完备水平。

6. 全球数字经济发展指数

2018年阿里研究院联合KPMG发布的《2018全球数字经济发展指数》报告，从数字基础设施、数字消费者、数字商业生态、数字公共服务、数字教育科研五个方面对全球150个国家进行评估。该指数从信息技术的使用程度进行评估，反映个人、企业和政府对信息技术的依赖程度，但不反映信息技术对社会和经济产生影响的程度。

7. 国家数字竞争力指数

腾讯研究院和中国人民大学统计学院国家数字竞争力指数研究课题团队共同发布的《国家数字竞争力指数研究报告（2019）》，从数字基础设施、数字资源共享、数字资源使用、数字安全保障、数字经济发展、数字服务民生、数字国际贸易、数字驱动创新、数字服务管理、数字市场环境10个维度对50个国家的数字竞争力进行评估。该指数根据钻石模型设计指标体系，反映一国围绕数字化技术在基础建设、技术创新、经济发展、制度建设等领域的竞争优势。

（二）中国数字经济指数梳理

1. 中国信息社会指数

国家信息中心自2010年起开始发布中国信息社会指数，从信息经济、网络社会、在线政府、数字生活四个维度对省级行政区和城市进行评估。该指数从信息社会的角度对国家数字化进程进行评估，并认为信息社会是以信息活动为基础的新型社会形态或者新的社会发展阶段。由此可见，信息社会指数主要反映一个地区的个人、企业和政府等主体对信息技术的应用程度以及促使社会所达到的一种福利状态。

2. 中国数字经济指数（中国信息通信研究院）

中国信息通信研究院在《中国数字经济发展白皮书（2017年）》中提出中国数字经济指数，从宏观经济、基础能力、基础产业、融合应用四个维度进行评估。该指数充分考虑数字经济发展所必需的经济条件、设备和用户、ICT产业等发展基础,以及数字技术在购物、交通、制造、能源、金融、物流等领域的应用。该指数选取了许多具有中国特色、时代特色的指标,但是理论框架不够完善,指标之间的逻辑联系和科学依据不是很清晰,有些指标属于当下热点,但不一定有长期观测的可持续性和代表性。

3. 中国数字经济指数(赛迪顾问)

赛迪顾问于2017年开始发布的《中国数字经济城市发展白皮书》从基础指标、资源指标、技术指标、融合指标和服务指标五个维度对全国31个省级行政区(不含港澳台地区)进行测算。2019年指标体系发生改变,调整为基础指标、产业指标、融合指标和环境指标四个维度,弱化了数字技术创新但强化了数字产业,同时删除了服务行业用户渗透率而增加了数字政府相关内容,该变化使得数字经济指数能够全面反映数字产业、传统产业和当地政府在数字基础设施之上的数字化转型发展程度。

4. 中国数字经济指数(财新智库)

2017年5月,财新智库等机构发布中国数字经济指数,从生产能力、融合程度、溢出能力、全社会利用能力四个维度,关注数字经济对整个社会效率的提升。数据来源于智联、猎聘等互联网平台,每月动态更新。三级指标旨在测量各行业的"劳动/资本/创新投入",而大数据平台数据难以直接转换为经济学的抽象指标数据,因而存在以偏概全或名不副实的潜在问题。

5. 中国城市数字经济指数

新华三集团数字经济研究院自2017年起开始发布中国城市数字经济指数,从数据及信息化基础设施、城市服务、城市治理、产业融合四个维度评价113个城市的数字经济建设情况。该指数的特点是与国家和地方的相关政策规划重点相结合,并着重评估当地政府在城市运营、城市服务、城市治理等方面的数字化程度,对个人和商业的数字化应用和技能创新等则关注不够。

6. 数字中国指数

腾讯研究院自2014年起发布"互联网+"指数,2019年改名为数字中国指数,该指数从数字产业、数字文化、数字生活、数字政务四个维度衡量全国各地的互联网应用广度与深度。它侧重于衡量个人对互联网APP的使用程度,能够体现消费互联网的发展情况,但是对信息基础设施、制造业等各行业企业的数字化应用几乎没有涉及。

(三)智慧城市指数梳理

智慧城市的概念非常广泛,从经济和就业角度来看包括信息与通信技术及其应用产业,从教育来看包括对居民的智慧教育,从政务来看包括为政府提供的智慧公共服务,从日常生活来看包括智慧交通、智慧物流,以及安全、绿色、高效、可持续、节能等各方面内容(Benamrou et al., 2016)。现代智慧城市强调商业主体、政府部门、城市居民、技术公司等之间通过大型项目合作并引进新型智慧技术来改善城市的居住环境、社会进步和经济发展状况,一个城市的智能化程度可以体现城市的数字化发展水平。

1. 欧洲智慧城市排名

Giffinger 等从智慧经济、智慧居民、智慧政府、智慧移动、智慧环境和智慧生活六个方面,对欧洲 70 个中小城市的智慧城市进行排名(Giffinger et al., 2007)。其中,智慧经济包括创新精神、企业家精神、就业灵活度、国际化程度等,智慧居民包括人口质量、社会和民族多样性、创业程度、社会参与度等,智慧政府包括决策参与度、公共服务满意度、治理透明程度等,智慧移动包括交通出行、宽带覆盖率等,智慧环境包括自然环境吸引力、环境污染与保护等,智慧生活包括文化设施、健康医疗、人身安全、居住条件、教育、旅游等。可见,欧洲智慧城市排名强调城市运行过程中各方主体和各个领域的最终效果,而不强调达到理想效果所要具备的条件和发展过程。

2. 智慧城市战略指数

罗兰贝格管理咨询公司对 153 个发布智慧城市官方战略的城市进行打分。该指数包括 12 项指标,其中六项指标是智慧城市的行动范围,包括建筑(智能施工)、能源与环境(智能管理)、出行(智能交通)、教育(数字化学习与技能)、医疗健康(健康信息系统、远程医疗)、政府管理(电子政务、公共行政管理等);其他六项指标是智慧城市的推动因素,包括预算(资金)、规划(量化目标)、协调(优先级、行政协调)、利益相关方(市民接受与合作)、政策与法律框架(法律法规、财政支持、数据安全)、基础设施(开放数据、网速、互联技术等)。智慧城市战略指数将智慧城市视为一项综合工程，并从项目管理的角度进行全面评估，在一定程度上能够反映智慧城市建设的投入产出效果。

3. 新型智慧城市评价指标

新型智慧城市评价指标由国家发改委、中央网信办联合发起，第一版本发布于2016年，主要由基础评价指标和市民体验指标两部分组成。基础评价指标包含惠民服务、精准治理、生态宜居、智能设施、信息资源、网络安全、改革创新七个维度，市民体验指标旨在突出公众满意度和社会参与度。新型智慧城市评价指标重点评价城市发展现状、发展空间和发展特色，侧重衡量为达到智慧城市目标而实施一系列工作的落实过程和情况，而不考虑目前智慧城市建设的成效水平。

（四）相关指数归纳与分类

为评估数字技术对社会经济各个领域的影响程度，国内外研究机构在构建数字经济与智慧城市指数时，在研究视角、理论框架、指标体系等方面存在很多共性。以上指数内涵维度及测量指标可归纳为九大类：①基础设施，衡量信息基础设施的覆盖率与接入性；②数据资源，衡量公共和政府数据的开放与利用水平；③政策环境，衡量数字经济规范发展的法律政策条件；④数字人才，衡量高等教育和信息技术人员构成；⑤数字创新，衡量研发投入和专利等产出水平；⑥数字安全，衡量网络安全的保障程度和发展水平；⑦数字政府，衡量政府组织的数字技术应用程度；⑧数字经济，衡量企业组织的数字技术应用程度；⑨数字社会，衡量社会个人的数字技术应用水平（见表1）。

表1 数字经济与智慧城市相关指数梳理

指标维度	测量指标	相关研究机构
基础设施	宽带普及率和价格、4G覆盖率、出口宽带、下载速度、数据中心、网站数量、时空信息平台	欧盟委员会、世界经济论坛、上海社科院、阿里研究院、腾讯研究院、赛迪顾问、新华三集团、国家发改委与中央网信办
数据资源	公共数据公开、数据交易中心数量、政务数据共享交换平台、政企对基础信息资源的开发	欧盟委员会、赛迪顾问、新华三集团、国家发改委与中央网信办

续表

指标维度	测量指标	相关研究机构
政策环境	数字经济政策规划/专题政策/法律法规/竞争环境、数字治理机构/体制机制、营商环境	新华三集团、国家发改委与中央网信办、罗兰贝格管理咨询公司、腾讯研究院、上海社科院、世界经济论坛
数字人才	知识密集型员工、ICT 高等教育者、高等教育毛入学率、人均开发 APP 数量、数字素养、数字创新人才培养、数学/计算机数学高引论文	欧盟委员会、国际电信联盟（ITU）、世界经济论坛、上海社科院、阿里研究院、国家信息中心
数字创新	企业研发支出/投入、知识产权收入、ICT 专利申请、创新产出（专利、期刊、商标）	世界经济论坛、上海社科院、阿里研究院、腾讯研究院、国家信息中心
数字安全	软件盗版率、安全的互联网服务器数量、安全产业、安全人才、关键信息基础设施备案、等级保护要求、监管情况、网络安全服务	世界经济论坛、上海社科院、腾讯研究院、国家发改委与中央网信办
数字政府	电子政务、政府线上服务、城市大数据平台、gov.cn 域名、政府网站、政务类公众号/微信/微博/头条号、政府先进产品采购	欧盟委员会、赛迪顾问、新华三集团、腾讯研究院、罗兰贝格管理咨询公司
数字经济	电子信息制造、软件和信息服务业、有网站公司比例、平台企业/独角兽数量、数字广告、电子商务、两化融合、智能制造、机器人密度、智慧供应链、共享经济、金融科技	欧盟委员会、世界经济论坛、上海社科院、阿里研究院、赛迪顾问、财新智库
数字社会	网民比例、移动电话用户、宽带和移动电话支付能力、网上购物人数、电子设备个人/家庭拥有量、即时通信、数字支付、电子货币、数字娱乐、社交网络、数字出行、互联网医疗、数字生活、数字文化、惠民服务、数字鸿沟	欧盟委员会、国家信息中心、国际电信联盟（ITU）、国家数字进化指数团队、赛迪顾问、阿里研究院、腾讯研究院、国家发改委与中央网信办、罗兰贝格管理咨询公司

二 指标体系与指数计算

（一）数字生态指数指标体系

"生态系统"这一概念首次被引入社会经济领域是在 1993 年，Moore（1993）将包括消费者、供应商、竞争者和其他利益相关者在内的主体共同纳入对组织与环境相互作用关系的讨论中。同时，生态系统也存在于更大范围的巨型社区中，包括企业、政府、非营利组织等跨越部门和行业的组织。人类正在进入数字时代，必然要求构建新型的数字生态系统与之适应。

根据对国内外相关指数的综述结果与归纳分析，按照经济学视角的"投入—转化—产出"逻辑，我们从数字基础、数字能力、数字应用三个维度①构建数字生态指数理论框架（见图1）。

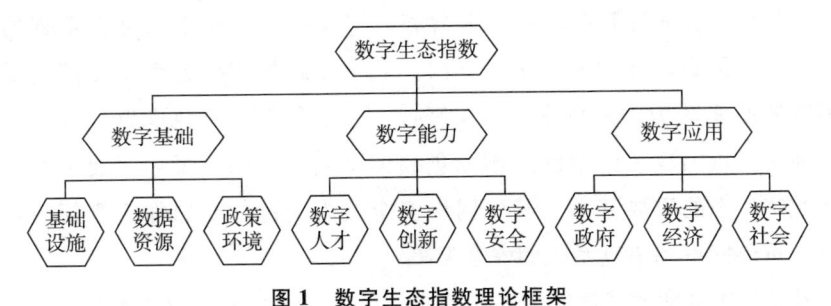

图1　数字生态指数理论框架

数字基础维度体现发展数字生态的要素投入情况，包括基础设施、数据资源和政策环境。首先，数字时代要求加强新型基础设施建设，新型基础设施包括信息基础设施、融合基础设施和创新基础设施。根据2020年4月国家发展和改革委员会的解读，信息基础设施能够增强数据感知、传输、存储和运算能力，包括5G、物联网、工业互联网等通信网络基础设施，人工智能、云计算、区块链等新技术基础设施，以及数据中心、超算中心等算力基础设施；融合基础设施指的是数字化改造后的传统基础设施，如智能交通和智慧能源基础设施等；创新基础设施是支撑科学研究和技术开发的基础设施，包括重大科技基础设施、产业技术创新基础设施等。其次，数据作为新的生产要素必然成为数字生态不可或缺的基础资源。2020年4月中共中央、国务院发布的《关于构建更加完善的要素市场化配置体制机制的意见》提出，加快培育数据要素市场，关键在于推进政府数据开放共享和提升社会数据资源价值。最后，数字生态的政策环境也是数字基础的重要部分，包括建立健全数据要素市场规则和营造规范有序的政策环境等。活跃数据要素市场亟待建立统一规范的数据管理制度，只有完善数据产权性质、数据隐私保护、安全审查、分类分级安全保护等规则，规范共享经济、平台经济和新个体经济等的管理，有效规制数字经济垄断和不正当竞争行为，才能真正夯实数字生态的制度基础。

---

① 本文将一级指标和维度交替使用。

数字能力维度体现数字生态将投入要素转化为应用产出的质量与效率，包括数字人才、数字创新和数字安全。首先，数字人才是挖掘数据价值的第一生产力，这与数据具有高知识密度有关。缺乏数字战略管理、深度分析、产品研发、先进制造、数字运营和数字营销等领域的人才，数据的价值就无从被发现、开发和实现。其次，数字创新是支撑数字生态向高质量发展的核心驱动力，大数据、人工智能、量子信息、集成电路、区块链等科技前沿领域的攻关已被纳入国家创新驱动发展战略。最后，数字安全是稳定数字生态的重要基石，其中网络安全最为关键，要加强重要领域数据资源、重要网络和信息系统的安全保障。

数字应用维度体现数字生态在政府、经济和社会等领域的影响程度，包括数字政府、数字经济和数字社会。数字政府旨在促进数字技术广泛应用于政府管理服务，推动政府治理流程再造和模式优化，不断提高决策的科学性和服务效率。数字经济旨在充分发挥海量数据和丰富应用场景优势，促进数字技术与实体经济深度融合，赋能传统产业转型升级，催生新产业新业态新模式，壮大经济发展新引擎。数字社会旨在促进数字技术全面融入社会交往和日常生活，促使公共服务和社会运行方式创新，构筑全民畅享的数字生活。

（二）测量指标与数据来源

中国数字生态指数2021是基于多渠道获得的测量指标逐级构建而成的综合性指数。各测量指标数据源除了个别选取公开发布的成熟指数，多数来自国家工程实验室及其数字生态协同创新平台合作单位针对2020年度全国31个省级行政区（不包括港澳台地区）以及重点城市所研制的专项指标（见表2）。

表2 数字生态指数指标体系及测量指标

一级指标	二级指标	测量指标	数据来源
数字基础	基础设施	新基建竞争力指数	清华大学互联网产业研究院
		云栖指数	阿里云研究院
		乡村数字基础设施	北京大学新农村发展研究院
	数据资源	开放数林指数	复旦大学数字与移动治理实验室
		数据流通指数	国家工程实验室
	政策环境	数字政策指数	国家工程实验室、北大法宝

续表

一级指标	二级指标	测量指标	数据来源
数字能力	数字人才	数字人力指数	北京大学重庆大数据研究院、猎聘网
		AI开发者指数	国家工程实验室、百度飞桨
	数字创新	数字专利指数	国家工程实验室、佰腾科技
	数字安全	网络安全生态发展指数	中国信息安全研究院
数字应用	数字政府	网上政务服务能力指数	中央党校（国家行政学院）电子政务研究中心
		智慧环保指数	公众环境研究中心
		乡村治理数字化指数	北京大学新农村发展研究院
	数字经济	大数据产业发展指数	北京大数据研究院
		人工智能产业发展指数	中关村数智人工智能产业联盟、北京大学中国社会科学调查中心
		数字产业电力消费指数	国家电网大数据中心
		企业数字化转型指数	北京国信数字化转型技术研究院、中关村信息技术和实体经济融合发展联盟
		数字经济投资者信心指数	北京大学数字金融研究中心
		乡村经济数字化指数	北京大学新农村发展研究院
	数字社会	数字普惠金融指数	北京大学数字金融研究中心
		数字生活指数	中国联通智慧足迹数据科技有限公司
		社会纠纷搜索指数	国家工程实验室、华院计算技术（上海）股份有限公司
		乡村生活数字化指数	北京大学新农村发展研究院

（三）指数计算与方法

为便于对比，我们将测量指标进行标准化。对于部分缺失值，结合相关经济统计数据通过回归进行补充。测量指标和二级指标的得分采用熵值法确定权重，一级指标权重在综合听取多位专家的意见后确定。总指数和一级指标得分采用几何加权平均的方式进行计算，体现子指标发展均衡性；二级指标得分采用算术加权平均的方式进行计算，体现子指标彼此可替代性。具体计算步骤如下。

①标准化。数据使用 Min – Max 方法统一标准化：

$$Z = \frac{X - \min X}{\max X - \min X} \times 90 + 10$$

②熵值法。采用熵值法来确定测量指标和二级指标的权重，指标的离散程度越大，其熵值越小，权重越大。首先我们将指标进行如下处理：

$$p_{ij} = \frac{x_{ij}}{\sum_{i=1}^{n} x_{ij}}$$

其中，x_{ij} 为个案 i 在指标 j 上的水平，它是指标原始取值经标准化处理后的结果。p_{ij} 是对它们进行标准化得到的结果，进而我们能将其看作 [0, 1] 区间上的一个离散分布，利用这一点计算指标的信息熵。在信息论中，若一个随机变量分布越集中，不确定性越小，则熵越小；反之，若一个随机变量分布越分散，不确定性越大，则熵越大。

根据熵的这一特性，计算指标 j 的离散程度：

$$E_j = -\frac{1}{\ln n} \sum_{i=1}^{n} p_{ij} \ln p_{ij}$$

然后，结合熵值和离散程度的结果，计算指标的权重：

$$W_j = \frac{1 - e_j}{\sum_{j=1}^{m} 1 - e_j}$$

③分指标聚合方法。总指标和一级指标得分采用几何平均的方式进行如下计算：

$$Y = \prod_{k=1}^{K} X_k^{W_j}$$

④总指标按照修正权重聚合。熵值法会赋予数据差异较大的指标更大的权重，实际上使数据源较好和稳定的指数（如数字经济二级指标下的测量指标数据）权重普遍变得更小，而缺失值比较多的指数反而获得最大权重，不能客观反映数字生态的发展分布状态。为此，一级指标合成时使用多位专家研讨并修正后的权重进行算术平均计算，具体而言，数字基础得分为 0.3，数字能力得分为 0.3，数字应用得分为 0.4。

三　中国数字生态现状分析

（一）数字生态发展水平

数字生态发展水平指的是一个地区的数字生态在数字基础、数字能力和数字应用三个维度上的综合发展程度与领先水平。中国31个省级行政区的数字生态呈现四型联动的发展格局（见表3）。第一，全面领先型。不仅数字生态指数国内领先，各维度指标也没有明显的弱项。例如江苏，数字生态指数排名全国第五，在九个二级指标中即使是相对缺乏优势的数字社会，也能在国内排到第12名。第二，赶超壮大型。各项维度发展较好，但部分维度存在较大发展空间。例如山东，数字基础和数字能力都比较扎实，但数字应用的全国排名相对较低。第三，发展成长型。虽然各项维度普遍有所发展，但存在明显短板。第四，蓄势待发型。数字生态指数均值在全国以下，但部分维度已经有突出表现。

中国的城市数字生态形成了中心城市优势领跑、临近城市稳步跟随、周边城市活力初现的发展格局。表4具体列举了数字生态指数和三个一级指标得分排名前30的城市。北京、上海、深圳、广州、杭州、天津、武汉、成都、南京、重庆排在指数得分榜的前10名。这些城市数字基础、数字能力、数字应用形成了较好合力，没有明显短板，构建了较为健全的数字生态体系。

表3　数字生态指数和三个一级指标得分

省级行政区	数字基础	数字能力	数字应用	指数	发展类型
北京	84.63	80.44	76.38	80.00	全面领先型
广东	70.74	84.80	66.01	72.66	全面领先型
上海	86.85	46.07	76.06	68.10	全面领先型
浙江	81.88	44.53	61.78	60.94	全面领先型
江苏	52.91	54.68	58.21	55.52	全面领先型
山东	62.02	33.03	41.38	43.67	赶超壮大型
福建	45.54	25.42	46.94	38.70	赶超壮大型

续表

省级行政区	数字基础	数字能力	数字应用	指数	发展类型
天津	45.67	21.14	53.27	38.55	赶超壮大型
湖北	45.07	27.17	42.32	37.76	赶超壮大型
四川	43.74	31.06	37.06	36.94	赶超壮大型
安徽	40.20	26.64	41.13	35.86	赶超壮大型
重庆	35.84	21.60	43.58	33.29	赶超壮大型
河南	33.36	24.34	37.33	31.74	赶超壮大型
贵州	53.44	15.97	34.68	31.29	赶超壮大型
江西	35.09	19.27	38.08	30.29	发展成长型
陕西	31.17	24.17	34.75	30.16	发展成长型
广西	46.27	18.29	28.75	28.95	发展成长型
河北	28.70	20.46	35.87	28.35	发展成长型
湖南	26.81	22.86	33.59	27.97	发展成长型
山西	29.75	15.84	32.22	25.42	发展成长型
海南	28.77	14.06	30.63	23.80	发展成长型
辽宁	20.86	19.86	28.25	23.20	发展成长型
云南	20.86	16.15	30.42	22.46	发展成长型
吉林	19.92	15.40	31.17	22.06	发展成长型
黑龙江	22.91	16.20	25.21	21.45	发展成长型
内蒙古	17.27	14.72	24.55	18.95	蓄势待发型
宁夏	18.45	12.42	25.69	18.71	蓄势待发型
甘肃	18.77	13.98	21.65	18.19	蓄势待发型
青海	17.53	10.14	19.62	15.56	蓄势待发型
新疆	12.85	12.85	17.49	14.53	蓄势待发型
西藏	10.64	12.42	15.95	13.10	蓄势待发型

表4 数字生态指数和三个一级指标得分排名前30的城市

排名	数字基础	数字能力	数字应用	指数
1	上海	北京	北京	北京
2	北京	上海	上海	上海
3	深圳	深圳	广州	深圳
4	杭州	广州	深圳	广州

续表

排名	数字基础	数字能力	数字应用	指数
5	广州	杭州	天津	杭州
6	天津	南京	杭州	天津
7	武汉	成都	南京	武汉
8	重庆	武汉	重庆	成都
9	成都	苏州	武汉	南京
10	宁波	重庆	成都	重庆
11	厦门	天津	苏州	苏州
12	苏州	合肥	合肥	合肥
13	合肥	西安	厦门	厦门
14	青岛	长沙	福州	宁波
15	南京	济南	东莞	西安
16	济南	无锡	郑州	长沙
17	贵阳	青岛	长沙	福州
18	无锡	宁波	西安	青岛
19	东莞	厦门	宁波	济南
20	珠海	郑州	佛山	无锡
21	福州	福州	青岛	东莞
22	南宁	南宁	无锡	郑州
23	绍兴	沈阳	济南	佛山
24	佛山	石家庄	贵阳	贵阳
25	温州	佛山	珠海	珠海
26	银川	东莞	嘉兴	沈阳
27	湖州	常州	沈阳	南昌
28	西安	贵阳	南昌	常州
29	常州	南昌	中山	南宁
30	金华	珠海	芜湖	嘉兴

（二）数字生态驱动模式

数字生态驱动模式反映了一个地区的数字基础、数字能力和数字应用三个维度中哪个维度最为突出，存在基础驱动、能力驱动和应用驱动三种模式。首先针对全国31个省级行政区数字生态的细分维度进行分析，分别从一、二级指标横向对比发现（见图2、图3）。在一级指标上，数字能力得分低于数字基础和数字应用得分。只有全面领先型地区的数字能力得分均值在全国均值以上，表明其他类型地区发展数字生态普遍存在数字能力短板。在二级指标上，数据资源、数字政府、政策环境等方面表现一般较好，但数字创新和数字安全得分相对较低，存在明显的数字能力鸿沟。其次针对全国337个城市的数字生态驱动模式进行分析。从全国来看，约有一半城市在数字生态建设方面尚未有突出维度，属于蓄势待发型地区。在数字生态发展较好的城市中，应用驱动型城市仍占大多数，其次是基础驱动型城市，能力驱动型城市最少。

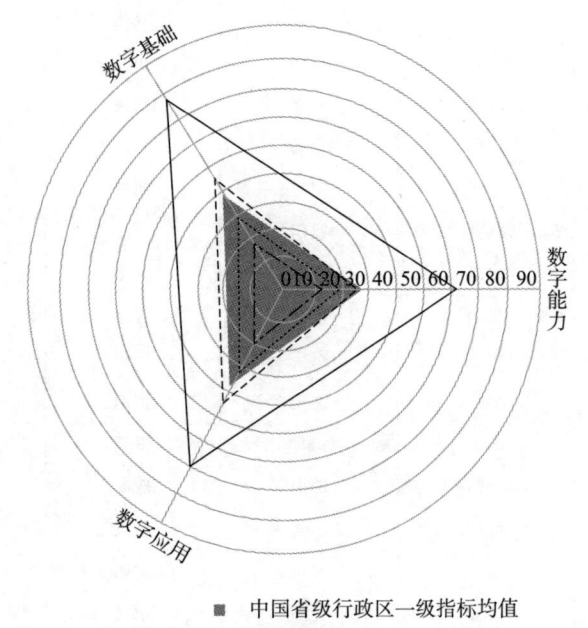

图2 中国省级行政区数字生态一级指标均值雷达图

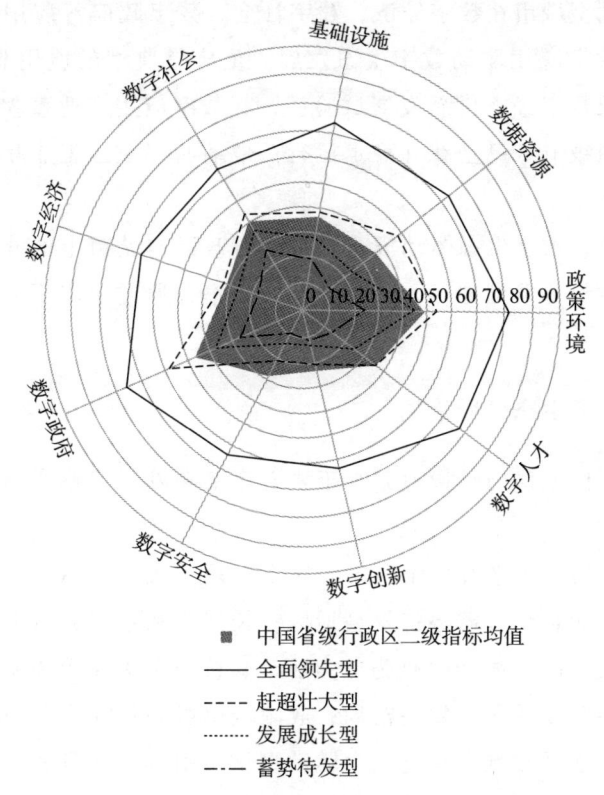

图3 中国省级行政区数字生态二级指标均值雷达图

基础驱动型城市在数据资源及政策环境等指标上得分较高，具有较强的政策驱动特征。天津、杭州、贵阳等属于基础驱动型城市。以贵阳为例，其围绕"中国数谷"建设目标，积极布局数字新基建，朝着建成国家大数据中心的方向奋力迈进。再如，杭州在基础设施和数据资源等方面得分位居全国城市前列，数字生态政策环境良好，当地政府在夯实数字基础的背景下全面推动数字生态建设。

能力驱动型城市的数字能力指数得分位居全国前列，且各项一、二级指标无明显短板，数字生态发展较为全面。北京、上海、广州、深圳等属于能力驱动型城市，该类型城市的数字人才和数字创新指数得分均非常高，表现出强劲的数字创新能力和人才集聚效应，推动了数字应用各维度的发展。例如，北京致力于打造国际科技创新中心，依托中关村科学城孵化出全国最多的独角兽公司。

应用驱动型城市在数字经济、数字社会、数字政府等应用场景方面表现突出，以数字应用驱动数字生态发展。重庆是典型的应用驱动型城市，作为首批国家数字经济创新发展试验区，其数字应用产业蓬勃发展，工业互联网国家顶级节点已上线并稳定运行，带动西部地区工业互联网发展及产业数字化转型。

综上可见，数字生态驱动模式在省级行政区与城市上的分布具有一致性，并且在蓄势待发型地区，已有部分城市率先通过应用驱动发展模式取得突破。

（三）数字生态区域格局

数字生态区域格局是指地方基于要素禀赋和发展战略所形成的区域差异化发展结构。

从区域发展水平来看，珠三角数字生态最为成熟，不仅拥有两个能力驱动型城市，而且没有蓄势待发型地区；长三角和京津冀数字生态最为完备，分别形成了以上海和北京为能力驱动、杭州和天津等为基础驱动、其他城市为应用驱动的区域发展格局；成渝城市群和长江中游城市群的数字生态整体发展水平较低，缺乏能力驱动型城市引领，而且大部分城市处于蓄势待发状态。

从区域发展动力来看，数字能力是驱动经济增长的核心引擎，也决定了数字应用维度的发展高度。数字应用包括数字经济、数字社会和数字政府，对数字能力的依赖程度和敏感程度各有不同。如图4所示，当数字能力处于较低水平时，很少有城市的数字经济发展水平能超过平均值，但很多城市的数字政府实现了高水平发展，也有少数城市的数字社会实现了较好发展。由于数字经济的发展高度依赖数字能力，分别拥有北京，上海，广州、深圳四个能力驱动型城市的京津冀、长三角、珠三角城市群，已经率先成为拉动全国的经济增长极。相较而言，成渝城市群和长江中游城市群由于尚无能力驱动型城市，与成为国家的经济增长极仍有一定差距。

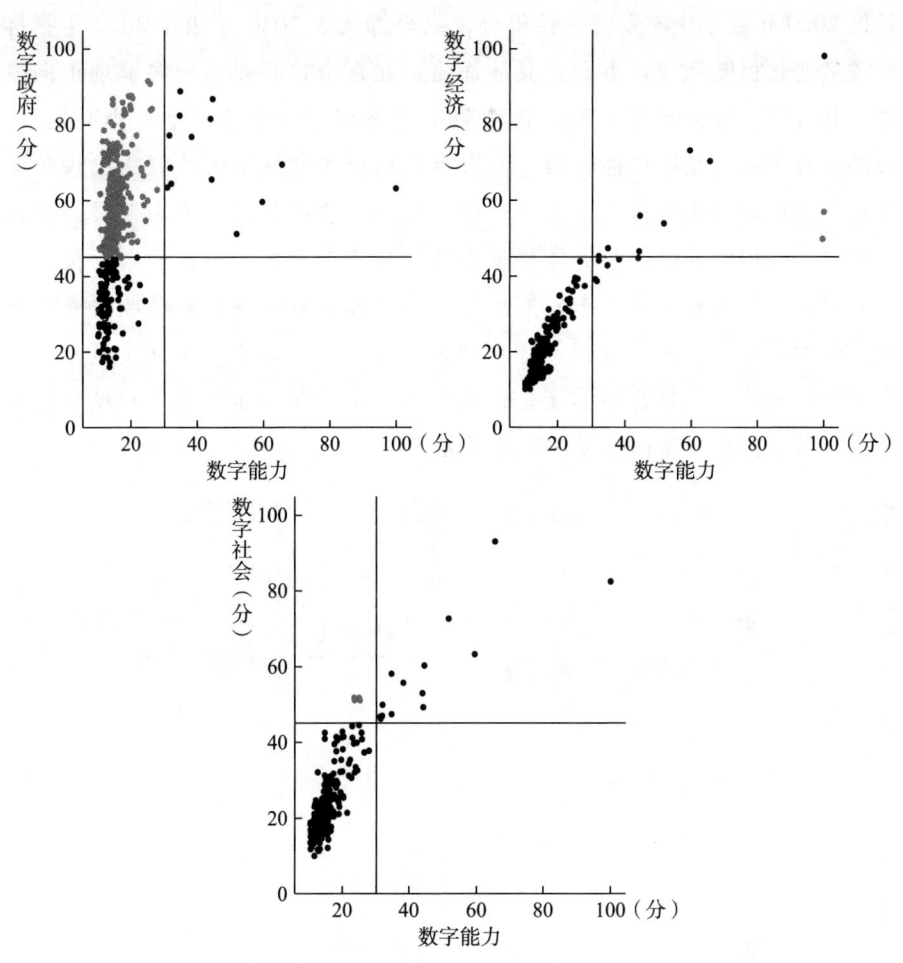

图4　中国城市数字能力与数字政府、数字经济、数字社会之间的关系

（四）数字生态发展韧性

数字生态发展韧性指的是系统结构具有持续性，结构变化轨迹可预测，变异更新渐进而有限（McCarthy et al.，2010）。在数字生态中，决定生态发展韧性的主要动能因素包括数字基础因素和数字能力因素，具体有基础设施、数据资源、政策环境、数字人才和数字创新（数字安全本身是韧性的体现，故不纳入分析）。根据这五个因素在过去两年的排名变化程度和变化方向，我们可以对每个地区的数字生态发展韧性进行描述。图5对北京、上海、四川和福建四个地区的数字生态发展韧性进行表征，横坐标代表当前

· 67 ·

地区 2020 年数字生态发展韧性得分，纵坐标代表 2020 年相比 2019 年指标的排名变化程度和变化方向。具体而言，北京市核心要素较多呈现正向发展，并且发展程度比较一致，说明数字生态核心要素整体呈现协同发展，反映了数字生态发展韧性较强。上海市数据资源和数字人才要素出现负向发展，其他动能要素在得分上存在较大差距，说明其数字生态发展韧性比北京弱。四川省数字生态动能要素全部呈现正向发展，但各要素变化程度相差较大，说明其数字生态发展韧性欠佳。福建省数字生态动能要素得分差异较大，数字人才、数据资源和政策环境三个要素出现负向发展，基础设施维持现状，只有数字创新是正向发展，说明其动能要素之间没有协同发展，数字生态发展韧性存在明显不足。

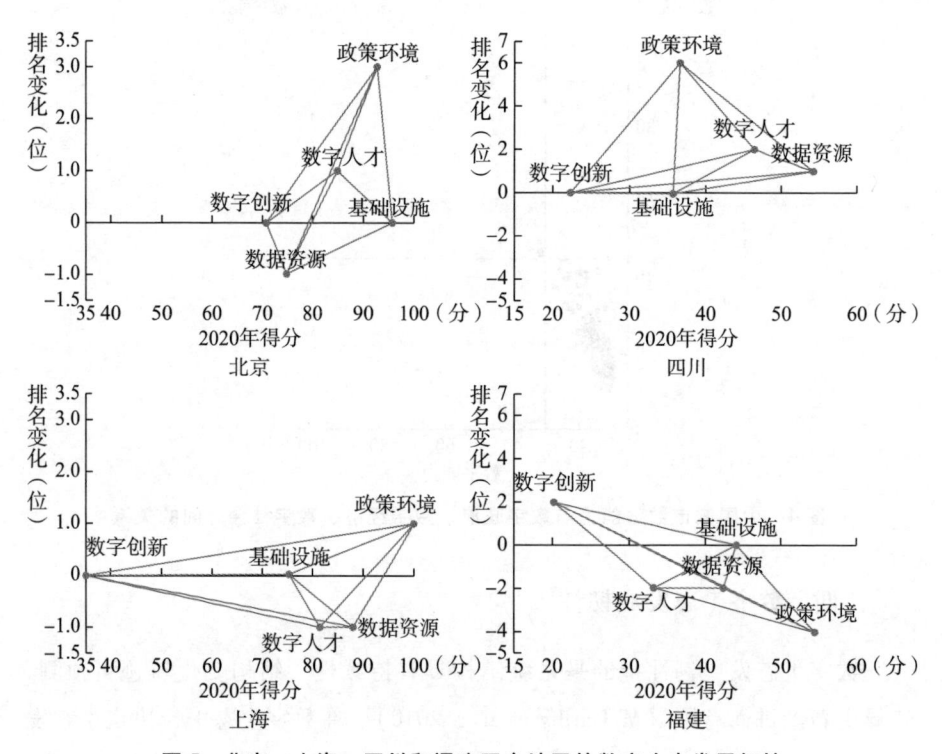

图 5　北京、上海、四川和福建四个地区的数字生态发展韧性

四　结论

国家"十四五"规划给出明确指引，要营造良好数字生态，助力数字

政府、数字经济和数字社会等领域数字化转型。营造良好数字生态的先决条件是能够对数字生态进行科学评估。本文在参考国内外有关数字经济和智慧城市指数编制相关文献的基础上，深入分析数字生态内在发展机制，并构建了由数字基础、数字能力、数字应用三个维度构成的数字生态指数理论框架，每个维度下又分设三个二级指标，即数字基础中的基础设施、数据资源和政策环境，数字能力中的数字人才、数字创新和数字安全，以及数字应用中的数字政府、数字经济和数字社会。在上述指标体系指引下，本文创新性地运用大数据分析方法，依托全国领域内代表性机构通过海量数据研制的各项指标，运用熵值法对2020年度31个省级行政区和337个城市的数字生态指数进行测算，并从发展水平、驱动模式、区域格局、发展韧性等方面进行深入分析。

第一，从发展水平来看，中国31个省级行政区的数字生态存在四种发展类型，即全面领先型、赶超壮大型、发展成长型、蓄势待发型。其中，北京、广东、上海、浙江和江苏属于第一梯队。中国城市的数字生态发展更为多元，其中，北京、上海、深圳、杭州、广州名列前茅。由此可见，中国数字生态呈现纵深多元、层次分明的空间发展格局，而这种多样性特征有助于营造良好的国内数字生态。

第二，从驱动模式来看，中国31个省级行政区和337个城市的数字生态均有三种驱动模式，其中能力驱动型地区最少，部分地区仍属于基础驱动型，应用驱动型地区最为普遍。因此，广大驱动模式仍未清晰的蓄势待发型地区，最有可能从数字应用方面实现突破，但由于数字经济要比数字政府和数字社会更加依赖数字能力水平，短期内无法快速提升数字人才质量和数字创新水平的地区，可以率先从数字政府或数字社会领域寻求突破。

第三，从区域格局来看，珠三角、长三角和京津冀城市群的区域数字生态发展水平较高，并且都有能力驱动型城市作为增长引擎；而成渝城市群和长江中游城市群的数字生态整体发展水平较低，也缺乏能力驱动型城市引领区域发展。

第四，从发展韧性来看，各地数字生态发展韧性有很大不同，比如，相比于上海和福建，北京和四川两地数字生态的动能要素以增长为主，而且各要素间排名波动更为接近，系统结构具有持续性和可预测性，发展韧性相对较好。因此，各地在发展数字生态时需要统筹规划，力求各维度协同发展。

　　数字生态内外部环境正在发生深刻变化，做大做强数字生态已成为各地抢抓发展新机遇的战略选择。打造理想数字生态的路径不是唯一的。各地现状和禀赋结构的差异决定了发展数字生态要切合实际、因地制宜。从空间格局来看，理想的数字生态需要实现优质的省级行政区小循环，带动完善的跨省区域中循环，引导健康的国内大循环，融入共赢的国内外循环，最终实现"以国内大循环为主体，国内国际双循环相互促进"的新发展格局。数字生态指数旨在为社会各界提供一套可以全面反映全国各地区数字生态发展现状和基本模式的指数工具，以促进相关领域研究，指导实践发展。然而，数字生态指数建设是一项需要长期迭代的复杂系统工程，其理论体系、测量数据、计算与分析方法等都处于不断优化改进的状态。因此，构建数字生态指数需要打造多方共建机制。国家工程实验室将联合各方持续建设数字生态协同创新平台，加强数字生态理论研究，增加数据资源覆盖范围，长期动态监测中国各区域数字生态发展现状，为各地落实数字中国战略做出贡献。

参考文献

陈煜波、马晔风，2018，《数字人才——中国经济数字化转型的核心驱动力》，《清华管理评论》第 Z1 期，第 30~40 页。

郭峰、王靖一、王芳、孔涛、张勋、程志云，2020，《测度中国数字普惠金融发展：指数编制与空间特征》，《经济学》（季刊）第 4 期，第 1401~1418 页。

黄璜、孙学智，2018，《中国地方政府数据治理机构的初步研究：现状与模式》，《中国行政管理》第 12 期，第 31~36 页。

江小涓、孟丽君，2021，《内循环为主、外循环赋能与更高水平双循环——国际经验与中国实践》，《管理世界》第 1 期，第 1~19 页。

邱泽奇，2018，《三秩归一：电商发展形塑的乡村秩序——菏泽市农村电商的案例分析》，《国家行政学院学报》第 1 期，第 47~54 页。

徐清源、单志广、马潮江，2018，《国内外数字经济测度指标体系研究综述》，《调研世界》第 11 期，第 52~58 页。

赵惟、傅毅明，2020，《推进网络安全生态的协同发展》，《网络空间安全》第 11 期，第 91~97 页。

郑磊，2017，《中国地方政府开放数据研究：技术与法律特性》，《公共行政评论》第 10

期，第 53~73 页。

Afuah, Allan. 2013. "Are Network Effects Really All About Size? The Role of Structure and Conduct." *Strategic Management Journal*, 34 (3): 257-273.

Baller, Silja, Dutta Soumitra, and Lanvin Bruno. 2016. *Global Information Technology Report 2016*. Geneva: Ouranos, p. 9.

Benamrou, Badr, Mohamed Benahmed, Bernoussi Abdes-samed, and Mustapha Ouardouz. 2016. "Ranking Models of Smart Cities." 2016 4th IEEE International Colloquium on Information Science and Technology (CiSt). IEEE, pp. 872-879.

Chakravorti, Bhaskar and Ravi Shankar Chaturvedi. 2017. *Digital Planet 2017: How Competitiveness and Trust in Digital Economies Vary Across the World*. The Fletcher School, Tufts University, p. 16.

Giffinger, Rudolf, Fertner Christian, Kramar Hans, and Meijers Evert. 2007. "City-ranking of European Medium-sized Cities." *Cent. Reg. Sci. Vienna UT*, 9 (1): 1-12.

International Monetary Fund. 2018. "Measuring the Digital Economy", http://www.imf.org/external/pp/ppindex.aspx.

McCarthy, P. Ian, Lawrence B. Thomas, Wixted Brian, and Gordon R. Brian. 2010. "A Multidimensional Conceptualization of Environmental Velocity." *Academy of Management Review*, 35 (4): 604-626.

Moore, F. James. 1993. "Predators and Prey: A New Ecology of Competition." *Harvard Business Review*, 71 (3): 75-86.

Nardo, Michela, Saisana Michaela, Saltelli Andrea, Tarantolai Stefano, Hoffman Anders, and Giovannini Enrico. 2005. "Handbook on Constructing Composite Indicators: Methodology and User Guide", OECD Statistics Working Papers, No. 2005/03, OECD Publishing.

Organization for Economic Co-operation and Development. 2014. *Measuring the Digital Economy: A New Perspective*. OECD Publishing, p. 18.

Steyn, Jacques, and Graeme Johanson, eds. 2010. *ICTs and Sustainable Solutions for the Digital Divide: Theory and Perspectives*. IGI Global, pp. 283-296.

（原文载于《电子政务》2022 年第 3 期；收入本辑时有修改）

国际数字生态指数的测算与分析

乔天宇 张蕴洁 李 铮 赵 越 邱泽奇[*]

摘 要 数字化发展已经成为影响国际发展新格局的重要变量。如何对国际数字化发展格局做出判断，是亟待研究的时代性议题。本文从数字生态的视角出发，提出了刻画国际数字生态的基本框架，包括数字基础、数字能力、数字应用和数字规制四个核心维度。根据这一框架，本文测算了国际数字生态指数，对各国数字化发展状况予以评估，并挖掘各国数字生态发展的不同结构模式。同时，本文通过研究数字化领域国家间互动关系网络，考察各国占据的结构位置和所受到的结构性约束程度，希望为我国制定相关发展战略提供参考依据。

关键词 数字化发展 数字生态 数字治理 国际数字生态 数字生态指数

数字技术变革已成为当下驱动变迁和发展的主要动力。在数字技术创新的直接作用下，发展数字产业和传统产业的数字化已成为驱动经济发展的新动能，同时，数字技术正渗透到社会发展的方方面面。数字化与世界政治、经济、安全等多方位格局密切相关，为应对数字化转型带来的机遇与挑战，各国（地区）已出台相关政策。例如，欧盟委员会发布《塑造欧洲数字未来》战略文件，明确提出要维护欧盟的数字主权（European Commission，2022），提升其在数字经济领域的竞争力；新美国安全中心（CNAS）发布的《设计美国的数字发展战略》把数字化发展放在事关美国国家安全

---

[*] 乔天宇，北京大学大数据分析与应用技术国家工程实验室博士后；研究方向为技术社会学、组织社会学、计算社会学。张蕴洁，北京大学社会学系博士研究生；研究方向为技术社会学、计算社会学。李铮，北京大学社会学系博士研究生；研究方向为技术社会学、计算社会学。赵越，北京大学工学院博士研究生；研究方向为机器学习、数据价值、数字经济。邱泽奇，北京大学中国社会与发展研究中心主任、数字治理研究中心主任，北京大学博雅特聘教授、社会学系教授；研究方向为技术应用社会变迁、组织社会学、社会研究方法。

和全球战略的重要位置（Siddharth et al.，2020）。

中国同样高度重视数字化发展，十八大以来，党中央曾多次强调数字经济事关国家发展大局，要将其置于国家战略的高度。《中华人民共和国国民经济和社会发展第十四个五年规划和2035年远景目标纲要》也对中国未来的数字化转型发展方式和路径进行了顶层设计。

当今世界正处于百年未有之大变局，数字化发展无疑是影响这一变局的关键变量。全球数字化发展中的机遇与挑战同在，竞争与合作并存。在这样一个新的国际竞技场上，中国目前处于一个什么样的位置？换言之，我们如何对各国数字化发展状况进行科学评估，进而对数字化发展的国际格局予以刻画？目前，国内外各类机构已研发出一系列指数工具用于评估各国数字化发展状况（徐清源等，2018），这些机构根据其自身的利益需要、价值取向和研究重点所制定的指数工具各具特色，都可作为研究各国数字化发展状况的重要参考，但它们在反映数字化发展国际格局时仍存在一些不足。首先，既有指数工具在测度内容上有侧重，多以对数字经济的测度为主，但仅针对数字经济开展评价难免有失偏颇。其次，绝大多数指数工具仅以国家（地区）为单位，对其发展程度进行排序，但排序只是刻画格局的一种方式，难以反映更为重要的国家间互动关系。

国际视野下的数字生态研究涉及环境、生态系统、群落生态三个方面的内涵，将影响数字化发展的制度环境、数字化发展中涉及的多重要素及其关联以及国家间关系等予以综合考量。从数字生态视角出发能更好地刻画各国数字化发展及与此相关的国际格局。本文从以下三个方面对国际数字生态予以研究：第一，构建一套刻画国际数字生态的基本框架，并系统开展数据收集工作；第二，测算国际数字生态指数，并对指数测算结果进行分析；第三，利用国家间关系网络刻画各国在国际发展格局中的结构位置，如生态位特征，并对国家间的关系性质给予判断。

一 刻画国际数字生态的基本框架

我们从数字基础、数字能力、数字应用和数字规制[①]这四个维度对各国

[①] 本文将一级指标和维度交替使用。

的数字化发展情况予以研究。其中，数字基础、数字能力和数字应用与中国数字生态指数关注的三个主要维度相同（王娟等，2022）。数字规制是在考察国际数字生态时新增加的维度，它反映了影响一国数字化发展的制度环境，体现了生态概念的环境内涵。

在国际数字生态的研究中，首先，我们将数字基础细化为基础设施和数据资源两个维度。其中，基础设施进一步考察能源和硬件，能源包括电力供给量、供给的覆盖性和稳定性、新能源等内容，硬件考察数字通信设备拥有状况；数据资源关注数据规模和数据开放，它们分别反映国家的数据资源存量和开放性，前者主要考察数据中心和网民数量等，后者进一步分为准备、实施和成果三个维度。

其次，数字能力体现了数字人才和技术创新状况。前者考察各国的数字人才规模、结构和流动。后者包含成果和开发者两个维度，成果由一国的研究论文、专利申请、在线创新力和创新成果转化状况等内容体现，开发者由一国的开发者年龄、相对经验、学习新技能的频率、薪资水平和工作环境等内容体现。

再次，为体现主要数字应用场景，我们考察了数字政府、数字经济和数字社会三个维度。数字政府包括在线服务、电子参与、开放政府数据和地方在线服务等内容。数字经济以数字产业化和产业数字化为核心内容，同时对数字贸易予以考察，包括数字产业增加值规模、数字企业竞争力、产业数字化规模、产业数字化转型水平以及数字货物与服务贸易等状况。数字社会则聚焦接入性、数字健康和数字教育三个方面：接入性反映各国居民对互联网和ICT的接入和使用情况；数字健康反映在医疗健康领域数字技术的应用状况，如医疗机构或患者对远程医疗和移动医疗等的使用；数字教育反映数字技术在教育领域的应用情况，如学校中学生与教室的人均上网设备、学生在课堂学习的ICT内容等。

最后，数字规制包含数字商务、数字流通和数字风控三个维度。数字商务关注各国在电子商务和数据税方面的立法情况，数字流通从法规的角度对各国公共数据开放、私人数据开放以及数据跨境流通的潜在能力进行衡量，数字风控考察个人信息保护法规和数据安全法规两方面的内容，对各国应对数字化进程中潜在风险的能力予以评估。

以上四个维度共同构成了刻画国际数字生态的基本框架。本文将以这一框架为基础,测算国际数字生态指数。国际数字生态指数的指标体系与上述框架对应,具体设置详见表1。

表1 国际数字生态指数的指标体系设置

一级指标	二级指标	三级指标
数字基础	基础设施	能源
		硬件
	数据资源	数据规模
		数据开放
数字能力	数字人才	数字人才规模
		数字人才结构
		数字人才流动
	技术创新	成果
		开发者
数字应用	数字政府	在线服务
		电子参与
		开放政府数据
		地方在线服务
	数字社会	接入性
		数字健康
		数字教育
	数字经济	数字产业化
		产业数字化
		数字贸易
数字规制	数字商务	电子商务法规
		数据税法规
	数字流通	公共数据开放法规
		私人数据开放法规
		数据跨境流通法规
	数字风控	个人信息保护法规
		数据安全法规

二 国际数字生态研究的数据来源

本文针对41个国家收集相关数据,这些国家包括中国、27个欧盟国家、英国、美国,以及俄罗斯、澳大利亚、加拿大、日本等各大洲或地区的主要国家。为契合研究目的,我们在数据收集上,一是坚持"多源"原则,广泛收集来自各类组织机构发布的能够反映相关内容的数据;二是关注能直接或间接反映国家间相互作用的数据,这为利用关系网络刻画国家间数字生态奠定基础。当有多个类似数据源存在的情况下,本文优先选择那些由权威机构发布、能够覆盖更多国家、年份最新的数据源,保证数据具有权威性、全面性和时效性等特征。截至2022年3月,课题组共收集到来自十余个机构的28个数据源,将其综合运用在国际数字生态指数测算和对国家间关系的判断上。这些数据大体上可以划分为以下五种类型。

第一,统计数据。这类数据主要来自一些权威机构的统计部门以及专门的行业组织,包括联合国、世界银行、欧盟、国际电信联盟(ITU)、世界贸易组织(WTO)、经济合作与发展组织(OECD)、全球移动通信系统协会(GSMA)等。考察基础设施、数字社会中的接入性、数字经济中的数字贸易等内容会涉及此类数据。在利用国家间关系刻画数字生态时,数字商品与服务贸易活动是国家间相互作用的重要体现,联合国商品贸易统计数据库(UN Comtrade)对国家间贸易互动有详尽的统计。

第二,既有指数型数据。这类数据是经过一定测算程序得到的,多以标准化得分形式呈现,能够反映各国在特定方面的发展水平以及排名状况。体现数据资源中的数据开放、数字政府、数字经济中的产业数字化等内容的数据均属于此类。其中,数据开放部分分别引用了万维网基金会公布的《开放数据晴雨表》全球报告(The World Wide Web Foundation,2017)和开放数据观察组织发布的《开放数据盘点》年度报告(Open Data Watch,2020)中的结果;数字政府部分引用了联合国《电子政务调查报告》中公布的在线服务、电子参与、开放政府数据和地方在线服务四个子指数;产业数字化部分包括欧盟委员会测算的国际数字经济社会指数和戴尔科技公布的2020年数字化转型指数。

第三,微观调查数据。除统计数据和既有指数型数据外,本文还收集了一些与研究框架相关的微观调查数据。比如，针对技术创新维度中的开发者的情况，我们选用了全球最大的开发者在线技术问答平台Stack Overflow每年所做的开发者调查数据；针对各国数字教育情况，经济合作与发展组织所做的国际学生评估项目（The Programme for International Student Assessment，PISA）是颇具国际影响力的教育主题调查项目。我们从中选取了反映学校使用ICT和接入互联网状况、学生在课堂学习的ICT技能等内容的数据。与前两类数据不同，我们除了能够汇总微观调查数据得到对国家层面属性的测量外，还可以利用其开展更为多样的研究工作。

第四，文本型数据。对数字规制的研究主要依据文本型数据。我们检索了目标国家相关官方法律及管理条例文本，由编码员根据给定框架进行编码。编码框架是在世界银行的"全球数据规制诊断"（Chen，2021）评估框架上修改得到的[1]。

第五，来自互联网平台的数据。还有部分研究使用的数据来自互联网平台，比如衡量数字能力的研究论文状况数据来自Web of Science，反映专利申请状况的数据来自佰腾网的专利大数据[2]，数字人才的部分数据引自清华大学经济管理学院互联网发展与治理研究中心与领英合作发布的《全球数字人才发展年度报告（2020）》。该类型数据具备覆盖国别较广，数据条目与指标体系设置中二、三级指标高度契合的特征，为指数构建提供了有力支持。此外，我们还可以使用以上部分数据对国家间的关系进行研究，例如，基于研究论文和专利申请状况的数据，可对技术创新方面的国家间关系加以刻画。

以上数据构成了我们进一步开展国际数字生态研究、构建国际数字生态指数以及判断各国在数字化发展领域中互动关系的基础。

三 国际数字生态指数的测算方法

（一）数据预处理

在对国际数字生态指数进行测算之前，我们通过以下三种方式对数据

---

[1] 由于"全球数据规制诊断"项目包含了我们关注的部分国家，这里实际上的编码工作仅针对未包含在该项目中的国家进行。

[2] 江苏佰腾科技有限公司是国内一家专业从事知识产权服务的高新技术企业，研究团队与该公司合作获取了与专利申请状况相关的数据。

进行了预处理。

（1）缺失值插补。针对部分国家缺失最新数据的情况，首先采用冷卡插补法，收集该国在缺失指标上的既往数据进行填充；如果该国既往数据仍然缺失，则使用平均值插补法对部分数据做对数化处理。

（2）部分数据对数化处理。由于一些反映对象规模总量数据（如网民数量）的绝对数值大、各国之间的差异大，这部分数据呈现偏态分布。本文对以上数据进行对数化处理，以令其更接近正态分布的情况，便于后续的指数计算。

（3）标准化。在计算指标权重和指标聚合之前，采取 Min-Max 标准化方法，将除数据规制①部分外的底层数据统一转化到［10，100］区间，作为对四级指标的测度，公式如下：

$$X_j = \frac{X_j - \min_i X_i}{\max_i X_i - \min_i X_i} \times 10 + 90$$

（二）指标权重计算方法

我们主要使用加权聚合的方式对国际数字生态指数得分进行测算。针对一级指标以下的加权聚合，主要使用自编码器法和熵值法进行指标权重计算。最终的指数得分通过对数字基础、数字能力、数字应用和数字规制这四个一级指标得分等权加总得到。这里，我们首先介绍两种权重计算方法。

1. 自编码器法

自编码器法是一种能对数据实现降维的无监督的机器学习算法，其基本原理为，将输入的高维度数据利用一个神经网络编码器得到一组新的低维度数据，再利用一个神经网络解码器输出一组高维度数据，力图重构原始输入。该算法模型可用图1予以说明。它通过最小化输入数据与输出数据之间的重构误差来训练模型，图1中神经网络各连边上会形成相应的权重，中间得到的编码可以被看成是输入数据的主要特征。本文对数字基础、数字能力和数字应用三个一级指标使用自编码器法计算权重和得分。

---

① 由于数据规制数据是经过专业人员打分的，本文不对分布进行调整。

国际数字生态指数的测算与分析

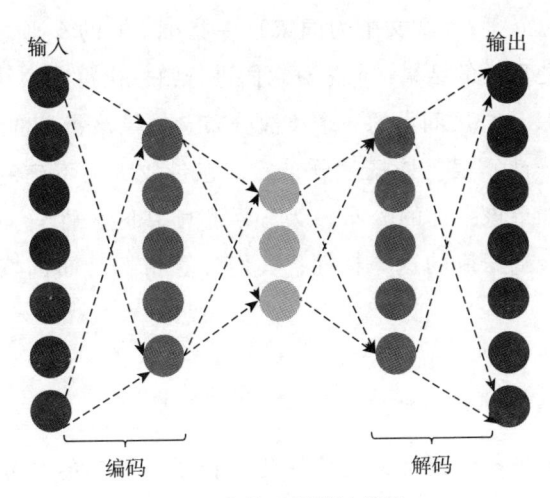

图1 自编码器算法模型

该算法模型可以运用到对指标权重的计算中。根据国际数字生态指数的指标体系设置（见表1），我们可以将具体测量指标作为自编码器中的输入数据，将一级指标、二级指标和三级指标作为神经网络的隐藏层，根据指标间层级关系结构建立神经网络中的连边。这样，由模型训练得到神经网络中连边上的权重即可作为指标聚合时使用的权重，由自编码器法得到的数据降维结果（图1中的"编码"部分），即可作为对应一级指标的得分。

自编码器作为机器学习领域的经典算法，过去多用于自然语言处理和图像处理。这里创造性地将其运用在对指标权重的计算当中，据我们所知，这在指数构建的研究中应属首例。

2. 熵值法

与自编码器法不同，熵值法是一种自动计算指标权重的常用方法，它依靠数据分布的离散程度来确定指标权重的大小。在信息论中，熵是对概率分布不确定性的一种度量，对于随机变量 X，其概率分布为 $p(x)$，定义熵如下。

$$H(X) = E[-\log p(x)]$$

具体而言，在计算指标聚合的权重时，需要将经归一化处理的测量指标转换为一个离散概率分布。

$$p_{ij} = \frac{x_{ij}}{\sum_{i=1}^{n} x_{ij}}$$

· 79 ·

其中，x_{ij}为个案i（本文中为国家）在指标j上的水平，它是指标原始取值经标准化处理后的结果。p_{ij}是对它们进行归一化得到的结果，进而我们能将其看作[0，1]区间上的一个离散分布。如果该指标的分布比较集中，即意味着其区分性不强，该概率分布的信息量较大，不确定性较小，熵比较小；反之，如果该指标的分布较为分散，则其区分性较强，不确定性较大，熵比较大。根据熵的这一特性，我们计算指标分布的熵值来判断此指标的离散程度e_j。

$$e_j = -\frac{1}{\ln n}\sum_{i=1}^{n} p_{ij}\ln p_{ij}$$

进一步，再将各个指标的熵值转化为权重，指标的区分度越高，则该指标的权重越大。

$$W_j = \frac{1-e_j}{\sum_{j=1}^{m}(1-e_j)}$$

在本文中，我们使用熵值法确定了数字规制部分的各层级指标权重。

3. 以等权方式生成国际数字生态指数

在使用自编码器法和熵值法完成对数字基础、数字能力、数字应用和数字规制这四个维度下的指标权重计算，形成四个一级指标得分之后，以等权的方式，即每个一级指标的权重均为0.25，生成国际数字生态指数，以此来综合判断各国数字生态的发展现状。

四 国际数字生态的国家排名与发展现状

利用上述方法，我们首先测算了41个国家的国际数字生态指数，表2显示了各国排名。中国的数字生态指数排在第七位，排名前六的国家分别是英国、美国、德国、法国、荷兰和瑞典。

表2 41个国家的国际数字生态指数排名

指数排名	国家名称	指数排名	国家名称	指数排名	国家名称
1	英国	3	德国	5	荷兰
2	美国	4	法国	6	瑞典

国际数字生态指数的测算与分析 **J**

续表

指数排名	国家名称	指数排名	国家名称	指数排名	国家名称
7	中国	19	奥地利	31	立陶宛
8	西班牙	20	葡萄牙	32	希腊
9	加拿大	21	罗马尼亚	33	印度
10	韩国	22	斯洛文尼亚	34	匈牙利
11	澳大利亚	23	斯洛伐克	35	克罗地亚
12	波兰	24	俄罗斯联邦	36	马耳他
13	芬兰	25	乌克兰	37	以色列
14	爱尔兰	26	比利时	38	日本
15	意大利	27	卢森堡	39	塞浦路斯
16	丹麦	28	保加利亚	40	拉脱维亚
17	墨西哥	29	巴西	41	伊朗
18	爱沙尼亚	30	捷克	—	—

从一级指标上看，中国在数字基础和数字应用方面有比较明显的优势，均排在前五名，在数字能力方面位居中上游，在数字规制方面的排名则相对靠后。

具体来看，在数字基础方面，中国位居第四，美国、英国和加拿大分别位居前三。从得分上看，美国的领先优势较为明显（见图2）。

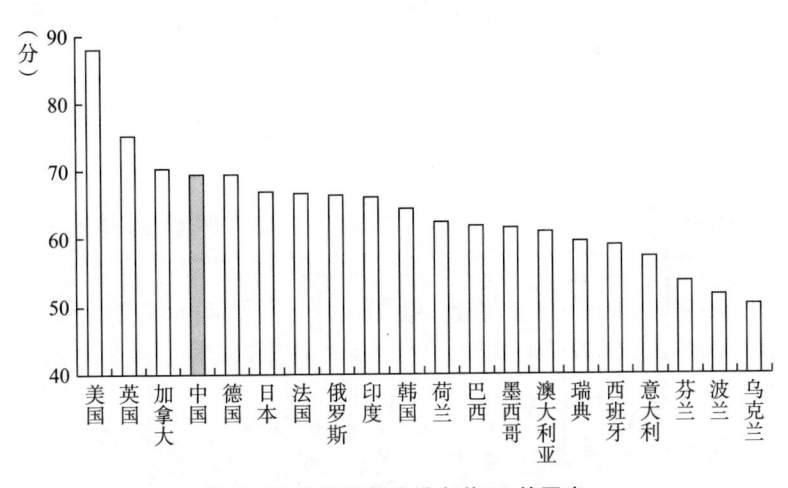

图 2 数字基础得分排名前 20 的国家

· 81 ·

在数字能力方面,中国位居第十,排在中国前面的国家有美国、英国、德国、以色列、瑞典、芬兰、加拿大、韩国和俄罗斯,这说明中国在数字能力建设上还有很大的赶超空间(见图3)。

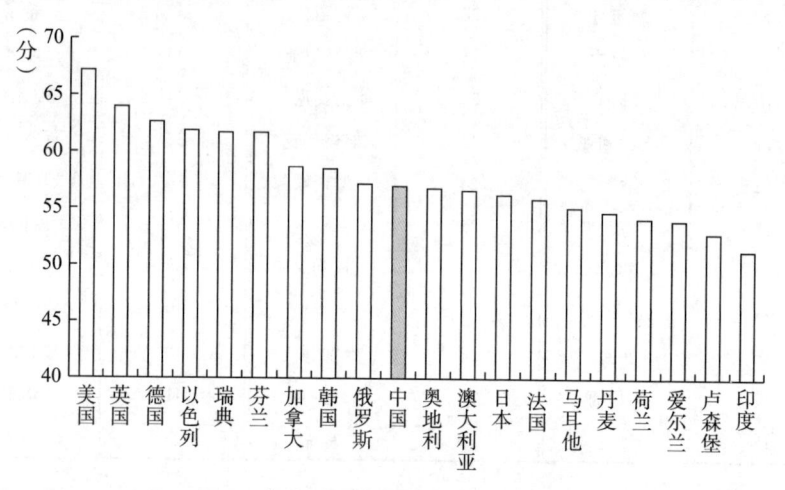

图3 数字能力得分排名前20的国家

在数字应用方面,中国仅落后于美国,位居第二,其余排名前五的国家还包括英国、韩国及荷兰(见图4)。若对数字应用下的二级指标得分做进一步细致的比较分析,能够发现中国在数字经济方面的表现更为突出,得分仅次于美国;在数字政府方面的排名也居于上游;在数字社会方面,中国排在第15名,其中数字教育仍具有很大的发展空间。

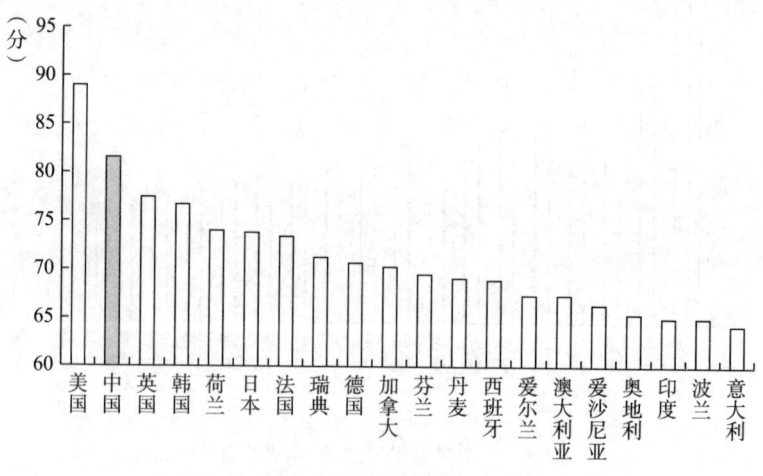

图4 数字应用得分排名前20的国家

在数字规制方面，排名前20的国家中有19个是欧洲国家（见图5）。欧洲各国在文化传统上重视保护个体隐私，对数字规制的制定起步较早，规制数量总体偏多，约束性也偏强。另外，欧盟对数据保护有整体性立法，各国在实践中也主要以贯彻欧盟立法为主，因此在数字规制上表现出极大的同质性。中国的数字规制得分排在第33位，美国则更靠后，排在第37位，这在一定程度上反映出中美两国的数字规制与欧盟相比完备性较弱，但我们认为，数字规制的完备也并不必然会促进其他数字生态要素的发展，对此需要具体分析，我们将在后文予以讨论。

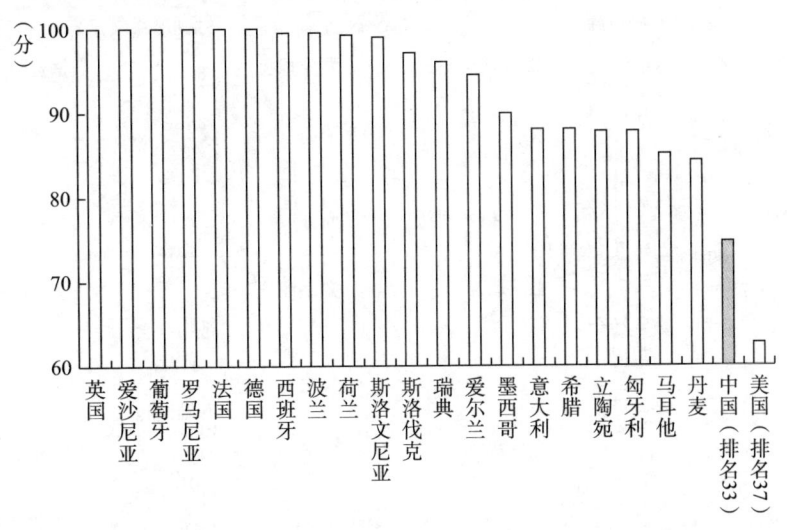

图5　数字规制得分排名前20的国家及中国、美国的数字规划得分情况

我们采用雷达图进一步展示了中、美、英、德、法、俄六国在二级指标上的表现（见图6）。从雷达图形状来看，英、德、法三国的发展状况总体上比较相似，尤其是数字商务、数字流通和数字风控等方面的规制完备，但这三国在数字经济方面较中、美有一定差距；美国在数据资源、数字流通、数字经济和数字政府上的得分很高，而在数字商务和数字风控上的得分很低；俄罗斯的数字生态发展在多个维度上落后于图6中的其他国家。中国在基础设施和数字经济上的得分较高，较欧洲各国具有优势。在数据资源开放上，中国有明显短板。

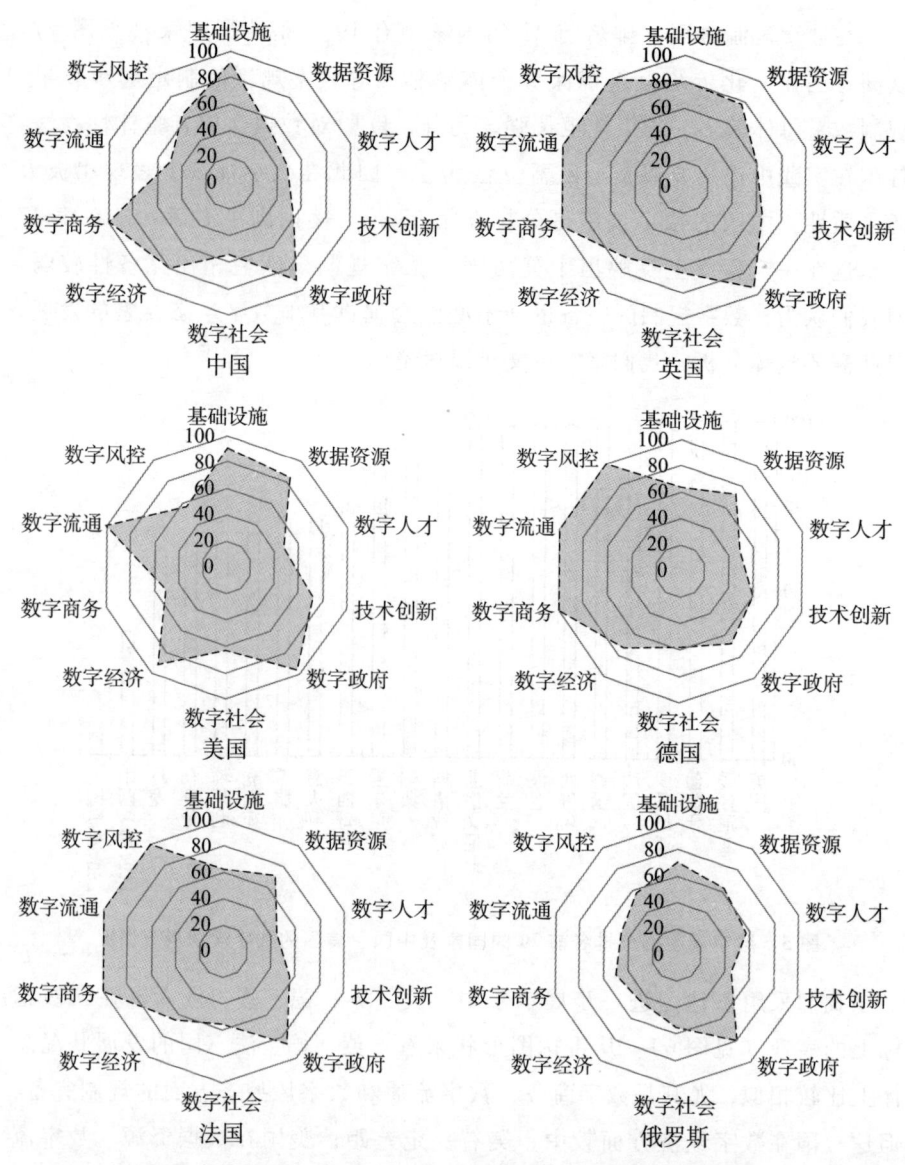

图6 中、美、英、德、法、俄六国的二级指标得分雷达图

总的来看，国际数字生态指数的计算结果反映出中国在数字化发展上具有一定优势，尤其体现在数字基础和数字应用方面。利用国际数字生态指数，我们除了能从多个维度对各国数字化发展特点做出系统评价、识别国家间差异外，还有必要通过分析各要素间的关联性，揭示国际数字生态发展的结构模式。同样，各国在结构模式上也可能存在差异。

五 国际数字生态发展的结构模式

对国际数字生态发展结构模式的分析，主要围绕基础设施、数据资源、数字人才、技术创新、数字政府、数字社会、数字经济、数字商务、数字流通和数字风控这10个二级指标的测算结果展开。我们首先分析了这10个二级指标之间的相关关系，图7呈现了它们的得分分布、相关系数矩阵以及统计检验结果。

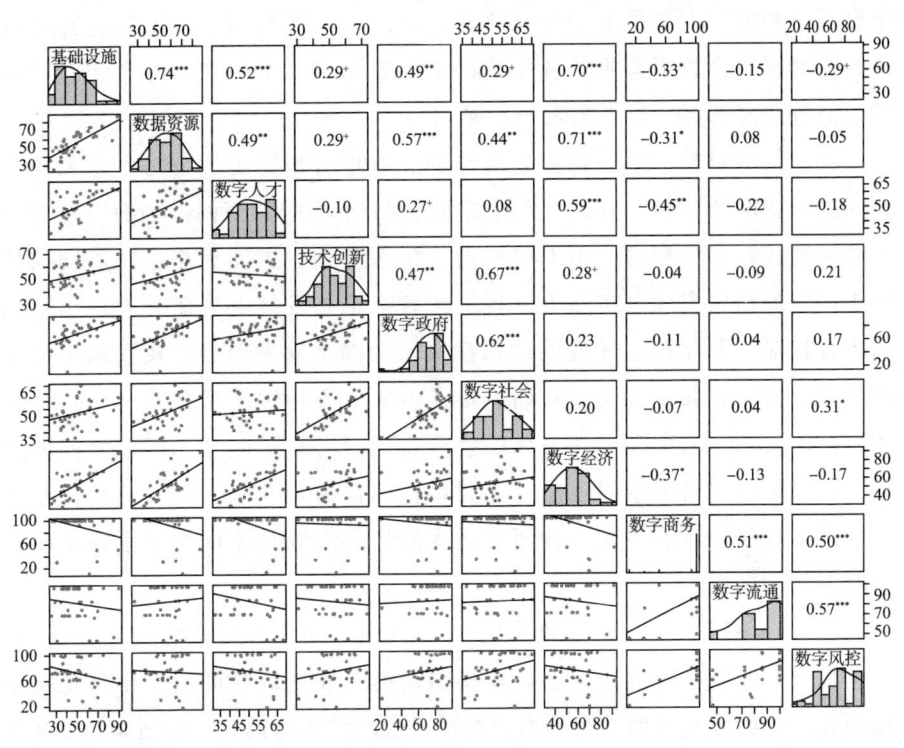

图7 国际数字生态指数10个二级指标的得分分布、相关系数矩阵以及统计检验结果

注：+ $p<0.10$，* $p<0.05$，** $p<0.01$，*** $p<0.001$。

从全部41个国家来看，首先，数字应用的发展与数字基础息息相关。数字应用的三个二级指标与数字基础的两个二级指标得到的六对相关关系均显著为正（见图7）。这说明它们之间是相互促进、共同发展的。其次，数字应用的三个二级指标与数字能力下的技术创新指标也均呈现显著的正相关性。但数字能力下的数字人才指标只与数字政府和数字经济呈现显著的正相关性，与数字社会的相关性较弱。再次，从数字应用下的三个二级指标间关系来看，数字政府与数字社会显著相关（相关系数为 0.62，$p <0.001$），但数字经济与数字政府、数字社会之间的相关性较弱，且统计上不显著（相关系数分别为 0.23 和 0.20，p 值分别为 0.143 和 0.215），这说明数字经济与数字政府、数字社会不一定是同步发展的。最后，数字规制下的三个二级指标之间关联紧密，但它们与其他二级指标间的相关性均较弱，且多数呈现负相关关系。其中，数字商务与数字资源、数字人才、数字经济负相关，主要是由于绝大部分国家的数字商务得分较高且差异性较小，受美国等少数国家的极端案例影响所致①，这一负相关关系并不意味着数字商务法规抑制了以上要素的发展。

我们这里对数字生态各要素所作的关联性分析，类似于对生态系统要素间耦合状况的考察。但是以上分析假定 41 个国家共享同一种数字生态发展结构模式，并没有划分出不同的数字生态类型，进而无法反映不同的数字生态发展结构模式。实际上，各国在数字生态发展上可能会表现出不同的耦合状况，即存在差异性的结构模式。为揭示这种差异，我们采用关系性类别分析（Relational Class Analysis, RCA）方法进行了探索（Goldberg, 2011; Boutyline, 2017）。关系性类别分析同时考察了变量和国家之间的关系，将变量间逻辑关系体现出一定相似性的国家聚合在一起，进而揭示数字生态要素间关联的不同结构模式。我们将其看成是不同类型生态系统耦合状况的体现。

经 RCA 模型计算，本文考察的 41 个国家可划分为两种数字生态发展的结构模式，即紧耦合的数字生态发展结构模式和松耦合的数字生态发展结构模式。我们以关系网络图的形式展现了这两种结构模式。如图 8 和图 9 所示，图中节点表示指数的二级指标，若两个二级指标之间的相关系数在 0.10 的水平上统计显著，则在表示这两个二级指标的节点之间连一条线，实线表示二者呈正相关关系，虚线表示二者呈负相关关系。

图 8、图 9 直观反映出两种数字生态发展结构模式间的显著区别。如图

---

① 这些国家包括美国、日本、俄罗斯、印度和以色列。从整体上看，它们在基础设施、数据资源、数字人才和数字经济等方面具有一定的发展优势，但数字商务的发展较不完备。

8所示，在紧耦合的数字生态发展结构模式中，数字基础、数字能力和数字应用下的二级指标紧密地耦合在一起，数字规制下的数字商务、数字流通与数字风控三个二级指标也相互关联；相较而言，图9中各二级指标间的联系较为松散，数字规制下的三个二级指标也互不关联。

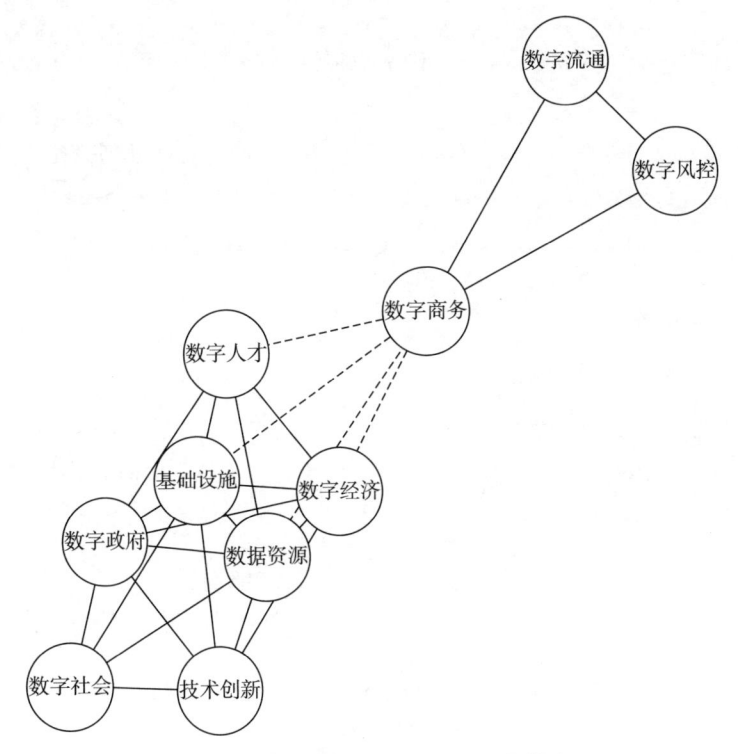

图 8　紧耦合的数字生态发展结构模式

从图 9 中我们看到，数字风控与技术创新和数字社会呈显著正相关关系。数字风控本是对规制中约束性法规的考察，但这里的正相关关系或许并不意味着数字风控对这两方面的发展具有促进作用，而是具备较高技术创新和数字社会发展水平的国家有可能率先出台了数字风控的相关规制。

我们考察的 41 个国家都分别属于哪种数字生态发展结构模式？中国又属于其中哪种类型？其中，属于紧耦合的数字生态发展结构模式的国家共有 24 个，美、英、德、法都属于这一模式，欧盟的其余绝大多数国家都被划入此类。属于松耦合的数字生态发展结构模式的国家共有 15 个，包括韩国、加拿大、巴西、伊朗、墨西哥，以及意大利、奥地利、比利时等少数欧盟国家。中国属于第二种模式，这说明与美欧等多数发达国家相比，中国的数字生态发展呈现一种松耦合的结构模式，各要素间的耦合性并不紧密。在本文的最后一部分中，我们将对此具有的潜在意义予以讨论。另外，俄罗斯和以色列未被划分为这两种模式中的任意一种。

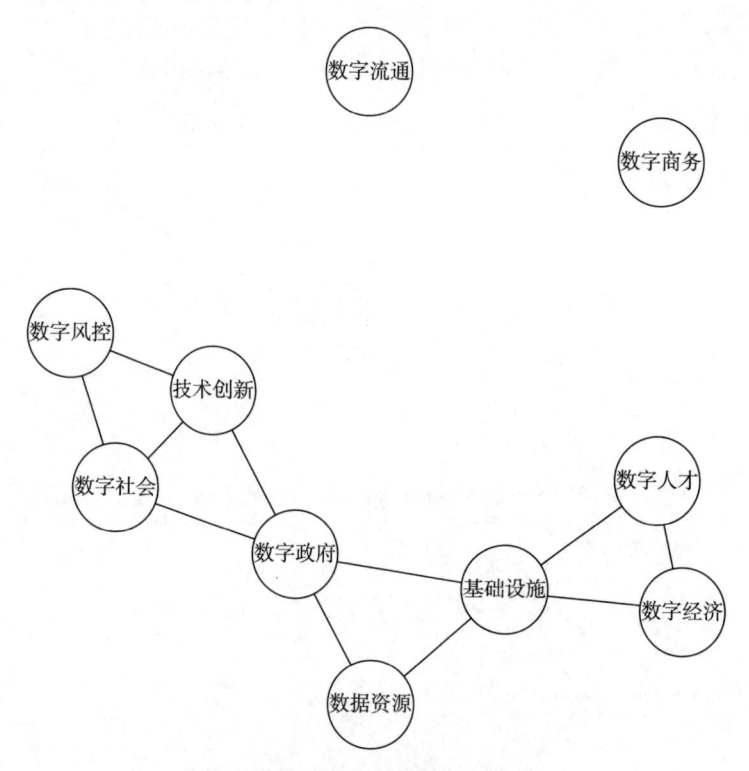

图9 松耦合的数字生态发展结构模式

六 利用国家间关系网络刻画的数字生态

如果说此前的分析还主要是从生态系统的内涵理解数字生态，那么本部分尝试从群落生态的角度来刻画国际数字生态。群落生态学主要研究物种间的相互作用，关注诸如竞争、利用与合作共生等关系类型。在这里，我们将国家类比为物种，希望判断以上关系类型是否存在于国家间的数字化发展格局之中。对此，收集数据时，我们尤其注重那些能够直接反映国家间互动或交换关系的内容，如数字产品与服务的国家间贸易、数字人才的国家间流动、数字技术专利的国家间引用等。在本部分中，我们将用一个示例来说明，如何利用国家间关系网络来刻画国际数字生态。

这里使用的是移动电话这一具体数字技术产品的国家间贸易数据，数据来源于联合国商品贸易统计数据库（UN Comtrade），在国际数字生态研究的框架中，该数据属于数字经济维度，用于考察数字贸易。利用2020年各国出口移动电话的产值信息，我们构建了一个国家间移动电话贸易网络，以描述各国在该网络结构中所处的位置特征，并尝试利用网络结构提供的信息，对国家间的关系类型做出判断。

图10是对41个国家间移动电话贸易网络的可视化呈现。其中，节点的形状表示我们根据网络结构提供的信息对41个国家所处生态位划分的结果。很多从事社会网络研究的学者都认为可根据结构等价（Structural Equivalence）来衡量生态位，并结合生态学的"竞争排斥"原理，认为处于同一生态位上的行动主体间存在潜在竞争关系（Burt，1995）。此处的划分结果显示，中国、美国、加拿大、巴西、日本、韩国六个国家处在同一个生态位上，这意味着在移动电话贸易领域，这些国家可能存在一定程度的竞争。从图10中还可以看出，该网络具有较明显的"核心－边缘"结构特征。我

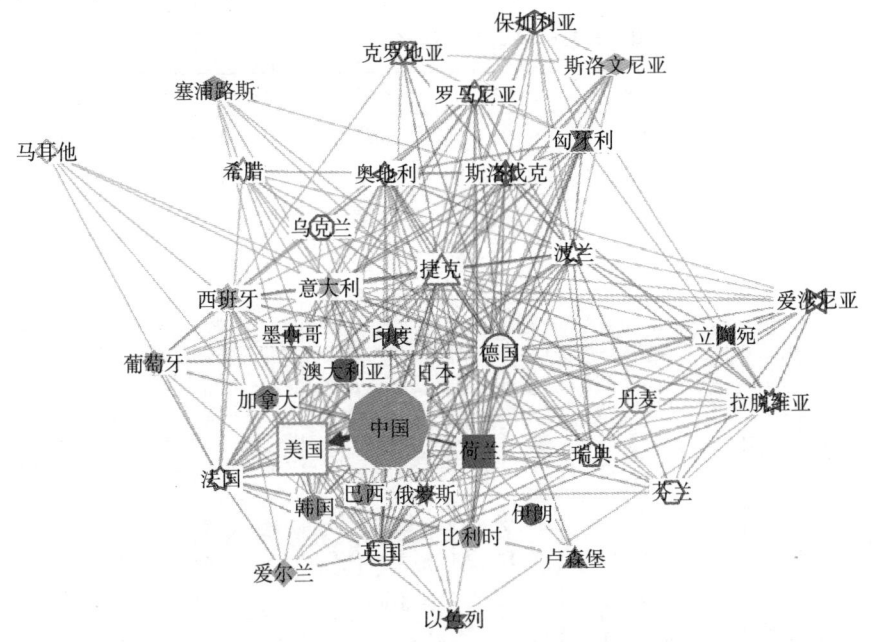

图10 41个国家间的移动电话贸易网络

们利用博尔加蒂和埃弗里特（Borgatti and Everett，2000）发明的"核心-边缘"算法模型对这一观察做了严格的验证。离散模型发现，在这41个国家中，中美两国处于绝对的核心位置，其他39个国家都处于边缘位置，观测的网络结构与模型得到的理想"核心-边缘"结构之间有较好的拟合度（$p=0.008$）。

在对国家间移动电话贸易网络进行初步描绘后，我们利用美国社会学者伯特研究网络中结构洞的方法，对各国在该贸易网络中受到的结构性约束（Structural Constraint）予以测量。伯特认为，一个节点在网络中受到的结构性约束程度越低，它越可能会跨越更多的结构洞，从而在网络中占据优势位置（Burt，1995）。表3包含各国基于上述方法计算的结构性约束指数和排名。总体来看，中国在该网络中受到的约束程度最低，由此可以推断，在移动电话贸易中，中国占据着相当的优势位置。在我们关注的欧美主要国家中，德国与中国类似，在该网络中受到的约束程度较低，而美国和英国受到的约束程度则相对较高，分别排在第10位和第16位；41个国家中受到的约束程度较高的5个国家分别是墨西哥、加拿大、日本、巴西和澳大利亚。

表3　41个国家在移动电话贸易网络中的结构性约束指数和排名

国家	结构性约束指数	排名	国家	结构性约束指数	排名
墨西哥	1.22	1	比利时	0.73	14
加拿大	1.22	2	丹麦	0.71	15
日本	1.20	3	英国	0.69	16
巴西	1.18	4	荷兰	0.67	17
澳大利亚	1.17	5	芬兰	0.53	18
俄罗斯	1.09	6	斯洛文尼亚	0.48	19
韩国	1.05	7	匈牙利	0.46	20
伊朗	1.00	8	葡萄牙	0.46	21
以色列	0.98	9	西班牙	0.46	22
美国	0.90	10	罗马尼亚	0.46	23
爱尔兰	0.85	11	意大利	0.46	24
印度	0.74	12	塞浦路斯	0.44	25
乌克兰	0.74	13	奥地利	0.44	26

续表

国家	结构性约束指数	排名	国家	结构性约束指数	排名
克罗地亚	0.43	27	瑞士	0.35	35
保加利亚	0.43	28	拉脱维亚	0.35	36
法国	0.42	29	卢森堡	0.35	37
捷克	0.42	30	德国	0.35	38
波兰	0.41	31	马耳他	0.32	39
希腊	0.40	32	爱沙尼亚	0.31	40
立陶宛	0.40	33	中国	0.26	41
斯洛伐克	0.37	34	—	—	—

我们进一步使用伯特提供的方法，考察两两国家间彼此约束的状况。这里，我们以处于核心位置的中美两国为例，分析它们受到来自其他国家约束的情况。研究发现，该网络中对中国约束程度较高的五个国家分别是美国、荷兰、日本、德国、英国，中国向这些国家出口（包括直接和间接）移动电话的贸易额相对于其他国家更大；而对美国约束程度较高的五个国家分别是中国、韩国、加拿大、荷兰和日本，其中中国对美国的约束程度远远超过了其他国家。可以认为，美国的移动电话海外市场处在一种高度依赖中国的状态。图11中虚线和实线之间所夹的面积可表示为一种结构洞信号，面积越大代表主体可以利用的结构洞越多。很明显，中国的结构洞信号要强于美国。图11中的宽幅地带表示机会型关系，在图11（左）中，美国对于中国来说就属于这种类型。伯特认为，在此类关系中，主体（此处指中国）"有充分的谈判余地，并因此能够控制局面"。高而窄的地带表示受到约束的关系，在图11（右）中，中国对于美国而言就属于这类关系，

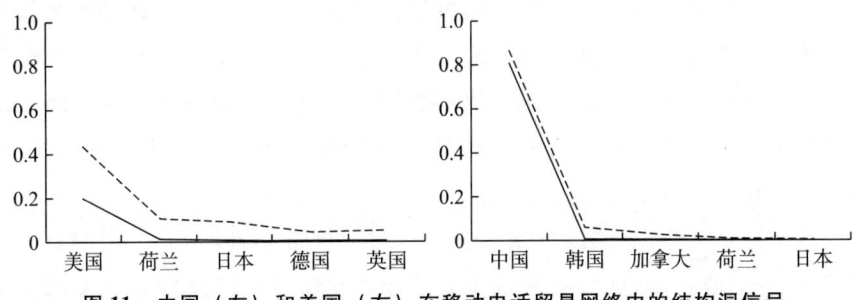

图11 中国（左）和美国（右）在移动电话贸易网络中的结构洞信号

美国的移动电话出口高度依赖中国,但同时并没有可供其利用的结构洞,美国在与中国的移动电话贸易互动上谈判余地很小,处在一种受制于中国的劣势位置。

这一研究示例展示了如何在国际数字生态的框架下,通过搭建国家间互动关系网络和根据网络结构信息,对特定国家在某一数字产品国际交易场域中所处的位置,以及特定国家间的关系性质做出判断。对于中美两国而言,尽管二者均位于移动电话贸易网络的核心,但是由于它们同处在一个生态位上,相互间可能存在潜在竞争。不过对于美国来说,中国在该贸易网络中具有一定的相对优势,表现为受到的结构性约束程度较低,且机会空间较大。

七 总结与展望

数字化发展已经成为影响国际发展新格局的重要变量。在当前国际形势发生新变化的背景下,如何针对数字化发展格局做出刻画和判断,是亟待破题并回答的时代性议题。本文从数字生态的角度对此进行了初步研究,从生态视角出发简要介绍了我们对国际数字生态的理解,并提出了刻画国际数字生态的基本框架。该框架由数字基础、数字能力、数字应用和数字规制四个维度构成。

在当前阶段,国际数字生态的研究包含以下两方面内容。第一,在上述基本框架指引下,收集相关数据,构建并测算了国际数字生态指数。根据测算结果,我们能得到有关数字化发展状况的国家排名,这种研究方式与目前很多国内外机构开发的评估各国数字化发展的指数工具相似,不同之处在于,本文增加了对数字规制维度的考察。第二,我们通过研究数字化发展领域的国家间相互作用网络,从群落生态的角度对国际数字生态加以刻画,并提供了一个基于国家间数字贸易网络的研究示例。根据网络结构提供的信息,本文能够考察各国在关系场域中所受结构性约束的状况、划分生态位,并基于此做出对国家间关系性质的判断。

从国际数字生态指数测算结果来看,中国的指数得分在 41 个国家中位居第七,据此可以认为,中国整体上已经处在世界数字化发展的头部梯队中。但中国目前在数字能力上的排名仍比较靠后,通过数字人才培养、数字技术创新提升能力仍旧是第一要务。同时，对于中国而言，构成数字生态系统的各要素之间的耦合程度较低，联系相对松散，与美国和英国、法国、德国等欧洲主要发达国家相比，在数字生态发展结构模式上还有实质性的差别。

从目前世界上大国的数字生态发展状况来看，数字规制中的数字流通和数字风控与数据资源、数字人才、技术创新、数字经济中的部分指标呈现负相关性。这在一定程度上表明，数字规制的约束程度越高，数字能力发展受到抑制的可能性越大，数字经济的发展也越可能受到影响。以中美欧为例来看，欧盟国家颁布的数字规制在约束程度上最高，但欧洲各主要国家的数字产业化发展水平整体上不如中国和美国，数字经济尤其是电子商务、数字平台、共享经济等新兴业态的国际竞争能力不足，这在一定程度上是由其约束过度的数字规制导致的。

数字生态的发展要在数字能力与数字规制之间寻求平衡、适合的路径。数字规制可能是一柄"双刃剑"。一方面，数字规制不仅可以从源头上促进数据资源的开放流通、便利交易，还可以通过明确各参与者的权利和义务，促进交易的达成及信任关系的建立，对解决数字化发展中可能产生的各类问题也十分重要；另一方面，就像不合适的生产关系会制约生产力的发展那样，约束不当尤其是过度约束的数字规制也可能会影响数字生态的良性发展。

从世界范围看，目前有关数字化发展的实践远远走到了理论前面。近十到二十年间，数字产业突飞猛进，数字技术创新层出不穷，但相关的理论研究才刚刚起步，还有很多空白领域等待我们去探索，很多争议等待我们去讨论。鉴于数字规制与数字能力提升之间可能存在的负相关关系，对于那些认识上尚未完备或当下仍存在争议和分歧的领域，可以考虑暂缓制定相应的规制，采取包容审慎监管的策略，允许试验性发展，给相应的规制留足"变通"运行空间，以避免约束性过强的数字规制不当抑制了数字能力提升，最终影响到数字生态的良性发展。当下，提高数字能力是中国数字生态建设的首要目标。

当然，以上还都是国际数字生态研究的阶段性成果，相关研究工作刚刚起步，难免存在局限和不足。今后，我们将会在国际数字生态的理论框架下，继续丰富研究数据源，并利用已收集到的数据，开展更多研究，尤其是从群落生态视角出发，利用国家间相互作用关系网络对国际数字生态进行刻画的研究。这类研究对中国进一步明确数字化发展方向，在新发展格局下制定国家战略，推动国内国际双循环相互促进，都将具有重要的指导意义。

参考文献

马汀·奇达夫，2007，《社会网络与组织》，蔡文彬、王凤彬译，中国人民大学出版社。

王娟、张一、黄晶、李由军、宋洁、张平文，2022，《中国数字生态指数的测算与分析》，《电子政务》第 3 期，第 4～16 页。

徐清源、单志广、马潮江，2018，《国内外数字经济测度指标体系研究综述》，《调研世界》第 11 期，第 52～58 页。

Borgatti, P. Stephen and Martin G. Everett. 2000. "Models of Core/Periphery Structures." *Social Networks*, 21（4）：375 – 395.

Boutyline, Andrei. 2017. "Improving the Measurement of Shared Cultural Schemas with Correlational Class Analysis: Theory and Method." *Sociological Science*, 4（15）：353 – 393.

Burt, S. Ronald. 1995. *Structural Holes: The Social Structure of Competition*. Cambridge: Harvard University Press.

Chen, Rong. 2021. "Mapping Data Governance Legal Frameworks Around the World: Findings From the Global Data Regulation Diagnostic", World Bank Policy Research Working Paper.

European Commission. 2022. "Shaping Europe's Digital Future", p. 2.

Goldberg, Amir. 2011. "Mapping Shared Understandings Using Relational Class Analysis: The Case of the Cultural Omnivore Reexamined." *American Journal of Sociology*, 116（5）：1397 – 1436.

Open Data Watch. 2020. "Open Data Inventory", https：//odin. opendatawatch. com/Report/annual Report 2020.

Siddharth, M., Kristine L., and Joshua F. 2020. "Designing a U. S. Digital Development Strategy", Center For A New American Security, Washington DC, p. 1.

The World Wide Web Foundation. 2017. "Open Data Barometer 4th Edition", Global Report.

（原文载于《电子政务》2022 年第 3 期；收入本辑时有修改）

·中美欧数字治理格局现状与展望·

中美欧内部数字治理格局比较研究

李昊林　王　娟　谢子龙　王卓明　宋　洁*

摘　要　考察各国内部的数字治理格局，在认清现状的基础上，厘清其各自的内在生成逻辑，对中国更好地参与国际数字化发展至关重要。本文运用数字生态视角对中美欧内部数字治理格局进行比较研究，试图阐明中美欧各自的数字生态发展模式，并分析发展模式与其数字规制体系之间的关系。研究发现，美国形成全要素领先的发展模式及以鼓励创新为核心的数字规制体系；欧盟国家多元的发展模式影响欧盟形成了以市场建构为核心的数字规制体系；中国的发展模式表现出应用驱动的特征，数字规制体系以发展和安全为双核心。本文据此对中国如何优化调整自身数字规制体系、加快自身数字生态发展模式转型升级提出建议。

关键词　数字治理　数字生态　数字规制体系

数字技术对各国的经济社会变革均产生深刻影响，引发国家竞争力的巨大变化，它在解构旧有政治经济格局的同时，也在塑造新的全球数字治理格局。科学研判全球数字治理格局的演变趋势，不仅需要综合评估各国整体数字竞争力，还需要对各国内部数字治理格局进行深刻剖析。一个国家的数字治理格局主要包括两个方面的内容：①该国数字治理对象的发展

---

* 李昊林，北京大学法学院博士研究生；研究方向为宪法与行政法。王娟，北京大学大数据分析与应用技术国家工程实验室特聘副研究员；研究方向为数字经济、企业数字化转型。谢子龙，北京大学社会学系博士研究生；研究方向为技术社会学、数字政府。王卓明，北京大学社会学系硕士研究生；研究方向为技术社会学。宋洁，北京大学工学院党委书记、工业与工程管理系教授；主要研究领域为在线学习、仿真优化及其在工程管理领域的应用。

模式,如数字化发展的驱动模式、韧性模式、耦合模式(王娟等,2022);②数字治理手段所形成的治理体系,包括数字商务、数字流通、数字风控等方面的数字规制体系(乔天宇等,2022)。

国家数字治理格局更多由内生机制驱动(李由君等,2022),本文进一步关注的问题是,不同国家现有数字规制体系如何由本国数字生态发展模式内生驱动?数字生态视角将各国或地区的数字化发展看作一种生态现象,有助于理解不同国家内部数字治理格局。这一视角突出关注治理对象及治理体系的关联性、层次性、聚集性、整体性、动态性,它一方面可以帮助全面分析复杂的国家数字治理活动,另一方面可以引导关注数字治理对象与数字治理手段之间的动态影响关系。本文运用数字生态视角对引领全球数字治理发展格局的"三极"——中国、美国、欧盟(以下简称"中美欧")进行实证分析。本文首先分析中美欧数字生态发展模式,包括数字生态驱动模式和数字生态耦合模式;其次论述各自数字规制体系形成的动因和演进逻辑;最后总结各国数字规制体系形成的逻辑基础,并针对中国提出有关数字治理政策的建议。

一 有关国家内部数字治理格局的既有研究

目前,有关各国数字化发展水平的研究大多集中探讨主要国家数字化发展程度高低之分或国家综合数字竞争力强弱之别(王喆等,2021),较少探讨不同国家数字化发展水平的差异化特征[1]。而有关各国数字规制体系的研究要么从国际政治视角关注国家总体网络空间战略[2],要么从市场政策视角关注个人信息保护、数据流通、公平竞争反垄断等法律规范(洪延青,2021)。国家数字治理模式两个方面的研究文献少有相互借鉴,国家内部数字化发展模式与数字规制体系之间的互动关系尚不明确。

(一)国家数字生态发展模式差异有待深入刻画

现有研究大多通过建构综合指数的方式对各国数字化发展水平进行排

---

[1] 相关研究可参见 Bánhidi et al., 2020;马述忠等,2022。
[2] 相关研究可参见赵宏瑞、李树明,2021;余丽、袁林林,2021;余建川,2022。

名。在指标体系上，现有研究并未形成统一的评估标准（章燕华、王力平，2020；陈玲等，2022）。在评估内容上，大多数指数都希望能综合反映一国在数字基础设施、数字技术创新、数字经济发展与数字治理制度等方面的发展状况。一些指数会着重反映一国在数字经济领域的发展情况，而另外一些指数会着重反映一国的数字竞争力。但是，现有研究在进行评估测算及国别比较时，往往未能关注到不同国家在数字化发展目标、路径和特征上的巨大差异，没有进一步分析每个国家内部的数字化发展结构情况。少数研究对各国的数字化发展进行了类型划分，但均存在国家范围和指标维度选择的局限性问题。

此外，现有研究多假定存在普遍的发展目标与路径，而忽视了不同国家在经济规模、人口数量、发展水平、国家战略定位等方面的巨大差异。从生态视角来看，每个国家在数字治理上都是一个独特的个体；各国应当根据自身在数字化发展各个领域的现有基础和潜在能力，建构出一套符合国家发展战略目标的治理模式。忽视这种差异，将导致研究止步于描述层面，无法对各国不同内部治理状况进行深入阐释，也无法提出符合该国实际的治理建议。

（二）国家数字规制体系演进机理亟待分析

数字治理格局中最主要的治理手段即数字规制体系。现有研究对各国数字规制的具体制度进行了细致的分析[①]。但是，现有研究较少从宏观视角对一国数字治理整体格局进行描摹，更少有研究从国内数字化发展要素间互动状况入手，对中美欧数字治理格局的生成与演变进行逻辑阐释，乃至对中美欧数字治理的未来走向进行研判。

脱离生态视角进行比较研究，可能会漠视不同国家在数字基础、数字能力、数字应用等方面存在的发展差异，错误地认为不同国家应当采取相同的数字化发展路径及数字治理策略，进而导致制度借鉴脱离了其应有的现实土壤。例如，有学者指出世界各国以法律制度、法律思维推动整个网络安全表现出一致的趋同性（王玫黎、曾磊，2017）。然而，信息技术发展

[①] 相关研究可参见丁晓东，2022；高富平，2014；张凌寒，2021b；胡微微等，2022。

水平尚不理想的国家可能根本无法落实信息技术发展水平较高国家的网络安全制度。近年来美国以网络安全、国家安全为名对中国技术输出的阻碍，同样显示出一国数字生态发展情况对其网络安全治理策略的影响力。又如，有学者指出各国近年来不约而同地加强了平台责任，但未能指出中美欧加强平台责任的原因及程度（张凌寒，2021b）。

二 中美欧数字生态发展模式比较分析

（一）数字生态驱动模式和数字生态耦合模式

国际数字生态指数由北京大学大数据分析与应用技术国家工程实验室研制，旨在从数字生态视角刻画世界各国数字化发展水平与结构特征。该指数覆盖全球41个主要国家，包括中国、美国、欧盟国家[①]等在内；指数的计算综合了来自十余个机构，包括联合国、世界银行、欧盟、国际电信联盟（ITU）、世界贸易组织（WTO）等的28个数据源。基于中美欧主要国家2021年国际数字生态指数结果，本文分别从驱动模式和耦合模式两个方面对各国内部的数字生态发展模式进行比较分析。

数字生态驱动模式旨在对驱动一国数字化发展的核心力量进行识别，它可以帮助我们了解该国数字化发展的动力基础与未来方向。本文选择数字基础、数字能力和数字应用3个一级指标，先计算每个一级指标的 Z 分数，然后针对每个国家比较其自身3个 Z 分数的大小，将考察的国家划分为4种数字生态驱动模式类型——基础引领型、能力引领型、应用引领型和全面发展型。①基础引领型，指一国在数字基础领域表现突出，通过基础设施与数据资源的优势，为数字化发展打下坚实基础。在41个国家中，基础引领型国家有15个。②能力引领型，指一国在数字能力领域表现出明显优势，通过数字人才与技术创新的发展，为数字化发展注入循环动力。能力引领型国家有14个。③应用引领型，指一国在数字应用领域优势显著，通过促成数字技术在数字经济、数字社会及数字政府3个领域落地，带动数

[①] 欧盟国家包括27个现欧盟成员国及英国，本文数据收集期间英国尚处"脱欧"过渡期内。

字基础潜力的释放与数字能力的创新发展，从而推动数字化整体发展。应用引领型国家有12个，中国便是典型的应用引领型国家。④全面发展型，指一国在数字基础、数字能力和数字应用3个一级指标上相较于其他国家均表现出显著优势，呈现全面且均衡的发展特征，美国与英国属于全面发展型国家。图1呈现了中国、美国、欧盟的4个代表性国家（德国、荷兰、英国和意大利）在3个一级指标上的Z分数。

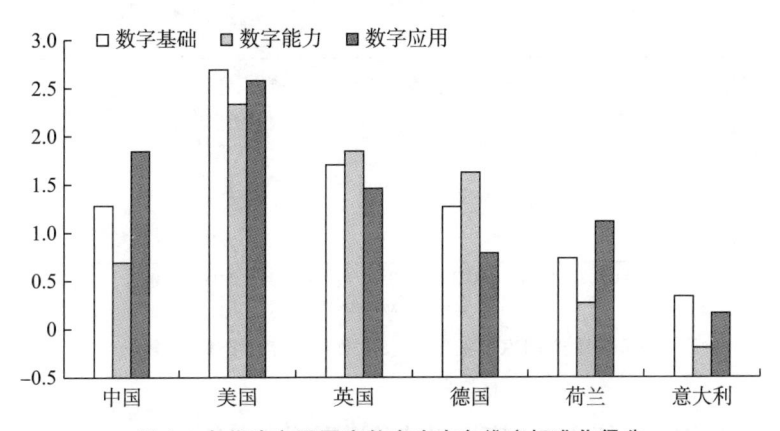

图1 中美欧主要国家数字生态各维度标准化得分

数字生态耦合模式旨在对一国数字化发展的协同水平进行刻画，这有助于了解该国数字化发展的结构特征。耦合得分是对数字基础、数字能力和数字应用3个一级指标间耦合强度的计算，计算方法如式（1）所示，其中n表示指标数目。一个国家的耦合得分越高，说明其各数字化发展要素之间的协同性越强。图2呈现了41个国家数字生态指数与数字生态耦合得分的结果，并依据41个国家数据的中位数将散点图划分为4个象限。大部分国家位于四象限图的第一象限与第三象限，这说明数字生态耦合水平与数字生态发展水平呈正相关关系，即数字生态要素协同发展的国家一般数字生态整体发展水平相对较高，而数字生态要素发展水平差异较大的国家一般数字生态整体发展水平相对较低。

$$n \times \sqrt{\frac{\prod_{i=1}^{n} U_i}{\left(\sum_{i=1}^{n} U_i\right)^n}} \tag{1}$$

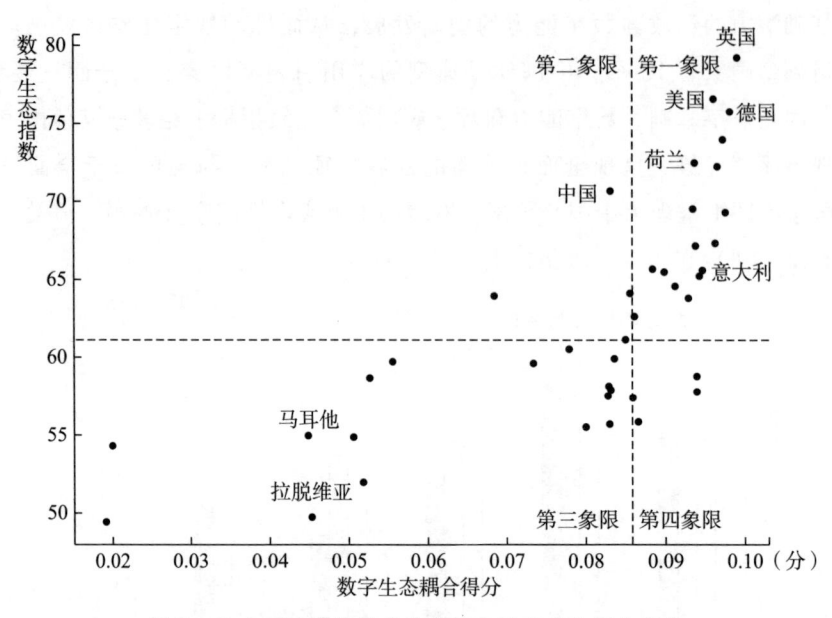

图2　41个国家的数字生态指数和数字生态耦合得分

（二）中国数字生态由应用驱动，要素耦合有待增强

中国数字生态呈现鲜明的应用驱动特征，数字基础、数字能力、数字应用得分分别排在第4位、第10位、第2位，数字应用表现最为突出。相较于数字基础和数字应用，中国的数字能力发展亟待进一步加强。从数字生态要素协同发展的角度看，中国的数字生态耦合得分排在第25位，处于中游位置。不过，或许需要辩证地看待中国数字生态耦合水平不高的问题。这是因为，和图2中处在第一象限、第三象限中的绝大多数国家相比，中国的数字生态耦合得分尽管偏低，但是数字生态指数得分明显更高。这一反差现象的存在可能部分缘于中国在数字应用与数字基础两个领域的快速发展，后者会使数字能力的"短板"更加凸显，从而造成数字生态耦合得分的下降。

（三）美国数字生态全面领先，要素耦合较为紧密

美国的数字生态驱动模式为全面发展型，其数字基础、数字能力和数字应用得分都居第1位。美国在数字基础和数字应用上的领先，不仅依托其

经济、人口等要素上的规模优势，还离不开其在数字能力这一关键要素上的优势地位。通过进一步查看国际数字生态指数二级指标结果可以发现，美国的数字人才和技术创新得分均位列前三，这反映出其创新驱动能力较强。同时，美国在数字教育上的表现也十分突出，高居第2位，反映出其在推动教育领域数字化转型上的投入[①]。美国的数字生态耦合得分排在第7位。

（四）欧盟国家数字生态驱动模式多元，耦合发展步调不一

欧盟内部的数字生态驱动模式表现出多元取向，其中能力引领型的典型代表是德国，应用引领型的典型代表是荷兰，基础引领型的典型代表是意大利。已于2020年1月"脱欧"的英国属于全面发展型国家，其数字基础、数字能力和数字应用得分均位列前三。

在数字生态的协同水平上，欧盟各国表现不一。以德国和法国为代表的成员国的协同水平较高，数字生态耦合得分高居第2位和第4位，但同时也有以拉脱维亚和马耳他为代表的成员国的数字生态耦合得分仅排在41个国家的末尾，这说明其数字化发展短板明显。欧盟各国在人口规模、资源禀赋、经济基础等方面存在明显差异，这必然会对数字生态的协同性造成客观约束。乔天宇等（2022）基于国际数字生态指数，通过关系性类别分析方法将41个国家的数字生态发展划分为两种结构模式——紧耦合的数字生态发展结构模式和松耦合的数字生态发展结构模式。研究发现，欧盟绝大多数国家都属于紧耦合的数字生态发展结构模式，其发展要素之间可能具有更强的相互促进效应；而意大利等少数成员国则属于松耦合的数字生态发展结构模式，其要素之间可能缺少互动，协同发展水平受到限制。

三　中美欧数字规制体系比较分析

（一）以鼓励创新为核心的美国数字规制体系

美国数字要素全面发展与其国内的数字规制是紧密关联的。美国始终

[①] 在国际数字生态指数指标体系中，数字人才、技术创新是数字能力下的二级指标，数字教育是数字应用下的三级指标。

将鼓励创新作为数字规制的核心。一方面，美国通过多种治理手段促进数字基础要素、数字能力要素的发展，从而为企业创新提供空间与政策利好。另一方面，在个人信息保护等可能对市场创新产生一定影响的数字规制领域，美国联邦政府将规则制定权交由各个行业的监管部门，以使各行业的个人信息保护水平与行业发展水平相协调。这种以鼓励创新为核心的数字规制方式，促进了美国各方面数字要素的发展，并使美国数字要素之间呈现紧耦合的状态。

最近两年，美国根据国内数字要素继续发展的需要，进一步优化自身数字规制体系，巩固自身数字要素优势生态位。美国通过以国家安全、网络安全、数字基础设施安全为名的措施，阻碍其他国家赶超其数字优势地位，进而维护自身创新利益。2022年5月，美国第九巡回法院维持HiQ Labs抓取领英（LinkedIn）可公开访问的数据合法的原判结论，这将使中小企业可以通过抓取大型社交媒体上公开数据的方式获取自身稀缺的数据资源（Berzon，2021）。在国际方面，美国国务院成立了全新的网络空间与数字政策局，旨在建构反映美国集体利益与价值观念的互通、互联、创新、安全的数字经济治理体系。

（二）以市场建构为核心的欧盟数字规制体系

欧盟国家数字生态驱动模式多种多样。然而，相较于美国，欧盟国家的数字要素发展水平及整体体量都处于相对弱势的位置。在这种背景下，2016年，欧盟颁布了《通用数据保护条例》。这一法规的出台不仅确立了欧盟在全球个人数据保护议题上的领先地位，而且在国际数字合作竞争格局中输出了欧盟价值观念，扩大了欧盟整体的影响力。与此同时，该法规中的许多条款还具有反制美国大型数字企业的作用，从而在客观上对欧洲数字市场起到了一定的保护作用。

《通用数据保护条例》出台后，欧盟将建构单一数字市场作为其数字规制体系的核心，采取了一系列打通单一数字市场建设核心关卡的举措，希望以此紧密联系不同欧盟国家的优势数据发展要素，促进各欧盟国家的发展。对此，欧盟开始推动建构数字身份识别系统，从而便于个人、企业进行跨国数字经济活动。为了实现不同欧盟国家优势数据要素的流通与互补，进一步充实欧盟国家基本数字化发展要素，欧盟将《通用数据保护条例》

理解为个人信息流转的基本法律框架。同时，欧盟在2019年通过了《非个人数据自由流动框架条例》，以解决欧盟国家非个人数据壁垒问题，实现非个人数据在欧盟国家间的自由流转。2022年，欧盟又通过了《数据治理法案》，旨在解决政府数据公开及数据利他主义方面的问题（Council of EU, 2022）。

考虑到数字企业的发展阶段，欧盟还试图通过一系列限制性规制手段对大型跨国数字企业的市场行为施加约束，以保护本土数字企业的发展利益。2022年7月，欧盟最高决策机构欧洲理事会批准了《数字市场法案》。该法案旨在对大型平台企业（"守门人"）的排除与限制竞争行为进行调控。

当然，这样的协调与统合也并非没有代价。英国属于全面发展型国家，与其他欧盟成员国的数字要素发展水平具有明显差异，其数字要素发展的生态分布情况与美国具有更高的相似性。欧盟的上述数字规制方案，尤其是其中过于严苛的数字风控体系，并不完全适应英国的发展需要。因此，英国在"脱欧"后就启动了国内数字规制格局的调整计划，并计划在2023年颁布《数据改革法案》。

（三）以发展和安全为双核心的中国数字规制体系

中国数字规制体系较欧美更为复杂。在数字应用要素和数字规制环境要素的互动中，中国形成了以发展和安全为双核心的数字规制体系。

21世纪初，中国数字基础要素、数字能力要素、数字应用要素均不突出，数字规制呈现以发展为核心的特点。此时，中国并未建立严格的数字风控体系，在传统法律制度下提起的诉讼赔偿数额也与互联网企业的利润不成比例。在经历过野蛮生长的初期阶段后，中国政府通过了一系列有利于国内互联网企业发展的数字商务规范，这对数字经济的发展具有更加明显的促进作用（胡凌，2016）。正是在这一背景下，百度、阿里、腾讯等数字企业发展壮大起来，中国数字化发展格局呈现明显的应用驱动特征。

中国数字应用要素发展到一定程度后，数字企业在带来巨大经济社会效益的同时，也造成了亟待回应的国家安全风险、社会安全风险及个人信息权益风险。大型社交媒体平台借由热搜排名等算法获得的舆论影响力及社会动员力，也越来越引起公众和政府的关注。因此，自2016年《中华人民共和国网络安全法》颁布后，中国数字规制体系中的安全要素日益凸显，数字风控体系日益壮大。2021年《中华人民共和国数据安全法》《中华人民共和国个人信息保护法》出台，既是中国数字主权主张由网络空间向数据的一种自然延伸，也显示出中国对个人信息权益风险的关注。2022年，国家互联网信息办公室、工业和信息化部、公安部、国家市场监督管理总局联合发布《互联网信息服务算法推荐管理规定》，对具有舆论属性或者社会动员能力的算法推荐服务提供者设置了算法备案要求。上述数字风控规范均以安全为核心治理目标，共同构成了当代中国数字规制体系中的安全侧面。

安全治理目标的补充，并不意味着发展治理目标的弱化，发展始终是中国数字规制体系的一个核心治理目标。即便是偏重保护个人信息权益的《中华人民共和国个人信息保护法》，其立法宗旨中也有"促进个人信息合理利用"这一发展面向。《中华人民共和国国民经济和社会发展第十四个五年规划和2035年远景目标纲要》更是明确指出，要"激活数据要素潜能""打造数字经济新优势""促进公共服务和社会运行方式创新""加强公共数据开放共享"。由此可见，动态平衡发展和安全双核心才是中国数字规制体系的全貌。

四　研究结论与政策建议

（一）研究结论

本文从数字生态视角对各国内部数字生态的发展模式进行比较分析，并讨论了中美欧数字规制体系形成的演进逻辑。结果发现，①数字生态驱动模式有4种，其中，美国与英国属于全面发展型国家，中国、荷兰等12个国家属于应用引领型国家，德国等14个国家属于能力引领型国家，意大利等15个国家属于基础引领型国家，欧盟各国的数字生态驱动模式多元。②对各国数字生态耦合模式的分析表明，美国的数字生态耦合水平较高，欧盟各国的数字生态耦合水平不一，中国的数字生态耦合水平处于中游。③中国的数字应用与数字基础表现优异，但数字能力亟待提高，数字能力不足限制了数字生态耦合水平。④美国数字规制体系以鼓励创新为核心，欧盟数字规制体系以市场建构为核心，中国数字规制体系以发展和安全为双核心。⑤中美欧现有的数字规制体系都是与自身数字化发展要素互动的产物。

借助生态视角，我们可以发现，一国的数字生态发展模式与数字规制体系之间紧密相连。看似相同的规制概念或制度，在不同的内部数字治理格局下所需要回应的问题可能是截然不同的。因此，评价一国的数字规制体系是否合理，不应采取简单的国别比较视角，而应考虑其与数字生态发展模式的适配性。

（二）政策建议

在当今全球数字竞争日益激烈的情况下，中国应坚持这种与自身数字生态发展模式相适应的规制体系。同时，中国应充分优化数字规制体系中的发展和安全两大板块，并努力促进数字要素向优势生态位转化，从而赋能数字中国建设。具体而言，中国应注重发展和安全两个方面。

1. 发展方面

①应加速建构完善的数据资源流转规则，推动数据资源向数据生产要素转化，加快数据交易市场的形成与制度化。数字资源能够依照市场规律进行及时有效的流转与配置，是数字应用不断迭代进而持续推动数字经济腾飞的关键。然而，在非个人信息流通、政府数据公开、物联网数据运用、个人数据利他主义等方面，中国的立法目前仍是空白。因此，有必要在保障安全底线的前提下，加快建构完善此类规则，切实推动数据资源依照市场规律流转配置。②应大力加强数字能力建设，推动中国由应用驱动型生态向全面发展型生态转变。应保持在技术创新上的投入力度，并利用中国在数字产业链上的既有优势，以产业发展需求带动技术创新，以技术创新支撑数字产业升级，实现创新链与产业链的"双链融合"，从而强化中国在数字货物贸易上的优势地位，维持出口规模、优化出口结构，同时扩大数字服务贸易规模。还应加快传统产业数字化的转型速度，同时在数字社会建设上保持投入，不断增强教育领域的数字化程度，缩小数字鸿沟，推动国民数字素养显著提升。

2. 安全方面

①应当尽快出台法律法规促进中国关键数字基础设施、关键技术发展。通过技术主权提升，维护中国的数字主权。②监管数字企业应当坚持分级

分类监管的思路。只有当数字企业尤其是平台企业达到一定规模，能基于自身数据或服务的准公共设施特性，实施排除竞争、限制竞争的行为或影响意识形态安全时，才需加强监管。③监管人工智能等前沿技术也应区分技术的不同使用场景，从而为前沿技术发展留下空间。

参考文献

陈玲、孙君、李鑫，2022，《评估数字经济：理论视角与框架构建》，《电子政务》第3期，第40~53页。

丁晓东，2022，《从公开到服务：政府数据开放的法理反思与制度完善》，《法商研究》第2期，第131~145页。

高富平，2014，《从电子商务法到网络商务法——关于我国电子商务立法定位的思考》，《法学》第10期，第138~148页。

洪延青，2021，《国家安全视野中的数据分类分级保护》，《中国法律评论》第5期，第71~78页。

胡凌，2016，《"非法兴起"：理解中国互联网演进的一个视角》，《文化纵横》第5期，第120~125页。

胡微微、周环珠、曹堂哲，2022，《美国数字战略的演进与发展》，《中国电子科学研究院学报》第1期，第12~18页。

李由君、韩卓希、乔天宇、翟崑、邱泽奇，2022，《数字化转型中的国家治理变化》，《西安交通大学学报》（社会科学版）第3期，第51~60页。

马述忠、刘健琦、贺歌，2022，《数字贸易强国：概念理解、指标构建与潜力研判》，《国际商务研究》第1期，第1~13页。

乔天宇、张蕴洁、李铮、赵越、邱泽奇，2022，《国际数字生态指数的测算与分析》，《电子政务》第3期，第17~30页。

王娟、张一、黄晶、李由君、宋洁、张平文，2022，《中国数字生态指数的测算与分析》，《电子政务》第3期，第4~16页。

王玫黎、曾磊，2017，《中国网络安全立法的模式构建——以〈网络安全法〉为视角》，《电子政务》第9期，第128~133页。

王喆、陈胤默、张明，2021，《测度全球数字经济发展：基于TIMG指数的特征事实》，《金融评论》第6期，第40~56页。

余建川，2022，《欧盟网络安全建设的新近发展及对我国的启示——基于〈欧盟数字十年网络安全战略〉的分析》，《情报杂志》第3期，第87~94页。

余丽、袁林林，2021，《网络空间中美战略博弈态势、动因及未来走向》，《郑州大学学报》（哲学社会科学版）第 6 期，第 27～33 页。

张凌寒，2021a，《个人信息跨境流动制度的三重维度》，《中国法律评论》第 5 期，第 37～47 页。

张凌寒，2021b，《网络平台监管的算法问责制构建》，《东方法学》第 3 期，第 22～40 页。

张茉楠，2021，《全球数字治理：分歧、挑战及中国对策》，《开放导报》第 6 期，第 31～37 页。

张新宝，2021，《互联网生态"守门人"个人信息保护特别义务设置研究》，《比较法研究》第 3 期，第 11～24 页。

章燕华、王力平，2020，《国外政府数字化转型战略研究及启示》，《电子政务》第 11 期，第 14～22 页。

赵宏瑞、李树明，2021，《网络空间国际治理：现状、预判、应对》，《广西社会科学》第 11 期，第 108～113 页。

Bánhidi, Zoltán, Dobos Imre, and Nemeslaki András. 2020. "What the Overall Digital Economy and Society Index Reveals: A Statistical Analysis of the Desi Eu28 Dimensions." *Regional Statistics*, 10（2）: 46-62.

Berzon, Judge. 2021. "On Remand from the United States Supreme Court", Argued and Submitted. October 18, San Francisco, California. https://cdn.ca9.uscourts.gov/datastore/opinions/2022/04/18/17-16783.pdf.

Council of the EU. 2022. "Data Governance Act", https://www.consilium.europa.eu/en/press/press-releases/2022/05/16/le-conseil-approuve-l-acte-sur-la-gouvernance-des-donnees/.

（原文载于《中国科学院院刊》2022 年第 10 期；
收入本辑时有修改）

中美欧国际数字治理格局比较分析与建议

张蕴洁　冯莉媛　李　铮　艾秋媛　邱泽奇[*]

摘　要　数字技术和数字经济日益成为衡量各经济体竞争力的重要指标。为争夺数字竞争优势，在国际数字生态发展中抢占有利生态位，中国、美国、欧盟等主要经济体之间展开了竞争。在此背景下，文章首先介绍了国际数字治理格局的内涵与特征，指出数字贸易特征与数字实力对比是影响国际数字治理格局的重要因素，并聚焦中美欧展开详细分析。研究结果表明：中美欧在国际数字治理领域的互动及其各自对数字贸易合作体系的积极构建，正在多维场景中塑造国际数字治理格局。

关键词　数字治理格局　贸易网络　数字贸易协定

数字变革是当下驱动变迁与发展的重要动力，数字化发展成为影响各国国际竞争力的关键要素，国际格局进入新的发展阶段。国际格局指的是国际关系的总体式样、整体布局和宏观态势（庞珣、何晴倩，2021），对国际数字治理格局的研判是数字时代对国际格局特征和走势进行判断的重要基础。目前，主要经济体在数字治理领域形成错综复杂的竞合局面，各国围绕数字治理议题构建的合作网络推动了国家数字化群落的生成。生态学视角对事物之间关联性、层次性、整体性、聚集性和动态性特征的强调与上述复杂化的国际数字治理局面高度契合（乔天宇等，2022）。中国、美

---

[*] 张蕴洁，北京大学社会学系博士研究生；研究方向为技术社会学、计算社会学。冯莉媛，北京大学法学院硕士研究生；研究方向为宪法与行政法。李铮，北京大学社会学系博士研究生；研究方向为技术社会学、计算社会学。艾秋媛，北京大学工学院硕士研究生；研究方向为机器学习、数字经济。邱泽奇，北京大学中国社会与发展研究中心主任、数字治理研究中心主任，北京大学博雅特聘教授、社会学系教授；研究方向为技术应用社会变迁、组织社会学、社会研究方法。

国、欧盟（以下简称"中美欧"）作为当今国际数字化发展的主阵地，引领着国际数字治理的发展方向，并在相互竞争与彼此依赖中形塑国际数字治理格局的现状与未来。

为此，本文首先在明确国际数字治理格局的内涵与特征、阐述影响格局演变因素的基础上，以中美欧作为主要研究对象，深入分析三者的数字贸易关系与数字化发展水平；其次，分析三者在国际数字治理中的动态策略；最后，对三者未来的数字竞合关系走向及其对国际数字治理格局带来的影响做出判断，并就中国参与国际数字治理提出政策建议。

一 国际数字治理格局

当前，各经济体或主权国家之间的互动及其对外活动策略影响国际格局，特别是全球贸易的数字化与主要经济体对全球数字治理的积极布局使得国际数字治理格局加速演变（中国信息通信研究院，2021）。伴随全球化与数字化的推进，治理已从局部治理走向全球治理（蔡拓，2016），各国通过多样化的国际数字治理手段塑造国际数字治理格局。

（一）国际数字治理格局的定义

不同机构或学者就"全球数字治理"或"国际数字治理"有不同的定义。二十国集团（G20）将"促进互联互通的沟通机制"与"建立全球治理规范"视作国际数字治理的两大支柱（G20，2019）；美国战略与国际问题研究中心（CSIS）的 Willjam Carter 和 Erol Yayboke（2019）认为"全球数字治理"是"与数字的控制、存储和流动相关的单边、双边和多边机制与贸易规则，以及全球接受或采用的原则和规范、标准的集合"；中国信息通信研究院整合多来源定义指出，全球数字治理是"为解决数字化引发的国家间利益冲突或立场难以调和等问题，所依托的组织机制和行动过程"（中国信息通信研究院，2021）。

本文认为，上述定义侧重于"对数据的治理"，以数据为核心，关注治理过程中各行为主体的利益协调。而国际数字治理格局应指在数字治理领域中呈现出来的、能够反映国家间关系的结构性模式，侧重于强调国家间竞合关系的动态性与复杂性。各国之间的竞合关系、依托竞合关系形成的国家群落、各国制定的国际规则等，均是国际数字治理格局的重要组成部分。

（二）国际数字治理格局的特征

（1）各国基于不同的利益考量采取相异的数字治理方式。差异化的治理方式使全球数字治理呈现碎片化、分裂化特征（张茉楠，2021）。当前，美国、欧盟分别代表数字治理领域的两大治理规则取向：美国侧重于"自由主义"取向的治理规则，在数字风控领域呈现弱监管特征，倡导跨境数据的自由流动，以抢占更多的国际市场份额；欧盟对内倡导数据要素在单一市场内部的充分流动，但对外则侧重"数据保护"导向的治理规则，在对外数据流动、数字风控领域采取严厉且完备的监管措施。在上述两种取向的治理规则引领下，各国间的政策分歧和冲突加剧。

（2）国际数字治理关注的议题在全球范围内具有一致性。其主要关注点集中在以下两个方面。其一，与数字贸易和数字经济发展密切相关的治理议题，如数据跨境流动、平台治理、数字货币等。其二，网络空间安全与数字主权议题。鉴于各国对网络空间中秩序、权力与财富分配的立场不同，围绕国家安全开展的数字治理充满大国博弈与地缘政治的特征（中国信息通信研究院，2020）。

（三）数字贸易特征与数字实力对比影响国际数字治理格局

生态学视角既关注有机体的本体特征，也注重考察主体间的互动关系。因此，反映国家主体间互动关系的数字贸易特征和各国在数字化发展领域的实力对比成为影响国际数字治理格局的重要因素。国家间复杂的竞合关系与动态演变成为驱动各国采取不同对外竞争策略的关键因素。

（1）数字贸易与数字化发展水平影响国际数字治理格局。一方面，国家之间联系密切且相互依赖（Keohane and Nye，1973），特别是数字化发展加速了产业链、创新链、供应链和价值链（"四链"）在全球范围内的深度融合，强化了主权国家间的联结关系，各国发展越来越受到外部国家的影响（Waltz，2010）。因此，用互动关系来反映一国的数字化发展水平显得至关重要，而代表国家间互动深度的"四链融合"水平通过数字贸易来体现，继而数字贸易不仅是反映"四链融合"水平的关键指标，也是反映国家间数字互动关系的典型代表。另一方面，世界格局建立在国家实力的基础上，各国实力的变化决定着世界格局的整体变化。数字时代，由于数字技术的加速发展特性（Rosa，2010），以及国家之间、各要素之间关联性与整体性的提升（贾怀勤，2019；刘斌等，2021），与国家数字化发展水平相关的环境要素存在较高的不确定性，这使得国际数字治理格局的动态特征凸显。

（2）国家间的深度互动与力量对比，使其相互间的竞争与合作局面充满复杂性。出于战略安全需要与经济发展诉求，一方面，部分国家采用强制本地化、加设市场准入条件等手段设置数字贸易障碍（张茉楠、周念利，2019），通过限制他国数字化发展以保护本国的优势地位（方兴东、杜磊，2019），一定程度上导致技术"脱钩"与贸易保护之风盛行；另一方面，主要大国积极与主要数字经济体建立数字贸易合作机制，建立数字经济合作关系。

二 中美欧数字贸易关系与数字化发展水平

各经济体采取的对外数字化发展策略与自身所处的国际数字化发展地位相关。中美欧作为参与国际数字治理的重要主体，其互动结构与实力发展，对于其采取何种国际数字治理手段、与哪些数字经济体构建合作关系有着重要影响。本部分在"国际数字生态指数"（乔天宇等，2022）所涵盖的41个国家[①]范围内，分析中美欧的实力对比与互动关系，为后续分析三者在全球数字治理过程中的策略导向与竞合基本面提供基础。

（一）数字贸易：中国与欧盟分别在数字货物贸易与数字服务贸易领域占据优势

在贸易方式数字化和贸易对象数字化的双重推动下，全球数字贸易的规模日益扩大，与数字要素相关的商品与服务成为重要的贸易标的物，贸易发展深化了全球价值链跨越地理空间的经济联系（刘典，2021）。在此背景下，数字货物出口和数字服务出口深刻影响并塑造了国家间的竞争格局

[①] 41个国家包括中国、欧盟国家、英国、美国、俄罗斯、澳大利亚、加拿大、日本等各大洲或地区的主要国家。

（波特，2012；王娟等，2022）。中美欧三大经济体的数字出口占全球数字出口的60%，三方在数字贸易领域的竞争互动对国际数字治理格局有较大的影响。

数字出口规模能够在一定程度上反映中美欧在数字货物贸易和数字服务贸易领域的国际竞争力差异。图1对比了2021年中美欧数字货物出口和数字服务出口的规模。从图1可以看出，在数字货物贸易领域，中国的出口规模大于欧盟、美国；在数字服务贸易领域，欧盟的出口规模大于美国、中国。

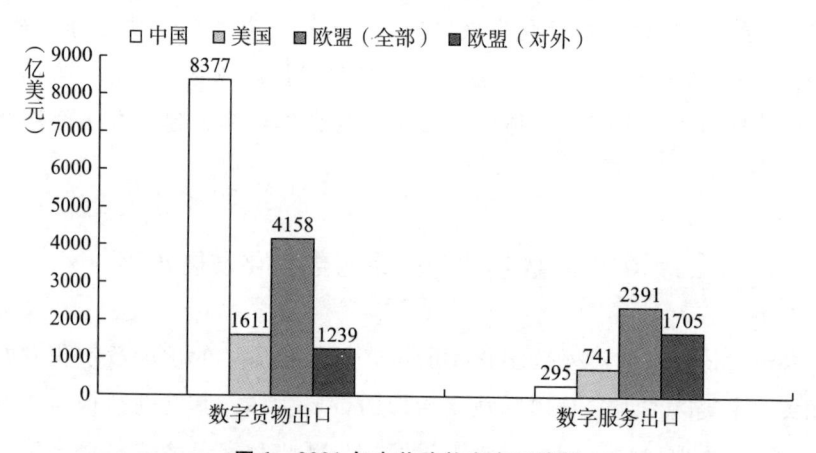

图1 2021年中美欧数字出口情况

资料来源：数据来源于世界贸易组织数据库（https://stats.wto.org）。

注："欧盟（全部）"代表欧盟的全部贸易情况，"欧盟（对外）"既剥离了欧盟内部成员国之间的贸易流通数据。

除规模对比外，本文利用联合国商品贸易统计数据库（UN Comtrade）构建了41国的数字贸易网络，网络显示中美欧在贸易上呈现"第三方效应"（刘林青等，2021）。该网络不关注两两国家之间的具体出口方向和规模，而注重突出各国与其余国家间的贸易往来广度。由分析可知，中美欧均为数字贸易出口网络中的关键节点，中国在数字货物出口领域、欧盟在数字服务出口领域的表现尤其抢眼。

结合上述分析，中美欧在数字贸易出口规模和数字贸易网络中具有以下特征。

（1）中国：数字贸易出口大国，较美国和欧盟的主要优势体现在数字货物出口规模上。在数字货物出口方面，中国处于绝对的网络核心地位，其生产的电子设备供应欧美等全球主要市场，与美国、亚洲及泛太平洋区域等国家和地区的货物出口联系密切。在数字服务出口方面，中国的总量低于美国、欧盟；在41国中的交往范围相对较小，与东欧国家互动密切，与北美和东亚国家间的关系有待加强。

（2）美国：数字货物出口规模小于中国、欧盟，大规模依赖进口，数字货物贸易逆差明显。美国是41国中除中国外，数字货物出口规模最大的国家，在数字货物贸易领域，与加拿大和墨西哥属同一网络社群。在数字服务贸易领域，与澳大利亚、南美等国家和地区关系密切，与中国有较强的竞争关系。

（3）欧盟：数字服务贸易出口较为强势，内部成员国相互之间贸易往来密切。在数字货物贸易领域，欧盟自成一个网络社区，其内部成员国之间的贸易往来十分密切。欧盟是数字服务第一大经济体，占全球数字服务出口市场的48%，其出口规模的48%来自欧盟内部，内部相依性强。

总体而言，数字技术进步给贸易发展带来新机遇（陈寰琦，2022）。数字贸易不仅是一种新型贸易形态，更是国际互动中"四链融合"的典型代表，已成为主要经济体国际竞争力的争夺焦点（沈玉良，2022）。中美欧在争夺数字贸易竞争规则领导权的过程中势必会采取有利于自身稳定和适配自身发展优势的策略。

（二）数字化发展水平：美国处于垄断性生态位，中国位次居中

"国际数字生态指数"在数字基础、数字能力、数字应用和数字规制4个维度[①]上量化了各国数字生态发展的总体状况。其中，数字基础指基础设施和数据资源，数字能力体现各国的数字人才和技术创新状况，数字应用指各种数字应用场景，数字规制代表制度环境（乔天宇等，2022）。图2显示，中美欧已经成为国际数字化发展中的三极。美国在国际数字生态指数和数字基础、数字能力和数字应用维度上均领先于中国、欧盟；欧盟的数字规制体系具有高完备性，在该维度上得分大幅领先；中国的各维度得分和国际数字生态指数得分均介于美国、欧盟之间。

---

① 本文中，有时也将一级指标称为维度。

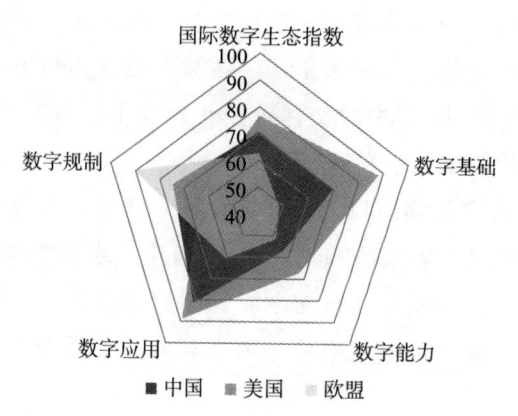

图 2 中美欧国际数字生态指数与四维度雷达图

（1）中国的主要优势为数字应用，数字能力为主要短板。中国的数字应用主要由数字经济拉动，其中数字贸易与数字产业化表现抢眼，均排在前两名，但在产业数字化方面须加快转型。中国数字能力排名第十，较美国和欧盟偏弱，在技术创新维度仅排第 25 名，这反映出面对美国和欧盟的竞争，中国须重点关注技术创新，在数字能力上实现破局。

（2）美国除数字规制外，在其余三个一级指标上均排名第一，处于垄断性生态位。美国的数字发展相对全面，其在数字基础、数字能力与数字应用领域都居首位，在数字人才和技术创新领域表现优异，尤其是在数字人才吸引与留存能力方面的表现优于中国、欧盟，对全球数字人才具有较强的吸引力。[1]

（3）欧盟内部异质性大，竞争优势主要由数字规制引领，在其他维度上的表现均不如美国和中国。欧盟内部存在较大的发展异质性，尽管其在数字基础、数字能力、数字应用上的平均表现落后于中国，但仍是具备强竞争优势的国家。总体上，欧盟完备的治理体系使其具有较大的国际影响力。

从中美欧数字化发展水平看，美国处在垄断性生态位，其对外策略将以维持技术顶层优势为主要目标。欧盟偏向于依托数字规制优势，持续引领国际数字治理的规则制定。中国一方面在前沿领域重点布局，培养和引进相关人才，挖掘数字能力维度的发展潜力；另一方面积极寻求增强数字

---

[1] "Global AI Talent Report 2020"，July 22，2021. https：//jfgagne.ai/global-ai-talent-report-2020/，最后访问日期：2022 年 4 月 26 日。

治理能力。

总体而言，三方在数字贸易维度上的强竞争与高互通关系，反映了三方均有主导全球数字治理的潜力，亟待利用建立数字经济合作关系的手段制订有利于维系既有优势的方案。

三 中美欧参与国际数字治理的动态策略

在深度参与全球数字竞争的过程中，国家间建立的合作关系，既是其经济联系紧密度的直观反映，也是其数字化竞争策略的重要侧面。数字大国签署的数字贸易区域协定，既能保障各方紧密合作，有效应对其他经济体的数字制衡，也能建立与他国协商的新平台，是数字大国对外输出规则模板的有利举措（刘敏等，2021）。对此，本部分将中美欧参与数字贸易双边、多边合作视为参与国际数字治理的重要手段，重点分析三方在数字贸易领域的协定签署情况和趋势，识别以三方为核心的多国数字合作网络。

（一）中美欧各自积极构建数字贸易合作体系

近年来，主要国家围绕数字贸易规则的博弈纷繁复杂。中美欧聚焦数字贸易区域协定谈判，推进数字贸易规则构建进程，以营造符合自身数字贸易诉求的法治环境（刘敏等，2021），这使三方在国际数字治理领域的主张在一定范围内得到接纳及传播。

(1) 中国：加入数字贸易区域协定，积极构建数字经济合作关系。中国积极拓展合作渠道以应对美国对中国实施的技术封锁，已陆续通过《二十国集团数字经济发展与合作倡议》《"一带一路"数字经济国际合作倡议》《全球数据安全倡议》等一系列数字经济发展与合作倡议，在电子商务合作与跨国信息共享等多个领域与多国达成共识。在数字贸易区域协定方面，中国通过《区域全面经济伙伴关系协定》（RCEP）与日本、韩国、澳大利亚、新西兰和东盟十国等14国建立了数字贸易合作关系。中国于2021年11月正式申请加入《数字经济伙伴关系协定》（DEPA），并于2022年8月加入DEPA工作组，同时也提出申请加入《全面与进步跨太平洋伙伴关系协定》（CPTPP）。未来若加入DEPA和CPTPP，中国能在既有合作国家的基础上同秘鲁、墨西哥等美洲国家建立数字贸易合作关系，拓展区域合作范围。

（2）美国：对外策略上积极开辟国际数字市场，极力维护在高科技产业领域的顶端优势，主导数字贸易相关规则制定。美国将中国视为其在数字化发展领域的主要竞争对手。具体而言，美国将数字贸易规则视作增强本国数字领导力的潜在重要工具（Hodge，2021），积极探索对外合作。当前美国的数字贸易主要依托2018年签订的《美墨加三国协议》（USMCA）和2019年签订的《美日数字贸易协定》（UJDTA）实现。USMCA和UJDTA成为美国向外输出规则模板、引领新一代贸易规则制定、拓展其数字全球化利益的有效工具。同时，美国试图利用"科技民主联盟"的方式整合跨太平洋和跨大西洋盟友，构筑"数字同盟圈"，在国际规则层面上加大对华制衡力度（Aguerre，2019；Gao，2018）。同时，美国高度重视其在高科技产业领域的顶端优势，于2022年成立网络空间和数字政策局，重点解决其在外交中的新兴技术问题。美国在《2021年战略竞争法案》中提出建立数字技术联盟，制定有利于美国及其盟友的规范标准。美国通过对半导体等信息与通信技术（ICT）产品加征关税、将科技领域实体列入出口管制实体清单、加强与中国相关的关键技术投资审查等方式持续遏制中国。

（3）欧盟：拥有完备的数字规制体系，并将其视为对外输出数字规则模板的重要工具。面对国际竞争，欧盟将持续通过隐私保护政策、竞争法及数字税等方式限制美国科技巨头对欧盟数字市场的蚕食。在对外合作方面，从2013年起，欧盟就与多国开展了电子商务合作。但与中国和美国在数字贸易区域协定领域积极寻求合作发展的趋势不同，在电子商务合作上成果颇丰的欧盟在数字贸易合作方面反而较为滞后，目前暂未签订或者有意向加入任何数字贸易区域协定。英国脱欧后寻求数字市场的全球化突破，数字贸易合作倾向高于欧盟，目前已与新加坡在双边协定中达成数字贸易合作。

（二）数字贸易关系网络促进国际数字治理群落生成

主权国家或区域联盟是全球数字生态体系的重要组成部分，这些数字贸易合作体深刻塑造着国际数字治理格局。早期，各国主要在自由贸易协定中设置"电子商务"章节以建立合作关系。近年来，签订数字贸易区域协定成为建立数字经济合作关系的另一渠道。相较于在自由贸易协定中设置"电子商务"章节，数字贸易区域协定对数字贸易的相关规则进行了集中整合,更具独立性与专项性。其致力于推动参与国在数字技术发展、数据流通、个人信息保护等关键议题上达成共识,建构全面的数字经济合作关系。新加坡、智利、新西兰于2020年6月签署的DEPA标志着数字贸易国际规则进入专项条约时代,这将极大地推进数字贸易国际规则的多元发展。

图3展示了主要经济体间的电子商务和数字贸易合作关系。在电子商务合作方面,中美欧三方两两之间均未建立合作关系,反映出三方在数字化发展领域存在竞争关系。在数字贸易区域协定方面,中国与合作伙伴实现了从电子商务合作到数字贸易合作的升级;美国与澳大利亚、韩国的合作有待转型;欧盟则尚未加入任何一个数字贸易区域协定。除中美欧三极外,新加坡是目前建立最广泛数字贸易合作关系的国家,但其暂未与中美欧达成数字贸易合作;未来,其作为数字贸易的"节点国家",或将成为大国重点争取的合作对象。值得关注的是,中国对DEPA的申请,体现出中国在数字贸易领域加速开放的动向。

上述一系列数字贸易区域协定的签署倡导各参与国在数字经济领域积极寻求合作,实现贸易畅通与政策互通。基于大国竞争与合作形成的数字贸易关系网络正促进国际数字治理群落的生成,并推动群落内部成员凝聚规则共识。

四 研究结论与政策建议

(一)中美欧数字领域多维竞争与治理格局研判

本研究采用生态学视角,对中美欧的数字实力及其加入的数字贸易区域协定情况加以分析。研究发现,中美欧之间的数字竞合关系体现了国际数字贸易的高度关联性、数字竞争场景中各维度相互协调与制约的多维层次性、国家合作策略中的高度动态性,以及国家数字联盟的聚集性。中美欧数字化发展现状以及彼此间的互动关系具有如下三个特征。

(1)中欧之间数字生态位相近,各具优势,具备实现优势互补与开展深度合作的良好条件。中国和欧盟贸易互通程度高,分别在数字货物贸易与数字服务贸易领域占据优势,未来数字服务贸易的加速发展或使欧盟成为中国后续优化数字贸易结构的重要参照体。

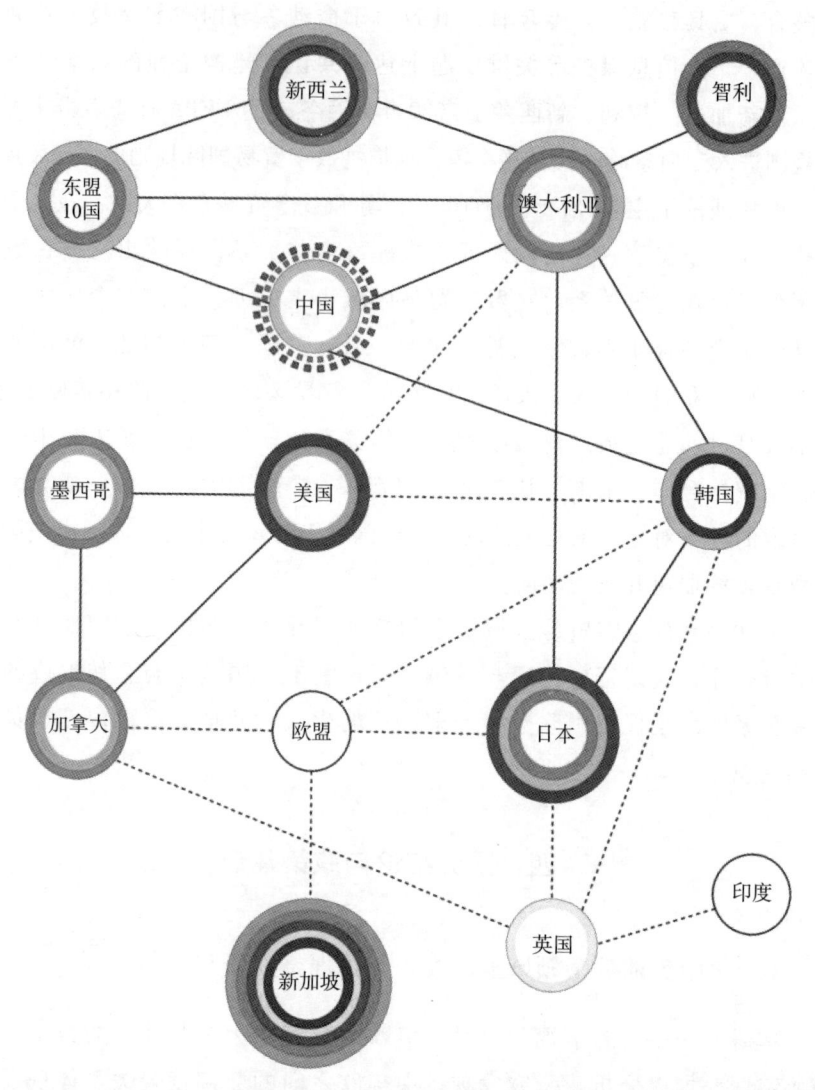

■《全面与进步跨太平洋伙伴关系协定》(CPTPP)　■《新加坡-澳大利亚数字经济协定》(SADEA)
■《区域全面经济伙伴关系协定》(RCEP)　　　■《韩国-新加坡数字伙伴关系协定》(KSDPA)
■《美墨加三国协议》(USMCA)　　　　　　　■《数字经济伙伴关系协定》(DEPA)
■《美日数字贸易协定》(UJDTA)　　　　　　　《英国-新加坡数字经济协定》(UKSDEA)

图 3　主要经济体间的电子商务与数字贸易合作关系情况

注：图中实线表示两个经济体之间同时存在电子商务合作关系和数字贸易合作关系，虚线表示经济体间仅存电子商务合作关系；东盟十国仅有部分国家（马来西亚、文莱、新加坡、越南）参与 CPTPP；当前中国有意向加入的协定以虚线圆圈标示。

（2）美国处于垄断性生态位，中国仍有较大追赶空间。美国数字化发展程度高，并试图通过法规限制中国高新技术发展以巩固其地位。这将是国际数字化发展中的重要趋势。

（3）欧美数字规制差异反映出二者存在利益冲突。美国的数字化发展全面领先欧盟，强化规制与维护数字主权是欧盟应对美国数字压制所采取的最主要的策略，双方在规制设置上存在较大差异。

总体来看，中美之间的竞争关系仍将延续，美欧之间实质性合作有限，中欧之间存在合作预期（张健，2020）。当前三方的竞争格局并不是国家间互动的稳定结构，也不会是国际数字生态发展的长期状态。

（二）中国参与国际数字治理的政策建议

未来，中美欧三方在参与国际数字治理过程中的对外策略调整，将直接改变既有格局。于中国而言，在努力改善与美国和欧盟的关系、推动数字领域合作进程的同时，须警惕由历史传统和意识形态导致的国家间关系中的结构性风险。此外，在中美欧数字领域高度互联与多维竞争的背景下，本文就中国如何参与并推动国际数字治理提出三点建议。

（1）全面提升数字治理水平，既要"促优势"，也要"补短板"。提升数字化发展水平是引领国际数字治理的基础，一方面，中国在数字基础和数字应用领域已具备较强的国际竞争力，可持续推进在这两个领域的发展，缩小与美国等数字强国的差距，探索在相关领域形成优势生态位；另一方面，需培养与引进高质量数字人才，掌握核心数字技术，建立高质量的数字货物制造体系，全面提升数字能力。

（2）积极借鉴国际规则与经验，制定契合自身发展条件的数字治理规则。建立与国际接轨的规则体系有助于我国未来在国际数字治理领域发挥更大作用。欧盟在引领国际数字治理规则制定上具备一定的先发优势，在数字规制框架与市场监管方面经验丰富，其规制优势契合了中国对解决数字安全、市场监管等问题的需求；但是，其所采取的严格措施是否与中国"强应用、弱能力"的数字生态特征相匹配，尚需审慎对待。

（3）建立多边数字治理机制，打造数字治理规则的"中式模板"。中国应拓展数字领域合作关系与合作议题的广度，特别是与数字合作网络中的重要节点国家建立合作关系，在广泛的贸易合作过程中提升"四链融合"

水平,进一步巩固中国在数字贸易领域的地位。同时依托双边、多边合作机制,开展数字经济标准国际协调工作和数字经济治理合作,打造数字治理规则的"中式模板",为全球数字治理的善治贡献中国方案。

参考文献

蔡拓,2016,《全球治理与国家治理:当代中国两大战略考量》,《中国社会科学》第6期,第5~14页。

陈寰琦,2022,《国际数字贸易规则博弈背景下的融合趋向——基于中国、美国和欧盟的视角》,《国际商务研究》第3期,第85~95页。

方兴东、杜磊,2019,《中美科技竞争的未来趋势研究——全球科技创新驱动下的产业优势转移、冲突与再平衡》,《人民论坛·学术前沿》第24期,第46~59页。

贾怀勤,2019,《数字贸易的概念、营商环境评估与规则》,《国际贸易》第9期,第90~96页。

刘斌、甄洋、李小帆,2021,《规制融合对数字贸易的影响:基于WIOD数字内容行业的检验》,《世界经济》第7期,第3~28页。

刘典,2021,《全球数字贸易的格局演进、发展趋势与中国应对——基于跨境数据流动规制的视角》,《学术论坛》第1期,第95~104页。

刘林青、闫小斐、杨理斯、宋敏,2021,《国际贸易依赖网络的演化及内生机制研究》,《中国工业经济》第2期,第98~116页。

刘敏、薛伟贤、赵璟,2021,《全球数字贸易中的竞争互补关系及其演化——基于社会网络分析方法》,《国际经贸探索》第10期,第54~69页。

迈克尔·波特,2012,《国家竞争优势》(下),李明轩、邱如美译,中信出版社。

庞珣、何晴倩,2021,《全球价值链中的结构性权力与国际格局演变》,《中国社会科学》第9期,第26~46页。

乔天宇、张蕴洁、李铮、赵越、邱泽奇,2022,《国际数字生态指数的测算与分析》,《电子政务》第3期,第17~30页。

沈玉良,2022,《数字贸易发展转折点:技术与规则之争——全球数字贸易促进指数分析报告(2021)》,《世界经济研究》第5期,第3~13页。

王娟、张蕴洁、宋洁、张平文,2022,《中美欧数字经济与贸易的比较研究》,《西安交通大学学报》(社会科学版)第3期,第31~40页。

张健,2020,《欧美关系走向及其对中欧关系的影响》,《现代国际关系》第12期,第15~17页。

张茉楠,2021,《全球数字治理:分歧、挑战及中国对策》,《开放导报》第6期,第31~

37页。

张茉楠、周念利，2019，《中美数字贸易博弈及我国对策》，《宏观经济管理》第7期，第13～19页。

中国信息通信研究院，2020，《全球数字治理白皮书（2020年）》，http://www.caict.ac.cn/english/research/whitepapers/202101/P020210122488524125021.pdf。

中国信息通信研究院，2021，《全球数字治理白皮书（2021年）》，https://dsj.luohe.gov.cn/lhmenhu/df07a2e7 - 5258 - 4390 - aa9d - 83d07f45a049/288fc1a6 - 8b7b - 458f - a0b6 - 7c81c12040b4/%E5%85%A8%E7%90%83%E6%95%B0%E5%AD%97%E6%B2%BB%E7%90%86%E7%99%BD%E7%9A%AE%E4%B9%A6.pdf。

Aguerre, Carolina. 2019. "Digital Trade in Latin America: Mapping Issues and Approaches." *Digital Policy, Regulation and Governance*, 21 (1): 2 - 18.

Carter, William & Erol Yayboke. 2019. "Data Governance Principles for the Global Digital Economy", June 4, https://www.wita.org/atp-research/data-governance-principles-for-the-global-digital-economy/.

Center for Strategic & International Studies. 2019. "Data Governance Principles for the Global Digital Economy", June 4, https://www.wita.org/atp-research/data-governance-principles-for-the-global-digital-economy/.

G20. 2019. "G20 Ministerial Statement on Trade and Digital Economy", June 9, https://g20-digital.go.jp/asset/pdf/g20_2019_japan_digital_statement.pdf.

Gao, Henry. 2018. "Digital or Trade? The Contrasting Approaches of China and Us to Digital Trade." *Journal of International Economic Law*, 21 (2): 297 - 321.

Hodge, Adam. 2021. "US Working on Asia-Pacific Digital Pact and Other Updates", July 22, https://iapp.org/news/a/us-working-on-asia-pacific-digital-pact-and-other-updates/.

Keohane, Robert O. and Joseph S. Nye, Jr. 1973. "Power and Interdependence Revisited." *Survival*, 15 (4): 158 - 165.

Rosa, Hartmut, ed. 2010. *High-Speed Society: Social Acceleration, Power, and Modernity*. Penn State University Press.

Scott, John and Peter J. Carrington. 2011. *The SAGE Handbook of Social Network Analysis*. London: SAGE Publications.

Waltz, Kenneth. 2010. *Theory of International Politics*. Long Grove: Waveland Press.

（原文载于《中国科学院院刊》2022年第10期；
收入本辑时有修改）

中美欧数字经济与数字贸易的比较研究

王娟 张蕴洁 宋洁 张平文[*]

摘 要 发展数字经济和扩大数字贸易是中国抢占数字产业制高点、构建"双循环"新发展格局的内在要求。明确中国在国际竞争格局中的位置,特别是厘清中国相对于美国和欧盟的优势与劣势,对于研判中国数字经济的发展趋势至关重要。本文在梳理数字经济与数字贸易的概念内涵及测算方法的基础上,通过对国内外权威数据进行多重比较分析,从规模格局、结构格局、动态格局、竞争格局以及依赖格局方面进行深入分析发现,中国的数字经济与数字贸易处于"大而不优、快而不先、盈而不赢"的状态。据此,本文提出全面优化数字经济结构、强化竞争优势和调整产业结构、在信息服务业培育新优势、在数字媒体业扭转劣势等对策建议。

关键词 数字经济 数字贸易 数字产业 经济结构

发展数字经济是世界各国实现经济高质量发展、提高国际竞争力和把握国际经济主动权的关键。从全球格局来看,中国、美国和欧盟占据了重要位置,引领国际数字经济与数字贸易发展。进入 21 世纪,中国、美国和欧盟(以下简称中美欧)纷纷将发展数字经济提升到战略高度,并出台一系列鼓励政策。中国高度重视数字经济发展,习近平在世界经济论坛、"一带一路"国际合作高峰论坛、中央经济工作会议、中共中央政治局集体学习等重

---

[*] 王娟,北京大学大数据分析与应用技术国家工程实验室特聘副研究员;研究方向为数字经济、企业数字化转型。张蕴洁,北京大学社会学系博士研究生;研究方向为技术社会学、计算社会学。宋洁,北京大学工学院党委书记、工业与工程管理系教授;主要研究领域为在线学习、仿真优化及其在工程管理领域的应用。张平文,中国科学院院士,武汉大学校长、党委副书记,北京大学博雅讲席教授,大数据分析与应用技术国家工程实验室主任;主要研究领域为复杂流体多尺度建模与计算、自适应方法、大数据分析、人工智能数理基础等。

要场合屡次强调数字经济的重要性，提出要不断做强、做优、做大我国数字经济。数字经济作为新一代信息技术产业与传统产业深度融合的新经济形态，发展速度之快、辐射范围之广、影响程度之深前所未有，正在成为重组全球要素资源、重塑全球经济结构、改变全球竞争格局的关键力量。因此，发展数字经济、扩大数字贸易，对于中国构建以国内大循环为主体、国内国际双循环相互促进的新发展格局具有重要意义（江小涓、孟丽君，2021）。

为促进数字经济与数字贸易发展，首先有必要对中国数字经济与数字贸易的国际竞争格局进行分析，找出发展优势与劣势，然后有针对性地提出发展建议。然而，如何科学客观地测算数字经济与数字贸易规模，仍是学术界关注的前沿问题。经济合作与发展组织（OECD）、国际货币基金组织（IMF）、美国商务部经济分析局（BEA）、中国信息通信研究院等国内外机构，分别从不同视角对数字经济与数字贸易的定义和测算方法进行了有益探索，很多学者也基于不同思路进行了增加值规模的测算（如García-Herrero & Xu，2018；许宪春、张美慧，2020；刘斌等，2021）。当前，学界对数字经济与数字贸易的定义尚未达成共识，对其覆盖的行业范围也没有定论，导致目前不同机构测算的数字经济与数字贸易规模存在较大偏差。因此，有必要先研究数字经济与数字贸易的统计测算问题，在可比较的基础上客观评估中国的国际竞争地位。

在对数字经济和数字贸易的相关文献进行梳理的基础上，本文从数字经济核心定义、狭义定义、广义定义出发构建数字经济的国际比较分析框架，同时在核心数字经济意义上构建数字贸易的分析框架，对中国与美国、欧盟的数字经济规模格局、结构格局、动态格局、竞争格局、依赖格局进行了深入分析。多方位客观数据结果反映出我国数字经济相对于欧美处在"大而不优、快而不先、盈而不赢"的状态。

一　数字经济与数字贸易的概念内涵及测算方法

（一）数字经济的概念内涵

数字经济的概念内涵随着技术进步和社会发展逐渐发生变化。总体来看，目前数字经济有三种范围的定义：核心定义、狭义定义和广义定义

(Bukht & Heeks，2017）。其中，数字经济核心定义指的是信息与通信技术（ICT）产业。OECD是最早追踪研究数字经济的国际组织，并始终以ICT产业为核心对数字经济的概念内涵与外延进行科学界定。OECD认为，ICT产业指的是以电子方式获取、传输和显示数据与信息的制造业和服务业，包括半导体、处理器等基础创新部门，计算机、电信设备等关键技术生产部门，以及互联网和电信网络等基础设施的生产部门（OECD，2014：18）。

数字经济狭义定义指的是构建在ICT产业基础之上的数字产品和数字服务业，其商业模式完全或主要依赖数字技术、数字商品或数字服务，包括平台经济、移动应用、支付服务、共享经济和零工经济等（Bukht & Heeks，2017）。美国商务部经济分析局采纳了这一定义（Barefoot et al.，2018），并提出数字经济包括三个部分：一是让电脑和网络得以存在的数字赋能基础设施；二是运用网络系统开展的电子商务；三是数字经济用户创造和获取的数字媒体。

数字经济广义定义将传统行业中采用数字技术和服务的数字化转型部分也纳入其中，代表性的定义是2016年G20杭州峰会提出的"以使用数字化的知识和信息作为关键生产要素、以现代信息网络作为重要载体、以信息与通信技术的有效使用作为效率提升和经济结构优化的重要推动力的一系列经济活动"①。中国信息通信研究院（2019）采纳了该定义，并将广义部分的数字经济称为"产业数字化"，代指传统产业中应用数字技术所带来的生产数量增加和生产效率提升的部分。国家统计局（2021）将广义数字经济行业称为"数字化效率提升业"，代指应用数字技术和数据资源为传统产业带来产出增加和效率提升的行业。由此可见，广义数字经济是在信息产业、信息经济、互联网经济等基础上形成的高级经济形态，是信息技术逐渐泛化融合到其他传统行业的综合体现，能够在一定程度上体现出传统行业的数字化转型程度与效果。

（二）数字经济的测算方法

科学地测算并评估各国数字经济是十分困难却亟待解决的议题。国内

---

① 《二十国集团数字经济发展与合作倡议》，http://www.g20chn.org/hywj/dncgwj/201609/t20160920_3474.html，最后访问日期：2022年1月4日。

生产总值（GDP）核算框架在很大程度上并没有统计数字产品和数字服务的价值，包括开源软件、在线媒体、在线平台等。而且很多数字产品和数字服务是免费的，如搜索引擎、电子邮件和在线地图等，这使得价格指数也不能反映现实情况。然而，改变目前的 GDP 核算框架与规则不仅不能解决以上问题，反而会带来更多新问题（IMF，2018；蔡跃洲，2018）。在此背景下，全球不同研究机构努力探索各种数字经济测算方法。

OECD 是聚焦核心数字经济测算研究的先驱组织。在《衡量数字经济：一个新的视角》中，OECD 提出用 ICT 产业增加值来代替数字经济增加值的测算方法，具体包括 ISIC 第 4 版第 26 部分（计算机、电子和光学产品制造），以及 J 节（信息和通信服务）中的第 58～60 类（出版和广播）、第 61 类（电信）和第 62～63 类（计算机编程与信息服务）（OECD，2014：18）。同时，尽管 OECD 提出将信息与通信技术贸易和维修活动（第 465 类和第 951 类）纳入测算范围，但也承认由于大多情况下这类数据不可得，可忽略此建议。有学者按照 OECD 操作手册，并根据国家统计局的《2012 年中国投入产出表》，将中国数字产品和数字服务两部分进行了加总核算（García-Herrero & Xu，2018）。

美国商务部经济分析局（BEA）是最早统计测算狭义数字经济的组织。2018 年美国商务部经济分析局发布《数字经济的定义和测度》（Barefoot et al.，2018），全面介绍与测算了美国数字经济及其对各经济领域的渗透程度。具体而言，根据投入产出表数据，将 ICT 产业分为数字赋能基础设施、电子商务、数字媒体三个细分数字行业，并对其增加值进行加总，然后将其他行业增加值乘以该行业中数字行业中间投入占总投入的比例，两者相加得出数字经济规模。康铁祥（2008）在借鉴美国商务部经济分析局数字经济测算方法的基础上，从数字产业部门增加值和数字辅助活动增加值两个方面对中国数字经济进行了测算。许宪春、张美慧（2020）将数字经济划分为数字化赋能基础设施、数字化媒体、数字化交易、数字经济交易产品四个部分，并借鉴美国商务部经济分析局的测算方法对 2007～2017 年中国的数字经济增加值进行了测算。

广义数字经济测算的关键在于分解出传统行业中归属数字经济的部分。蔡跃洲（2018）认为，产业数字化可以基于 ICT 资本增长对 GDP 增长的贡献测算出来，并在研究中通过 ICT 的替代效应和协同效应对 1993～2018 年中国的广义数字经济增加值进行了测算。中国信息通信研究院（2019）通过行业中ICT投资存量来测算数字经济在其他行业中的溢出价值。具体而言，首先以投入产出表中ICT（包括计算机、通信设备和软件三类）固定资本形成总额为基数，然后根据永续盘存法，采用0.315的折旧率、5年使用期限、ICT投资价格指数（以2000年不变价格）等参数，计算出全国当年各行业中的ICT实际投资额存量，最后加总得出广义数字经济中的产业数字化规模。

三种定义下的测算方式，只有核心定义和狭义定义下的数字经济规模可以在GDP框架内进行直接测算，OECD、美国商务部经济分析局以及大部分学者均采用这种方法，其测算结果比较接近。广义数字经济由于涉及传统行业的融合部分，难以剥离出传统行业中属于数字经济的价值，因此鲜有这方面的探索。中国信息通信研究院提供了一个可行方案，尽管其测算结果偏大，但为不同国家和地区之间的数字经济横向比较提供了新的思路。

（三）数字贸易的概念内涵与测算方法

数字经济的迅速发展重塑了全球贸易，催生了数字贸易这一新型贸易形式。数字贸易逐渐成为评估各国和地区数字经济国际竞争力的重要指标。随着数字经济定义与测量范围的扩展，数字贸易的概念内涵与外延也在不断拓展（蓝庆新、窦凯，2019）。早期的数字贸易指的是通过互联网等电子化手段传输有价值产品或服务的商业活动（Weber，2010）；但在实际测算中，数字贸易涵盖的范围逐渐扩大。以美国国际贸易委员会（USITC）为例，2013年其把数字贸易细分为数字内容、社会媒介、搜索引擎、其他数字产品和服务四类，而把具备数字特性的物理产品排除在外（United States International Trade Commission，2013）。2014年，美国国际贸易委员会又将基于互联网技术，在产品和服务的订购、生产或交付中扮演重要角色的国内和国际贸易纳入数字贸易（United States International Trade Commission，2014）。2017年，美国国际贸易委员会认为数字贸易不仅包括在互联网上销售和供应的最终消费品，还包括参与全球价值链的数据和辅助智能制造的服务等（United States International Trade Commission，2017）。

数字贸易的测算一直是学术界公认的难点，这主要是由于数字技术已融入国民经济的各个领域，完全精确地度量数字贸易并不现实。2017年OECD

提出，数字贸易可以从数字订购、数字平台以及数字传递三个方面进行统计（OECD，2017；马述忠等，2018）；2020年，OECD进一步将统计范围从数字服务扩展到数字货物，并提出了10项以数字方式交付的贸易的测算建议，但并未给出确切的测算指标建议（OECD，WTO，& IMF，2020：14）。一些经验研究往往采取对具备数字贸易典型特征的行业进行统计的方式对数字贸易进行测算，例如刘斌等（2021）用"电影、视频和电视节目制作，录音和音乐出版活动以及节目编制和广播活动"、"计算机编程、咨询等相关活动与信息服务活动"及"电信业"三个典型行业的国际贸易数据进行测量。

综上所述，与数字经济测算范围从核心定义向狭义定义、广义定义不断拓展相似，数字贸易测算范围也在从数字货物、数字服务向以数字方式交付的贸易拓展。然而，世界贸易组织（WTO）等国际组织在公布各行业进出口数据时，还没有对通过数字化方式达成的跨境贸易进行单独统计，因此在国际比较分析中仍然主要采用数字经济核心定义的进出口数据。

二 中美欧数字经济比较分析

单一数字市场规模对于数字经济的发展尤为重要，数字经济的强渗透性和广覆盖性优势需要在更大的单一数字市场内才能得到有效发挥。也正因如此，欧盟一直不遗余力地打造单一数字市场，在顶层制度设计上下足功夫，如此才能与中国、美国这两大天然的单一数字市场抗衡，形成三足鼎立之势。加之数字经济的发展具有网络效应、马太效应、乘数效应等内在特征，既有数字经济规模会深刻影响未来的格局走向。

（一）中美欧核心数字经济比较

2018年，欧盟委员会对欧盟28国以及中国、美国等12个主要国家的核心数字经济数据进行了统计，目前完整版数据即为2018年数据。欧盟委员会将ICT产业分为ICT和MC（媒体内容）两个行业，其中ICT行业包括ICT制造和ICT服务，MC行业包括图书、期刊和其他出版活动、视听和广播活动及其他信息服务活动。本文将ICT制造、ICT服务、MC分别称为电子设备制造业、信息服务业和数字媒体业。如图1所示，从规模上看，2018

年美国数字经济规模居全球第一,为 13391 亿欧元;其次是欧盟,为 8018 亿欧元;中国紧随其后,为 6442 亿欧元。从结构上看,中国数字经济由电子设备制造业(41%)和信息服务业(49%)双轮驱动,美国以信息服务业(67%)为主、数字媒体业(23%)为辅,欧盟以信息服务业为主(75%)。

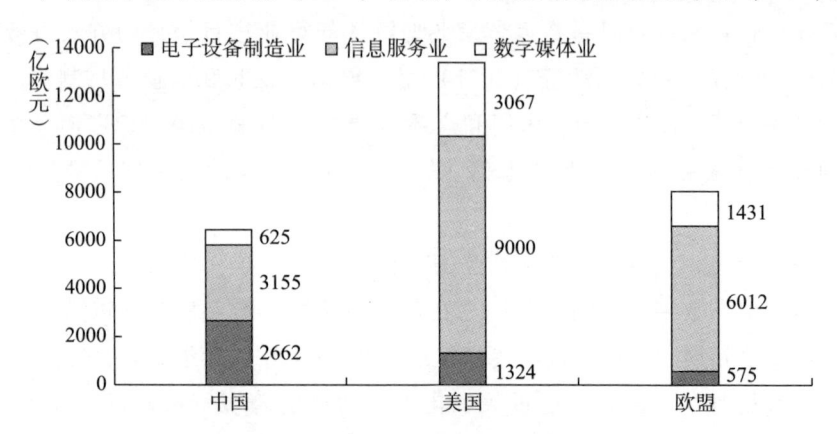

图 1　2018 年中美欧核心数字经济规模与结构对比

资料来源:数据源于欧盟委员会 PREDICT project(https://joint-research-centre.ec.europa.eu/predict_en)。

(二)中美狭义数字经济比较

狭义数字经济的跨国比较主要比较的是中美两国,由于欧盟委员会没有测算和公布这一数据。美国商务部经济分析局自 2016 年开始公布其测算的狭义数字经济数据,2021 年 6 月公布了最新数据。中国狭义数字经济的规模可以基于国家统计局的投入产出表数据测算出来。投入产出表能够反映国民经济细分行业的增加值以及两两行业之间的中间投入关系。以国家统计局公布的 2018 年投入产出表为例,该表一共列举了 159 个细分行业。其中,狭义数字经济包含电子设备制造业、信息服务业、数字媒体业①等共 13 个细分行业,该部分数字经济的规模等于这 13 个行业的增加值之和;余下的 146 个细分行业为传统产业,其数字经济规模等于每个行业的增加值乘

---

① 电子设备制造业包括计算机、通信设备、广播电视设备和雷达及配套设备、视听设备、电子元器件、其他电子设备 6 个行业,信息服务业包括电信、广播电视及卫星传输服务、互联网和相关服务、软件服务、信息技术服务 5 个行业,数字媒体业包括新闻和出版业以及广播、电视、电影和影视录音制作 2 个行业。

以数字经济溢出价值的系数。借鉴美国商务部经济分析局的测算方法，数字经济溢出价值系数为数字行业作为中间投入占总投入的比例，其隐含假设是"各行业中数字经济中间消耗占数字经济总产出的比重与其所属行业中间消耗占总产出的比重相同"（许宪春、张美慧，2020）。因此，中国的狭义数字经济规模是数字行业增加值与传统行业中数字经济溢出价值的总和。

如表1所示，本文从数字经济规模、数字经济占GDP比重等方面对中美两国的狭义数字经济进行比较分析。

表1 2005~2018年部分年份中美狭义数字经济规模、数字经济规模占GDP比重及就业对比

年份	数字经济规模（亿美元）		数字经济规模占GDP比重（%）		中国数字经济规模占美国数字经济比重（%）	数字产业就业人数（万人）	
	中国	美国	中国	美国		中国	美国
2005	1779	9076	7.9	7.0	19.6	1558	261
2007	2253	10989	6.6	7.6	20.5	1467	253
2010	3875	12959	6.5	8.6	29.9	2184	226
2012	5081	13958	6.0	8.6	36.4	2026	228
2015	8166	17120	7.5	9.4	47.7	2522	230
2017	9204	19666	7.5	10.1	46.8	2401	233
2018	10783	20897	7.8	10.2	51.6	2399	237

资料来源：中国数据来源于中华人民共和国国家统计局，美国数据来源于美国商务部经济分析局。

注：由于中华人民共和国国家统计局公布的投入产出表年份不连续，因而数字经济测算年份也不连续。在进行中美狭义数字经济比较时，中国数字经济规模按照当年人民币与美元的平均汇率转换后进行计算。

(1) 2018年中国数字经济规模占美国数字经济的比重超过50%。中国的数字经济规模在2005~2018年逐年扩大，从2005年的不足1.5万亿元增长到2018年的7万多亿元。将中国数字经济规模按照当年平均汇率进行转换后与美国数字经济进行对比，从中可发现，2005年中国数字经济规模只占美国数字经济的19.6%，但整体上这一比例逐年上升，2018年达到51.6%。

(2) 除2005年外，中国数字经济规模占GDP的比重低于美国。2005~2018年中国数字经济规模占GDP的比重维持在6%~8%之间，其间还有所

下降。而同期美国数字经济规模占GDP的平均比重为8.8%，尤其在2018年已上升到10.2%，远高于中国的7.8%。这表明，中国数字经济与其他类型经济同步发展，经济结构没有明显变化，而美国数字经济得到进一步发展。

（3）中国数字经济平均增长速度是美国的近2倍。2005~2018年中国数字经济年均增长率达到12.9%，美国为6.6%。而同期，中国GDP年均增长率为13.0%，美国GDP年均增长率为3.6%。由此可见，美国数字经济增长速度是其GDP增长速度的近2倍，但中国数字经济则与GDP保持同步增长。

（4）2018年中国数字产业就业人数是美国的10倍多。将电子设备制造业、信息服务业、数字媒体业的劳动者报酬除以各行业平均工资，可以进一步测算出数字产业的就业人数规模。表1显示，2018年中国数字产业就业人数为2399万人，而美国为237万人。然而，两国就业结构有很大差异：中国60%的数字产业就业在电子设备制造业，以产业工人为主；而美国70%左右的数字产业就业在信息服务业，以技术工程师为主。尽管如此，中国的数字产业就业人数较美国多，在提升数字经济发展速度方面具有不可小觑的人力资源优势。

（三）中美欧广义数字经济比较

中国信息通信研究院采用广义定义对数字经济进行测算，包括数字产业化和产业数字化两个部分。数字产业化测算电子信息制造业、基础电信业、互联网行业和软件服务业等行业增加值，产业数字化测算传统产业应用数字技术所带来的新增价值。由于广义数字经济的内涵更加丰富，其测算出来的数字经济规模与核心和狭义的数字经济规模相比有较大差异。根据中国信息通信研究院（2020）的数据，2019年中美欧数字经济规模分别约为5万亿美元、13万亿美元和7万亿美元，几乎是欧盟委员会2018年核心数字经济规模测算结果的10倍。① 如图2所示，美国和中国是广义数字经济规模最大的国家，德国的广义数字经济规模占GDP的比重最高。

---

① 数据源于欧盟委员会PREDICT project（https://joint-research-centre.ec.europa.eu/predict_en）。

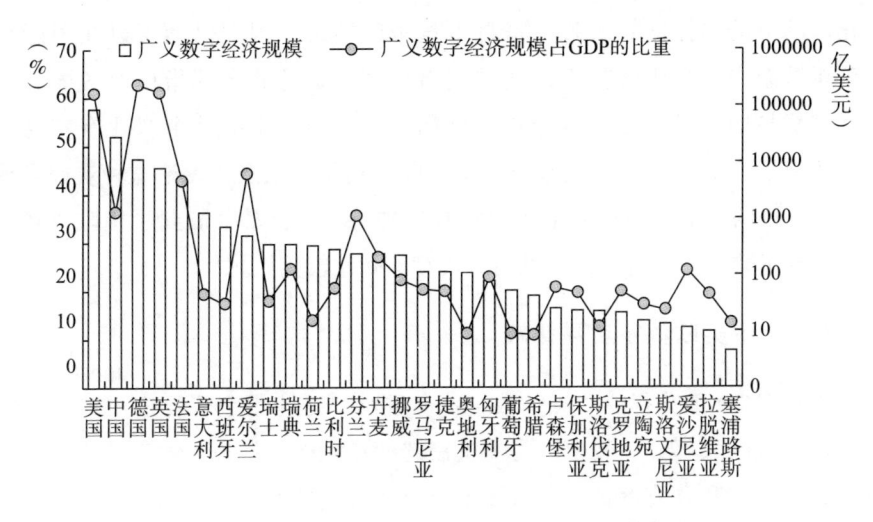

图 2 中美欧广义数字经济规模及占 GDP 的比重

资料来源：中美欧广义数字经济规模数据来源于中国信息通信研究院（2020）。

注：此处数字经济规模为对数刻度的取值；各国 GDP 数据来源于世界银行（World Bank）世界发展指标（World Development Indicators）数据集。

从结构上看，全球产业数字化规模远大于数字产业化规模，且经济发展水平越高的国家，产业数字化比重也越高。其中，中国产业数字化规模占数字经济的比重为 80.2%（中国信息通信研究院，2020），与中高收入国家的产业数字化比重（80.0%）基本持平，但低于美国、英国等国家，与比重最高的德国（90.3%）相比低了 10.1 个百分点。

综上，广义数字经济的全球竞争格局仍然是美国占据绝对优势，其次是欧盟，最后是中国，这与核心和狭义数字经济的竞争格局基本一致。在数字经济的内部结构上，尽管美欧的产业数字化程度略高于中国，但差距并不明显。

三 中美欧数字贸易比较分析

数字贸易能够反映中美欧数字经济的竞争格局。数字贸易不同于数字经济规模：中美欧在数字经济规模上的格局，并不一定与数字贸易的格局一致。因此，在比较各国和地区数字经济规模的基础上，需要进一步对比数字贸易情况。在经济全球化的国际市场上，生产、分工与贸易等都是差异化产品下的选择偏好所致,是自由竞争的结果,因此仍然可以在国际贸易分析框架中进行比较分析,通过进出口额、贸易盈余等指标对各国和地区数字贸易国际竞争力进行分析。例如,数字经济中的某个产业有贸易盈余,代表该产业下的产品或服务更受国际市场用户欢迎,无论这种欢迎是源于产品价格的低廉,还是源于产品本身的独特,只要其争取到了国际市场订单,实现了数字贸易盈余,就说明其具有国际比较优势。

(一)中美欧数字贸易比较

根据 WTO 细分行业数据,数字贸易进出口分为数字货物进出口和数字服务进出口两大部分。其中,与 ICT 制造业相关的可被称为数字货物,包括电子数据处理和办公设备、电信设备以及集成电路和电子元器件 3 个细分行业;与 ICT 服务业相关的被称为数字服务,包括其他商业服务中的电信、电脑和信息服务 3 个细分行业。2019 年中美欧数字贸易的统计结果见表 2。

表 2　2019 年中美欧数字贸易统计结果

单位:亿美元,%

国家（地区）	数字出口						数字贸易		
	数字货物		数字服务		出口合计		数字货物净出口额	数字服务净出口额	贸易合计净出口额
	出口额	占比	出口额	占比	出口额	占比			
中国	6522	32.2	538	7.9	7060	26.0	1978	269	2247
美国	1485	7.3	557	8.1	2041	7.5	-1919	119	-1799
欧盟（全部）	3638	18.0	3347	48.9	6985	25.8	-1034	1808	774
欧盟（对外）	1176	5.8	1949	28.5	3125	11.5	-1220	1120	-100
其他	8621	42.5	2400	35.1	11021	40.7	-1369	758	-611

资料来源:数据来源于世界贸易组织数据库(https://stats.wto.org)。

注:"欧盟(全部)"代表欧盟 28 国的全部贸易情况,"欧盟(对外)"即剥离了欧盟 28 国内部成员国之间的贸易流通数据。

数字出口是数字货物出口与数字服务出口之和,能够反映一个国家或地区的数字经济在全球市场中的竞争实力。数据显示,中美欧三大经济体的数字出口占全球出口额的近 60%。其中,中国数字出口达到 7060 亿美元,占全球数字出口额的 26.0%,全球排名第一,高于欧盟的 6985 亿美元，也远高于美国的2041亿美元。需要注意的是，欧盟有55%的数字出口是其内部成员国之间的贸易往来，在剥离了欧盟28国内部成员国之间的贸易流通数据后，欧盟对外数字出口额为3125亿美元，占全球数字出口额的11.5%。

数字贸易盈余是数字货物和数字服务的净出口规模，即用一国的数字出口额减去其数字进口额，反映一个国家或地区的数字经济融入或依赖全球市场的程度。数据显示，中国是数字贸易顺差最大的国家，顺差达到2247亿美元。相比之下，美国则是数字贸易逆差最大的国家，逆差高达1799亿美元。欧盟对外数字贸易存在100亿美元的逆差，相对比较均衡。

从数字货物来看，中国具有绝对竞争优势。2019年，中国数字货物出口6522亿美元，是美国的4倍多，明显高于欧盟（全部）的3638亿美元。从贸易盈余来看，中国是绝对的第一大国，数字货物贸易盈余达1978亿美元，而欧美数字货物贸易处于贸易逆差状态。中国是电子设备制造业大国，在全球市场占有竞争优势，生产的电子设备供应欧美等全球主要市场。

从数字服务来看，欧盟为数字服务第一大经济体，占全球出口市场的48.9%，除去欧盟内部成员国之间的贸易流通数据，仍然占全球的28.5%。从数字服务进出口情况来看，欧盟的数字服务贸易盈余所体现的优势更为明显。但从欧盟内部来看，除了爱尔兰一国凭借特殊的政策定位与区位优势成为欧洲"硅谷"，数字服务出口常年稳居全球首位外，其余欧盟国家的数字服务出口额均低于中国。美国数字服务出口额为557亿美元，略高于中国的538亿美元，但是从贸易盈余来看，中国为269亿美元，高于美国的119亿美元。

（二）中美欧数字贸易目标地与来源地分析

为进一步分析中美欧的数字贸易格局，明确各经济体在数字贸易领域的互动与依赖关系，有必要对数字贸易的进出口国别或地区结构进行进一步分析。联合国商品贸易统计数据库（UN Comtrade）的优势在于其包含了全球200个国家或地区统计部门所报告的详细进出口数据，且涵盖国家或地区两两之间的贸易规模，可反映两个国家或地区之间在特定产业上的贸易强度（乔天宇等，2022），但是其中美欧数字服务贸易的数据仅更新至2017年。世界贸易组织数据库虽然缺乏在数字货物贸易领域的国家间进出口数据，但其包括最新的各经济体之间的数字服务贸易数据。为使研究结果兼具完备性与时效性，本文使用联合国商品贸易统计数据库（UN Comtrade）分析2020年数字货物贸易情况，使用世界贸易组织数据库分析2019年数字服务贸易情况。

2020年中美欧在数字货物贸易领域进出口排名前十的国家或地区见表3。中国大陆是美国和欧盟数字货物最重要的进口来源地，占美国36.5%以及欧盟50.3%的进口份额；中国大陆是欧盟第二大、美国第四大数字货物出口目标地。由此可见，中美欧在数字货物贸易领域彼此依赖。

表3 2020年中美欧数字货物贸易出口目标地与进口来源地前十名

单位：%

排序	中国 出口目标地	占比	中国 进口来源地	占比	美国 出口目标地	占比	美国 进口来源地	占比	欧盟 出口目标地	占比	欧盟 进口来源地	占比
1	中国香港	20.6	日本	15.5	墨西哥	21.1	中国大陆	36.5	美国	14.1	中国大陆	50.3
2	欧盟	17.6	中国台湾	13.0	欧盟	15.5	墨西哥	14.9	中国大陆	13.3	越南	7.5
3	美国	17.4	韩国	12.9	加拿大	12.6	越南	9.1	瑞士	6.0	美国	6.0
4	日本	5.1	越南	12.0	中国大陆	8.6	中国台湾	6.6	中国台湾	5.1	日本	4.1
5	荷兰	5.0	欧盟	8.0	韩国	5.9	欧盟	6.4	韩国	5.0	马来西亚	3.3
6	越南	4.7	美国	3.0	中国香港	4.7	韩国	5.7	俄罗斯	3.5	中国台湾	3.3
7	韩国	3.4	马来西亚	2.9	日本	4.7	日本	5.2	挪威	3.1	韩国	2.6
8	印度	2.9	德国	2.7	中国台湾	4.5	马来西亚	4.5	日本	2.9	泰国	1.9
9	墨西哥	2.8	泰国	2.2	荷兰	4.0	泰国	3.1	土耳其	2.8	墨西哥	1.5
10	德国	2.6	新加坡	1.9	德国	3.2	德国	1.8	中国香港	2.0	摩洛哥	1.5

资料来源：数据来源于联合国商品贸易统计数据库（UN Comtrade），文中采用最新披露数据。

注：对欧盟数字货物贸易出口目标地与进口来源地的统计剥离了欧盟成员国相互之间的贸易数据。

2019年中美欧在数字服务贸易领域进出口排名前十的国家或地区见表4。其中，欧盟和美国是中国重要的数字服务出口目标地，中国47.3%的数字服务向美欧出口；与此同时，中国也高度依赖美欧对华的数字服务贸易出口，欧盟与美国合计占中国数字服务贸易中56.3%的进口份额。美欧在数字服务贸易领域呈现彼此依赖的特征。美国31.4%的数字服务出口到欧盟，欧盟也是美国第二大数字服务进口来源地；而对于欧盟而言，美国是其最重要的数字服务出口目标地和进口来源地，欧盟对美国市场的依赖程度更高。中国未进入美国数字服务贸易出口目标地与进口来源地前十，而欧盟则是其最大的数字服务出口目标地和第二大数字服务进口来源地。

表4 2019年中美欧数字服务贸易出口目标地与进口来源地前十名

单位：%

排序	中国 出口目标地	占比	中国 进口来源地	占比	美国 出口目标地	占比	美国 进口来源地	占比	欧盟 出口目标地	占比	欧盟 进口来源地	占比
1	欧盟	24.4	欧盟	38.4	欧盟	31.4	印度	35.0	美国	71.8	美国	34.4
2	美国	22.9	英国	18.5	加拿大	10.3	欧盟	31.1	瑞士	18.6	印度	7.4
3	中国香港	16.2	美国	17.9	英国	8.8	爱尔兰	14.4	澳大利亚	7.0	瑞士	7.3
4	日本	5.5	中国香港	14.5	日本	7.0	加拿大	10.7	挪威	5.8	百慕大地区	2.6
5	英国	4.5	新加坡	6.1	爱尔兰	6.0	英国	7.0	日本	4.9	中国内地	2.5
6	新加坡	4.0	爱尔兰	4.5	巴西	5.8	菲律宾	3.1	新加坡	4.8	加拿大	2.1
7	澳大利亚	3.1	德国	4.5	瑞士	5.4	挪威	2.1	中国内地	4.7	挪威	1.9
8	德国	3.0	韩国	3.6	澳大利亚	4.2	墨西哥	1.9	阿联酋	3.6	摩洛哥	1.9
9	荷兰	2.7	澳大利亚	2.8	德国	4.0	德国	1.8	俄罗斯	3.2	新加坡	1.8
10	意大利	2.0	日本	2.1	墨西哥	3.6	瑞士	1.5	印度	3.0	以色列	1.4

资料来源：数据来源于世界贸易组织数据库（https://stats.wto.org）。

注：对欧盟数字服务贸易出口目标地与进口来源地的统计剥离了欧盟成员国相互之间的贸易数据。

（三）中国数字贸易结构分析

为进一步分析电子设备制造业、信息服务业和数字媒体业这三大数字行业在中国数字经济中的贸易地位变化情况，以及更加细分行业如电子元器件行业的进出口情况，本文对 2002~2018 年国家统计局投入产出表的数据进行分析，结果见表 5。2002~2017 年中国数字贸易整体上呈现较快增长趋势，净出口从 2002 年的 -650.1 亿元增长到 2017 年的 7620.5 亿元，但是在 2012~2015 年呈下降趋势。从贸易结构上看，电子设备制造业净出口在 2017 年达到 7722.3 亿元峰值，是整体数字贸易盈余的 101%，其他年份也占 95% 以上，说明中国数字货物贸易主要是由电子设备制造业拉动的。然而，电子设备制造业中的电子元器件一直处于贸易赤字状态，而且赤字规模逐年增大，成为国际竞争最为薄弱的环节。信息服务业贸易在 2010 年以前呈增长趋势，并在 2010 年达到顶峰（429.1 亿元），之后逐年减少（2017 年有所增加），到 2018 首次出现贸易逆差。数字媒体业则主要为贸易赤字，尤其是 2015 年赤字达到峰值（1460.5 亿元），表明中国数字媒体业的国际竞争劣势地位尚未根本改变。

表 5　2002~2018 年部分年份中国数字贸易盈余及其产业结构净出口情况

单位：亿元

年份	电子设备制造业	电子元器件	信息服务业	数字媒体业	数字贸易
2002	-599.4	-2644.1	16.0	-66.7	-650.1
2005	2113.6		63.9	49.7	2227.2
2007	5078.8	-7414.6	47.5	-37.2	5089.2
2010	6464.0		429.1	-107.5	6785.5
2012	6079.2	-9804.2	258.8	-350.6	5987.5
2015	5230.8		160.0	-1460.5	3930.2
2017	7722.3	-13447.0	286.1	-387.9	7620.5
2018	6315.3	-15594.7	-213.9	-887.1	5214.4

资料来源：数据来源于国家统计局，空白部分代表数据缺失。

注：数字媒体业数据波动较大，与部分年份没有披露细分行业数据而以"文化、体育和娱乐"行业数据代替有关。

四 中美欧数字经济与数字贸易格局研判及对策建议

随着数字技术的快速发展及其在众多行业中的普遍应用,数字经济与数字贸易的概念内涵与测算范围也在不断拓展。很多研究基于不同层面的理解,采用不同方法进行测算,导致测算结果的不一致,给科学客观地研判中美欧数字经济与数字贸易格局造成了困难。然而,多样化的定义和测算方式,为研判中美欧数字经济与数字贸易格局提供了多重数据来源与多种比较方法。本文通过对中美欧数字经济和数字贸易的比较分析,得到以下基本结论。

第一,从规模格局来看,全球形成了中美欧三足鼎立的数字经济格局。具体而言,2018年中国的核心数字经济规模为美国的48%、欧盟的80%,2018年中国的狭义数字经济规模约为美国的52%,2019年中国的广义数字经济规模约为美国的38%、欧盟的71%。三种统计口径下的数据均表明,美国是世界第一数字经济大国。尽管中国有超大市场规模优势,但是在数字经济领域,与美国和欧盟相比仍有不小差距。

第二,从结构格局来看,美国和欧盟数字经济的发展要比中国更具优势,中国处于"大而不优"的状态。从核心数字经济来看,美欧电子设备制造业所占比例均不到10%,而中国达到41%(见图1),导致具有高创新性和高价值部分的信息服务业和数字媒体业的潜能未能释放。从广义数字经济来看,中国产业数字化规模占数字经济的比重也低于美国、英国、德国等主要发达国家,说明中国数字经济融合实体经济的水平还不够,尚未能在广阔的实体经济领域开辟新的增长空间。这种情况也反映在就业结构上,中国数字产业就业以电子设备制造业的产业工人为主,而美欧以信息服务业的技术工程师为主。可见,中国数字经济中电子设备制造业作为"硬件部分"占比太高,而信息服务业和数字媒体业作为"软件部分"仍有很大提升空间。

第三,从动态格局来看,中国与美国之间的数字经济规模差距逐渐缩小,但数字经济增长速度并没有像美国那样比传统经济增长更快,处于"快而不先"状态。近年来,中国数字经济发展速度的提升得益于国民经济的整体增长,但其增长势头并未超越传统经济,导致数字经济占GDP的比重没有明显提升,这与数字经济一直稳步发展的美国非常不同。这说明,中国数字经济尚未在国内市场赢得更大的发展空间，尚需挖掘实体经济的潜力。美国数字经济的增长速度却是GDP增速的近2倍，数字经济规模占GDP的比重不断提高，在国内的发展空间也不断扩大。当然，这也可能与美国整体经济脱实向虚有关。

第四，从竞争格局来看，中国在数字货物贸易上占优势地位，欧盟在数字服务贸易上占优势生态位，但是中国在数字贸易上尚未占优势生态位，处于贸易盈余而竞争不赢的"盈而不赢"状态。在数字货物贸易方面，尽管中国赢得了全球第一的数字贸易顺差大国地位，但在关键核心产业链上劣势明显。由于在芯片等电子元器件方面劣势明显，中国在电子设备制造业的优势地位存在被他国赶超的风险。与此同时，占中国数字经济最大份额的信息服务业，其出口规模不到电子设备制造业的5%，难以成为数字贸易新的核心支柱，更不用提一直处于贸易逆差状态的数字媒体业。因此，未来中国数字贸易的可持续竞争优势面临严峻挑战。

第五，从依赖格局来看，中国数字经济中只有电子设备制造业的硬件产品充分融入了欧美产业链，而信息服务业和数字媒体业在欧美等主流市场处于竞争劣势，这反映出中国数字经济内部的产业结构并不优化的状态。在数字货物贸易方面，欧美依赖从中国进口电子设备，中国分别贡献了欧盟50.3%及美国36.5%的进口额度，而仅有不足一成的进口额来自欧美，较欧美处于绝对优势状态。在数字服务贸易方面，2019年中国从欧美的进口份额分别达到38.4%和17.9%；美欧之间相互依赖，但对中国的依赖程度非常低，来自中国的进口份额均低于3%。

综上，近年来中国数字经济发展较快、成效显著，但相较于美国与欧盟，则在规模格局、结构格局、动态格局、竞争格局和依赖格局上处于"大而不优、快而不先、盈而不赢"的状态。一方面，数字经济的发展格局与传统经济的关联密切，甚至是传统经济格局的延续。例如，中国是制造业大国，而电子设备制造业作为核心数字经济的部分，几乎是中国数字出口的所有来源，而欧美等发达国家却存在巨大贸易逆差。另一方面，中国数字经济也存在规模与优势的错配情况，信息服务业和数字媒体业在国际数字服务市场缺乏竞争力，但是其规模在国内却是电子设备制造业的1.4倍。为实现做大数字经济规模、做优数字经济结构、提升数字贸易竞争力等战略目标，本文提出以下对策建议。

第一，全面优化数字经济结构。从核心数字经济来看，要推动电子设备制造业升级，同时促进信息服务业和数字媒体业发展，进一步提高数字服务业占核心数字经济的比重。从狭义数字经济来看，要加快基于大数据、人工智能等新一代信息技术的新业态、新模式产业创新，由于这些产业具有高知识密集型特征，需要数字技术的创新链与产业链协同发展和双轮驱动。从广义数字经济来看，要提高产业数字化占数字经济的比重，加快推进各行业数字化转型进程，增强数字技术对传统经济的融合促进作用，强化数字技术在其他传统行业的渗透融合，实现降本增效、质量提升等，促进经济高质量发展。从国民经济发展状况来看，要加快数字经济相对于其他类型经济的发展速度，以提高数字经济规模占GDP的比重。

第二，强化竞争优势，调整产业结构。要强化中国在电子设备制造业上的规模优势和贸易优势，更要加紧弥补在电子元器件方面的制造劣势。近年来，受到美国对中国芯片等关键电子元器件的制裁与限制，电子设备制造业的国际竞争优势已大为受损。为此，需要开展芯片等电子元器件关键技术攻关，逐步减少对进口的依赖。

第三，在信息服务业培育新优势。增强信息服务业在国内传统行业中的渗透与协同作用，对外积极开拓欧美国家市场。信息服务业是数字经济中高价值的部分，数字服务全球产业链的加速延伸也是当今新技术推动全球产业链升级的一大特征，但近年来信息服务业在中国的发展速度有所下降，这可能与消费互联网进入发展瓶颈，同时国家加大了对互联网垄断的管制、个人信息与数据安全等的保护力度有关。建议在加强数字经济制度建设的同时，鼓励技术创新、数据创新和制度创新，尽快释放中国超大市场规模和超大人口量级带来的海量数据的潜在价值。尤其重要的是，要加快推动工业互联网的发展进程，通过数字化赋能制造业，发挥信息服务业在巩固中国全球制造业中心上的巨大作用。

第四，在数字媒体业扭转劣势。新闻和出版业以及广播、电视、电影和影视录音制作常年处于贸易逆差状态，这反映出中国在影视作品等数字内容行业的国际劣势。为此，要加大对数字媒体业龙头企业的扶持力度，为其开拓国际市场扫除技术、标准、制度等一系列障碍，从而让中国文娱类产品打开国际市场，通过文化输出提升国家影响力。

本文旨在通过数据分析中国数字经济所处的格局和未来发展趋势，并据此提出相应的对策。未来可进一步分析中美欧数字经济与数字贸易格局形成的重要原因。另外，发展数字贸易对中国数字经济的可持续发展有何意义，如何制定更加有利的数字贸易政策，回应数据跨境流动、海外数字税收等现实问题，也是亟待研究的重大课题。

参考文献

蔡跃洲，2018，《数字经济的增加值及贡献度测算：历史沿革、理论基础与方法框架》，《求是学刊》第 5 期，第 65～71 页。

国家统计局，2021，《数字经济及其核心产业统计分类（2021）》，https：//baijiahao. baidu. com/s？id = 1701586889253852550&wfr = spider&for = pc。

江小涓、孟丽君，2021，《内循环为主、外循环赋能与更高水平双循环：国际经验与中国实践》，《管理世界》第 1 期，第 1～19 页。

康铁祥，2008，《中国数字经济规模测算研究》，《当代财经》第 3 期，第 118～121 页。

蓝庆新、窦凯，2019，《美欧日数字贸易的内涵演变、发展趋势及中国策略》，《国际贸易》第 6 期，第 48～54 页。

刘斌、甄洋、李小帆，2021，《规制融合对数字贸易的影响：基于 WIOD 数字内容行业的检验》，《世界经济》第 7 期，第 3～28 页。

马述忠、房超、梁银锋，2018，《数字贸易及其时代价值与研究展望》，《国际贸易问题》第 10 期，第 16～30 页。

乔天宇、张蕴洁、李铮、赵越、邱泽奇，2022，《国际数字生态指数的测算与分析》，《电子政务》第 3 期，第 17～30 页。

许宪春、张美慧，2020，《中国数字经济规模测算研究：基于国际比较的视角》，《中国工业经济》第 5 期，第 25～43 页。

中国信息通信研究院，2019，《中国数字经济发展与就业白皮书（2019）》，https：//wenku. baidu. com/view/9cd3d908951ea76e58fafab069dc5022abea464b. html？_wkts_ = 1692663 296863&bdQuery = % E4% B8% AD% E5% 9B% BD% E4% BF% A1% E6% 81% AF% E9% 80% 9A% E4% BF% A1% E7% A0% 94% E7% A9% B6% E9% 99% A2% 3A% E3% 80% 8A% E4% B8% AD% E5% 9B% BD% E6% 95% B0% E5% AD% 97% E7% BB% 8F% E6% B5% 8E% E5% 8F% 91% E5% B1% 95% E4% B8% 8E% E5% B0% B1% E4% B8% 9A% E7% 99% BD% E7% 9A% AE% E4% B9% A6% E3% 80% 8B% 2C2019% E5% B9% B4。

中国信息通信研究院，2020，《全球数字经济新图景（2020 年）——大变局下的可持续发展新动能》，http：//www. 360doc. com/content/21/0224/07/53746720_963657781. shtml。

Barefoot, Kevin, Dave Curtis, & William Jolliff. 2018. "Defining and Measuring the Digital Economy." Washington: Bureau of Economic Analysis.

Bukht, Rumana & Richard Heeks. 2017. "Defining, Conceptualising and Measuring the Digital Economy." *Development Informatics Working Paper*, 68: 1–26.

García-Herrero, Alicia & Xu Jianwei. 2018. "How Big is China's Digital Economy?", 17 May, https://www.bruegel.org/working-paper/how-big-chinas-digital-economy.

IMF. 2018. "Measuring the Digital Economy", April 3, https://www.imf.org/en/Publications/Policy-Papers/Issues/2018/04/03/022818-measuring-the-digital-economy.

OECD. 2014. *Measuring the Digital Economy: A New Perspective.* Paris: OECD Publishing.

OECD. 2017. *Digital Economy Outlook 2017.* Paris: OECD Publishing.

OECD, WTO, & IMF. 2020. *Handbook on Measuring Digital Trade* (Version 1), https://www.oecd.org/sdd/its/Handbook-on-Measuring-Digital-Trade-Version-1.pdf.

United States International Trade Commission. 2013. "Digital Trade in the U.S. and Global Economies, part 1", 2013-07, https://www.usitc.gov/publications/332/pub4415.pdf.

United States International Trade Commission. 2014. "Digital Trade in the U.S. and Global Economies, part 2", 2014-08, https://www.usitc.gov/publications/332/pub4485.pdf.

United States International Trade Commission. 2017. "Global Digital Trade 1: Market Opportunities and Key Foreign Trade Restrictions", 2017-08, https://www.usitc.gov/publications/332/pub4716.pdf.

Weber, Rolf H. 2010. "Digital Trade in WTO-Law-Taking Stock and Looking Ahead." *Asian Journal of WTO & International Health Law and Policy*, 5: 1–24.

［原文载于《西安交通大学学报》（社会科学版）2022年第3期；
收入本辑时有修改］

·应用探索与创新研究·

半导体技术创新与产业发展的复杂性研究

李 铮 乔天宇 邱泽奇[*]

摘 要 伴随数字化发展对社会各方面渗透程度的不断加深,数字产业已成为各国经济增长的新引擎,创新与产业融合发展则是推动各国技术创新和数字产业发展的重要途径。半导体材料作为数字产品生产的重要基础,因其较高的技术门槛和高附加值,成为各国数字化竞争的新赛道。本文基于复杂性研究的相关理念对数字领域以及半导体行业进行数据分析,识别出数字创新与产业融合发展的4种模式,并分析了中国半导体行业的发展现状。此外,本文还根据半导体行业的发展特点和中国半导体行业发展现状,对中国半导体行业未来的发展方向进行研判,并对其中所需要的数字创新和产业条件进行讨论,以为中国制定半导体发展政策提供参考。

关键词 数字化发展 数字创新与产业融合发展 半导体行业 复杂性分析

一 半导体竞争:数字化竞争新赛道

伴随数字技术的创新及其在各领域的广泛应用,以数字技术为基础的数字化变革日益成为社会经济发展的重要驱动力。数字技术在使人类生产活动的关联日益紧密的同时,也加快了各国在数字领域的分工进程,并催

---

[*] 李铮,北京大学社会学系博士研究生;研究方向为技术社会学、计算社会学。乔天宇,北京大学大数据分析与应用技术国家工程实验室博士后;研究方向为技术社会学、组织社会学、计算社会学。邱泽奇,北京大学中国社会与发展研究中心主任、数字治理研究中心主任,北京大学博雅特聘教授、社会学系教授;研究方向为技术应用社会变迁、组织社会学、社会研究方法。

生出一批具有高附加值的数字产业。推动数字技术创新、发展高质量数字产业已成为各国提升数字竞争力的重要途径之一，以半导体相关产业为代表的高精尖数字产业日益成为各国博弈的焦点。

半导体材料是一种导电能力介于导体和绝缘体之间的电子材料，是数字产品研发和制造不可或缺的重要基础。20 世纪中叶以来，半导体材料中的半导体晶体管被广泛运用于集成电路的制造中，进而推动电子工业产业蓬勃发展。此外，根据摩尔定律，半导体还具有容量和性能呈指数级增长的特点，如今第三代半导体材料（宽禁带半导体材料）已逐步被运用到数字产品的制造中，为 5G 技术、新能源汽车、物联网等的发展提供关键支撑。因此，各数字制造业强国均将半导体相关产业的发展视作数字产业发展的重中之重。

近年来，中美两国都将半导体相关产业视为推动数字化发展的重要基础。中国半导体行业的发展面临来自以美国为首的西方国家的诸多挑战：一方面，美国通过政策禁令和企业罚款不断加码中国科技企业在美发展的限制，阻碍中国企业和中国数字产品的"出海"进程；另一方面，美国垄断核心数字技术研发和数字产品制造，建立对中国的创新和产业壁垒，禁止中国使用重要工业软件，禁止中国科技企业购买高端芯片，等等。由于中国数字产业的发展正由以零部件制造和产品组装为主的代加工厂模式向以核心技术和产品自主研发为主的模式转变，因此目前在计算机芯片、半导体分立器等半导体产品上仍依赖从别国进口。但中国政府出台了一系列半导体行业相关政策，以探索半导体行业自主发展的新路径。总体来看，中国在半导体技术创新和产业发展方面仍有较大的空间与潜力。

当前中国半导体行业亟待解决的问题是明确行业的发展方向，目前大多数相关研究更关注如何提高中国半导体行业的创新能力。部分学者试图从专利申请数据中识别半导体行业的核心技术，并期望探索出适合中国的半导体创新发展路径（周雷等，2019）。也有学者更关注半导体相关技术创新成果如何在不同企业组织间扩散，并从组织内部协作和组织发展环境的角度论述我国半导体企业的发展困境与机遇（彭志国，2002；吴晓波等，2016）。较少有研究从创新与产业融合发展的视角出发，对半导体行业发展路径进行宏观考察。本文试图从数字创新和产业融合发展的角度，说明哪些数字创新专利和产品类型是中国半导体行业可行的发展方向，并对相关方向所需的数字创新和产业基础进行分析,从而为制定半导体行业发展政策提供参考。

本文讨论的半导体行业既包括半导体材料相关产业,也包括以半导体材料为原料的各类数字产品制造业。本文计划从以下三个方面展开研究。首先,本文将构建由各类型数字创新专利构成的数字领域创新专利空间和由数字产品构成的数字领域产品空间,并识别出半导体数字创新专利类型和数字产品类型。其次,基于各国多时点的创新和产业发展数据,探究数字创新与产业融合发展的作用机制,并将研究结果运用到半导体行业。最后,对中国半导体行业的发展现状进行描述,基于数字创新和产业融合发展模式与复杂性分析,对中国可优先发展的半导体数字创新专利和产品类型进行研判,并说明其发展所需的数字创新和产业条件,从而为制定半导体发展战略提供政策抓手。

本文的贡献主要体现在以下四个方面:第一,本文描述了数字领域创新专利空间和数字领域产品空间,揭示数字领域不同创新专利之间、产品之间的关系,并对半导体数字创新专利和产品的范围进行了界定;第二,基于数字领域创新专利空间和数字领域产品空间,本文尝试说明数字创新和产业融合发展的不同模式;第三,本文以复杂性分析作为研究的基本视角,对半导体数字创新专利和产品的发展特征进行分析;第四,从半导体行业发展特点和中国半导体行业发展现状两个角度对中国半导体行业的未来发展方向进行研判并提出政策建议。

二 技术创新与产业发展的复杂性研究

(一)经典理论下技术创新与产业发展间的关系

对于技术进步、产业发展与经济增长之间的关系,发展经济学的各个流派给出了不同的解释。特别是在讨论技术创新和产业发展间的关系时,相关学者往往将技术创新作为解释产业发展的重要变量。针对技术创新如何作用于经济增长这一问题。哈罗德在凯恩斯理论的基础上,提出了著名的"哈罗德-多马模型"(Harrod-Domar Model)(哈罗德,2013),在该模型中,技术参与社会生产过程的状态是既定不变的,因此技术进步未对社会生产产生影响。20世纪60年代以来，新古典经济学对"哈罗德-多马模型"进行了一定程度的修正。在著名的"索洛增长模型"（Solow Growth Model）中，技术被视作影响经济增长的外生因素（索洛，1991）；随着技术创新在经济增长中的作用越发不能被忽视，索洛用"生产技术变化"这一变量对既往的模型进行了修正（索洛，2015）。

20世纪90年代，内生经济增长理论逐步发展，弥补了早期发展经济学在讨论影响经济增长要素时对技术创新效用的忽视。内生经济增长理论认为经济长期增长主要是由内生因素决定的，其中技术创新被视为促进物质资本积累的重要因素，可作为经济发展的内生因素被纳入模型之中。内生经济增长理论还对技术创新等内生因素如何作用于产业发展的机制进行了论述。罗默在其内生经济增长模型中，在资本和劳动两个生产要素的基础上，将劳动者具备的知识和物质产品所体现出的技术水平作为推动经济增长的要素（Romer，1990）。采用内生经济增长理论的其他学者也尝试从企业发展的角度出发，关注企业内人力资本积累和技术创新这两大要素如何推动企业效益的提升，并最终推动社会经济增长（Aghion and Howitt，1992）。

产业创新理论更直接回应了技术创新和产业发展之间的关系这一议题。产业创新理论可追溯至著名经济学家熊彼特对创新的定义。熊彼特认为创新是将既往未曾使用过的生产要素和生产条件的组合引入生产过程中（熊彼特，2015）。产业创新理论的另一个重要理论来源是国家创新系统理论，在熊彼特有关创新的理论基础上，以国家创新发展状况作为研究对象，讨论一国的制度环境对其创新发展的作用（尼尔森，2012），或者国家在发展过程中如何通过技术创新实现其产业结构的优化（波特，2002）。由此可见，产业创新理论往往将产业发展置于创新的诸多环节之中，并认为技术创新对产业发展具有正向作用。不少学者试图对技术创新对产业发展的作用模式进行分析，主要存在两条研究进路：一条研究进路从产业发展的角度出发，通过实证数据论证技术创新在不同类型产业发展中的作用；另一条研究进路则从技术创新类型的角度出发，将技术创新分为"探索式创新-利用式创新"或"渐进式创新-开放式创新"，分析不同的技术创新类型在产业发展不同阶段中的作用[①]。

---

① 相关研究如March，1991；游达明等，2015。

综上所述，无论是在宏观层次讨论经济增长的抽象模型，还是从企业角度分析影响产业发展的关键要素，技术创新和产业发展间的关系一直是理解经济发展的重要因素，也是学界关注的焦点之一。然而，在经典理论和研究中，虽然能通过建立效用函数分析技术创新等要素在推动经济发展中的具体作用，但技术创新和产业发展间的关系往往是单向而非双向的，且较为抽象的经济学模型能否被运用于不同国家（地区）的环境以及不同的产业类型还有待商榷。

（二）复杂性分析的理念

复杂经济学综合多学科优势，从经济要素间关系的角度发展了经济增长理论（Hidalgo，2021）。传统经济增长理论更倾向于明晰何种要素对经济发展有益，并对不同要素在经济增长中的作用进行分析；与之相比，复杂性分析则通过诸多细颗粒度的经济数据，归纳出更多的影响经济发展的要素，并探究要素推动经济发展的相关机制。因此，与既往研究更多地考察生产要素投入不同，复杂性分析更强调在促进经济增长时不同要素彼此间的作用关系（Hidalgo，2021）。

复杂性分析假定一个产品中蕴含了生产其所需的知识、技术等能力，通过分析各类型产品的生产条件，揭示不同类型产品间的关系，即当生产两类产品所需的基础条件和能力要求越相近时，则两类产品的相关程度越高（Hausmann and Klinger，2006；Hidalgo et al.，2007）。在将复杂性分析的基本逻辑运用于研究国家（地区）经济发展和产业升级时，可以把国家（地区）的产业发展理解为：当一个国家（地区）可以生产一类产品时，意味着其具有生产该产品相关联的各项能力，国家（地区）产业的拓展会发生在关联程度较高的产业之间，即当一国（地区）在某类产业上具有发展优势时，未来更容易在与其生产条件相近的产业方面建立优势。因此相关理论也为国家（地区）间经济发展和产业升级的路径差异提供了一种新的解释：不同国家（地区）的产业发展受制于其过往形成的优势产业以及优势产业与其他类型产业，特别是高附加值产业间的关联程度。这意味着经济发展处于弱势地位的国家（地区）虽然有意进行产业升级，但由于与其优势产业相关联的产业类型较少，或者相关联产业的经济附加值较低，其核心产业在由低附加值产业向高附加值产业转变的过程中会遭遇阻碍，最终其产业转型的目标难以实现。

与传统经济增长理论直接将技术和知识投入纳入模型不同，复杂性分析通过对"关系"的分析将国家（地区）等主体、不同的创新和产业类型以及各项生产要素统一于经济发展的讨论中。复杂性分析所关注的"关系"包含两个维度：其一是不同产品间的关系，其本质在于对产品生产条件的分析，并通过产品间的关系展现产品生产背后有关能力、技术等生产要素之间的关系。其二则是在产业发展的基础上，建立产业与国家（地区）等主体之间的关系。复杂性分析一方面可以通过实证数据呈现国家（地区）不同类型产业的发展情况，并在同一量纲下对不同国家（地区）的产业发展情况进行比较；另一方面也可以体现国家（地区）与产业发展间动态的关系演化过程，进而寻找到国家（地区）产业结构转型的关键时间节点，并将其作为因果推论的重要基础。

得益于可收集的多元丰富的数据和数据分析方法的进步，越来越多的学者采用复杂性分析的方法解释国家（地区）经济增长和产业发展的变化趋势。有研究者采用复杂性分析的方法分析各国（地区）产业的发展现状以及各产业的发展特征（Abdon et al.，2010；Felipe et al.，2012）；也有研究者用其分析国家（地区）产业变化的趋势和发展模式（Jankowska et al.，2012；Boschma et al.，2013）；还有研究者基于多时点的实证数据，对国家（地区）的产业经济发展情况进行预测（Vidmer et al.，2015）。复杂性分析的方法不仅可被用于研究国家（地区）的经济发展情况，也具有极强的延伸性，可被用于不同类型的问题研究中。学界也将相关研究方法用于解释技术创新活动（Kogler et al.，2013）、人类健康（Vu，2020）、气候变化（Neagu and Teodoru，2019；Can and Gozgor，2017）以及创新研究方法等领域。国内有关复杂性的研究主要集中在产业发展领域，部分学者运用复杂性分析的方法对中国产业发展的动态演化和优化发展路径的相关问题进行了探索，以为中国明确产业发展方向、制定产业发展战略提供参考[①]。因此，复杂性分析的方法与本文的研究目的高度适配，其理论视角兼具不同学科的优势。

[①] 相关研究如张其仔、李颢，2013；贺灿飞等，2017；刘守英、杨继东，2019。

（三）复杂性分析的方法

1. 优势矩阵的建立

优势矩阵是进行复杂性分析的重要基础之一。优势矩阵通过 0-1 变量表现国家在各个创新和产业领域是否具有比较优势，有助于直观了解各国当前数字创新和数字产业的发展状况。优势矩阵的计算以显性比较优势（Revealed Comparative Advantage，RCA）指数为基础。RCA 是一种测算国家在某一类型的产业发展中是否具有比较发展优势的方法（Hidalgo et al.，2007），该方法还可迁移至科研能力评估、国家创新成果测量等方面，具体的计算方法如下：

$$RCA(c,i) = \frac{\frac{x(c,i)}{\sum_{i} x(c,i)}}{\frac{\sum_{c} x(c,i)}{\sum_{i,c} x(c,i)}} \quad (1)$$

式中，$x(c,i)$ 为国家 c 的 i 类产品（专利）的价值（数量）；$\sum_{i} x(c,i)$ 代表国家 c 所有类型的产品（专利）的价值（数量）总和；$\sum_{c} x(c,i)$ 代表在所有国家中 i 类产品（专利）的价值（数量）总和；$\sum_{i,c} x(c,i)$ 代表在所有国家中所有类别产品（专利）的价值（数量）总和。因此，研究定义为：当 $RCA(c,i) > 1$ 时，即当 i 类产品（专利）在国家 c 中的份额大于该类产品（专利）在全球范围内的份额时，认为国家 c 在 i 类产品（专利）的发展上具备显性比较优势。

根据以上计算方法，可计算出各国在不同数字创新和产业领域是否具有显性比较优势，从而可以得到国家-数字创新、国家-数字产业的优势矩阵，为进一步研究各国数字化发展状况、探究数字创新和产业间的融合关系奠定基础。

研究在分析数字创新和产业融合发展的总体状况时借鉴了 Hidalgo 等构建"产品空间"方法（Hidalgo et al.，2007）。"产品空间"方法不仅可用于分析产业间关系，还可用于创新成果发展演化的研究。这一方法的优势在于通过实证数据客观反映不同创新成果间、不同产业间的关系，避免因主观判断影响对一国创新和产业优势扩散的分析；此外，运用"产品空间"方法研究具体行业的发展时，可将各国创新和产业的发展置于数字领域发展的总体格局之中，从更宏观的视角探寻各类创新和产业的发展在数字领域创新专利空间和数字领域产品空间中的位置。

对"产品空间"和"创新专利空间"的构建须以相似性（proximity）指数的计算为核心。在国家-数字创新、国家-数字产业优势矩阵计算的基础上，本文通过相似性的高低来体现不同数字创新专利之间和数字产品之间的关系。相似性指数可用于衡量两类数字产品（创新专利）生产（研发）所需条件的接近程度，进而判断数字产品（创新专利）间是否高度相关。从计算方法看，两类数字产品（创新专利）间的相似性表示当一类数字产品（创新专利）具备显性比较优势时，另一类数字产品（创新专利）同样具有显性比较优势的条件概率，并取二者的最小值作为相似性指数的结果。根据所有数字产品（创新专利）两两间的相似性，本文得到初始数字产品（创新专利）空间，并在初始数字产品（创新专利）空间中保留数字产品（创新专利）之间相似性较高的关系，形成最终的数字领域产品空间和数字领域创新专利空间。相似性指数计算的详细方法如下：

$$\phi_{ij} = \min\{P(RCA_i \mid RCA_j), P(RCA_j \mid RCA_i)\} \tag{2}$$

2. 复杂性分析的指标

邻近度指标从特定的专利或产品的角度出发，计算专利或产品与一国具有显性比较优势的专利或产品之间的加权相似性之和，并将加权总和与该国的相似性指数总和对比得到该指标的结果。该指标可用于评估待发展的专利类型和产品类型是否与该国当前创新和产业发展现状相适配。因此，当某类专利或产品在一国的邻近度越高时，其发展越有可能得益于该国的创新或产业结构。具体计算公式如下：

$$\omega_{c,i} = \frac{\sum_j x_{c,j} \phi_{ij}}{\sum_j \phi_{ij}} \tag{3}$$

式中，$\omega_{c,i}$为在国家c中产品i的邻近度，$x_{c,j}$为衡量产品j在国家c中是否具有显性比较优势的指标，当$RCA_{cj} \geq 1$时，该值记为1，反之则为0。

复杂度指标可用于不同类型专利研发或产品生产门槛的测量，该指标通过对专利/产品研发/生产的普遍性和国家研发/生产的多样性之间的相互修正，反映研发/生产某类专利/产品所需的能力。首先计算专利/产品研发/生产的普遍性（公式 4）和国家研发/生产的多样性（公式 5），计算方法如下：

$$K_{0,i} = \sum_c X_{c,i} \tag{4}$$

$$K_{c,0} = \sum_i X_{c,i} \tag{5}$$

二者的迭代公式如下：

$$K_{c,n} = \frac{1}{K_{c,0}} \sum_i X_{c,i} K_{i,n-1} \tag{6}$$

$$K_{i,n} = \frac{1}{K_{0,i}} \sum_c X_{c,i} K_{c,n-1} \tag{7}$$

通过专利/产品研发/生产的普遍性和国家研发/生产的多样性之间修正的相互迭代，可逐步得到不同国家间研发/生产各类专利/产品能力的排名。在经过多次迭代后，满足 $\widehat{M}_{i,i'} = \sum_c \frac{k_{c,i} k_{c,i'}}{k_{c,0} k_{i,0}}$ 且 $K_{i,n} = \sum_{i'} \widehat{M}_{i,i'} \times k_{i',n-1}$ 时，设 $\vec{Q}$ 为 $\widehat{M}_{i,i'}$ 第二特征值所对应的特征向量，最终得到专利/产品的复杂度指标：

$$PCI = \frac{\vec{Q} - mean(\vec{Q})}{stdev(\vec{Q})} \tag{8}$$

当某类专利/产品的复杂度越高时，一个国家研发/生产此类专利/产品时所需的能力和条件要求就越高，也意味着当一个国家在复杂度高的专利/产品类型上具有显性比较优势时，该国在该领域的专利/产品难以被其他国家模仿，进而形成相对稳定的比较优势。

3. 数字创新与产业融合发展的多层空间网络法

在讨论数字创新和产业融合发展的关系时，本文采用多层空间网络法（Pugliese et al.，2019）对其发展模式进行分析。多层空间网络法是对刻画产业空间或专利空间的复杂性分析方法的深入发展，其实质为分析在一定时间范围内数字创新和数字产品生产活动比较优势的变化，计算出数字创新专利之间、数字产品之间以及数字创新专利和数字产品之间随时间变化发展出比较优势的概率。与以往对数字创新和产业融合发展方式的研究相比，多层空间网络法提供了一种由实证数据支撑的揭示数字创新和产业融合发展模式的方法。此外，多层空间网络法可将技术创新和数字产业作为独立要素进行考察，除学界已反复论证的技术创新影响产业发展这一机制外，还可识别出技术创新相互影响的模式、数字产业相互影响的模式以及数字产业反作用于技术创新的模式，更为全面地分析创新链和产业链融合的不同机制。多层空间网络法的另一优势在于，由于模型中包含时间节点的变化，所以模型结果可直接揭示不同创新活动和产业活动间的先导-承接关系，这可为创新或产业发展政策的制定提供实证支撑。多层空间网络模型的具体计算方法如下：

$$B_{a_1 \to a_2}^{L_1 \to L_2}(y_1, y_2) = \sum_c \frac{M_{c,a_2}^{L_2}(y_2)}{d_c^{L_2}(y_1)} \frac{M_{c,a_1}^{L_1}(y_1)}{u_{a_1}^{L_1}(y_1)} \tag{9}$$

其中，$u_{a_1}^{L_1}(y_1) = \sum_c M_{c,a_1}^{L_1}(y_1)$ 为在 y_1 时间节点上对属于 L_1 层次（如专利层次）的活动 a_1（专利成果）在各国（c）研发普遍性的测量；$d_c^{L_2}(y_1) = \sum_{a_2 \in L_2} M_{c,a_2}^{L_2}(y_2)$ 为在 y_2 时间节点上属于 L_2 层次（如数字产业层次）的各国产品生产的多样性，模型计算得到的矩阵即为模型的辅助矩阵。根据上述模型可建立技术创新和数字产业间的二部网络，即二者间的多层空间网络，网络结果可初步体现数字创新专利与数字产品间的作用关系。

在得到由数字创新专利和数字产品组成的多层空间网络后，研究使用二部图分布模型（BiCM）对网络进行检验。在模型中对数据的初始状况进行计算，得到全部不同类型数字创新专利和数字产品间的初始 p 值，以此为概率生成"0"和"1"两个数值。在对所有可能的数字创新专利间、数字产品间以及数字创新专利和数字产品间的关系进行次数足够的迭代后，得到该多层空间网络的零模型，并将计算得到的多层空间网络模型与零模型进行比较，保留原始多层空间网络中较为显著的结果，以此作为多层空间网络的最终结果。

三 数字领域创新专利空间与产品空间

本文使用的研究数据为联合国商品贸易统计数据库（Un Comtrade）中货物产品的交易数据和佰腾网整理的国际专利数据，从中筛选出与数字领域相关的产品和创新专利类型，最终得到215个数字货物产品和94个数字创新专利类型，并选取41个具有一定国际影响力且在数字领域比较活跃的国家，基于41个国家数字创新和产业发展的相关数据，使用上述方法分别对每两个数字创新专利间的相似性和每两个数字货物产品间的相似性进行计算，构建了数字领域创新专利空间和数字领域产品空间，并对其做了可视化呈现。图1和图2分别为数字领域创新专利空间和数字领域产品空间。在进行可视化呈现时，网络中的节点为不同类型的数字创新专利和数字产品，节点之间的边则为专利之间或产品之间相似性的高低。"数字领域产品空间"的方法证明了当一类数字创新专利（产品）具有发展的比较优势时，与其相似性较高的数字创新专利（产品）类型更可能发展出比较优势，实现优势的扩散（Hidalgo et al., 2007）。本文对网络中的全部节点和边采用最大生成树算法，并将数字创新专利节点之间相似性在0.65之上、产品节点之间相似性高于等于0.6的边补充进网络，从而使研究中的数字领域创新

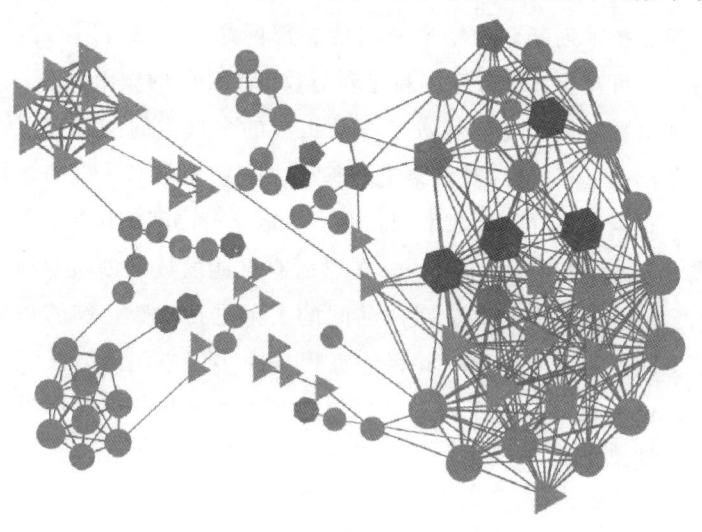

图1 数字领域创新专利空间

专利空间和数字领域产品空间中仅保留节点间关联密切（相似性较高）的边。本文最终得到的数字领域创新专利空间中共包含 94 个专利节点，数字领域产品空间中共包含 215 个产品节点。

图 2　数字领域产品空间

图 3 为数字领域多层空间网络的可视化结果。图 3 中数字创新专利节点和数字产品节点共有 257 个（其余节点未与任何节点连接，属于独立发展的节点），节点之间共 939 条边。在数字领域多层空间网络中，入度较高的节点意味着其发展需要以众多其他数字创新专利和数字产品为基础，而出度较高的节点则意味着其发展可作为更多其他类型的数字创新专利和数字产品发展的前提。因此，通过网络中节点的出入度可以对技术创新和产业间的协同发展进行初步的分析。在网络中入度最高的 20 个节点中，数字产品节点 19 个，数字创新专利节点 1 个；在出度最高的 20 个节点中，数字产品节点 12 个，数字创新专利节点 8 个（见表 1）。从表 1 可知，入度节点的比值小于参考值（0.053＜0.437），而出度节点的比值大于参考值（0.667＞0.437）。相关结果表明，在数字领域中技术创新往往作为先导条件，影响产业或其他类型创新发展，是数字化领域创新和产业融合发展的特征之一。

图 3　数字领域多层空间网络

注：图中的圆形节点为数字创新专利节点，方形节点为数字产品节点。

表 1　数字领域多层空间网络数字创新专利与产品出入度比较

		专利	产品	专利/产品	参考值
数字领域	入度最高的 20 个节点	1	19	0.053	0.437
	出度最高的 20 个节点	8	12	0.667	0.437

通过多层空间网络，本文还对数字创新和产业融合发展的不同模式进行了详细分析。

本文通过分析不同数字创新专利和数字产品在不同年份变化的"先导－承接"关系，从多层空间网络中揭示出数字创新和产业融合发展的四种模式（见图4），分别为"先导－承接"关系中均为数字创新专利的数字创新间融合发展模式（图4左上），"先导－承接"关系中均为数字产品的数字产业间融合发展模式（图4右上），数字创新专利作为数字产品发展先导条件的数字创新引导数字产业的发展模式（图4左下）和数字产品影响数字创新专利发展的数字产业反哺数字创新的发展模式（图4右下）。其中，后两种模式可被称为数字创新与产业融合发展模式。从不同的发展模式在多层空间网络中所占的比例来看，占比依次为数字产业间融合发展模式（505条边，53.78%）、数字创新与产业融合发展模式（307条边，32.69%）和数字创新间融合发展模式（127条边，13.53%）。这说明，数字领域以数字产业间融合发展、数字创新与产业融合发展模式为主要的发展模式。

图4 数字创新与产业融合发展模式

四 数字化发展中的半导体行业

数字领域创新专利空间和产品空间为识别数字化发展中与半导体数字创新专利和产品、理解半导体行业数字创新专利和产品与其他类别数字创新专利和产品间的关系提供了新的研究视角。本文在界定与半导体行业相关的数字创新专利（产品）的范围时主要采用以下两种方式：首先根据半导体产业发展的实际情况，选取与半导体直接相关的数字创新专利（产品），并将其称为半导体核心数字创新专利（产品）；其次，将半导体核心数字创新专利（产品）在数字领域创新专利空间和产品空间上进行1度扩散，通过该方法可将与半导体核心数字创新专利（产品）存在紧密关联的专利（产品）类型纳入研究范围，并称其为半导体非核心数字创新专利（产品）。

最终，本文研究的半导体数字创新专利有12类，其中半导体核心数字创新专利7类，非核心数字创新专利5类；半导体相关数字产品48类，其中核心数字产品13类，非核心数字产品35类。不同类型的半导体数字创新专利在数字领域创新专利空间上的分布更为聚集，这意味着当在一种半导体数字创新专利类型上具备发展优势后，可以此为契机进行其他类型的半导体数字创新。半导体数字产品则在数字领域产品空间广泛分布，这表明不但各类型的半导体数字产品之间的发展存在关联，其还可促进其他非半导体数字产品形成比较发展优势，实现发展优势向其他数字产品的扩散。本文进一步对各类型数字创新专利和数字产品在数字领域创新专利空间与数字领域产品空间上的结构位置进行分析，除计算数字创新专利和数字产品在网络上的出入度外，还分别计算了各类型数字创新专利和数字产品在网络中的中介中心性（Betweenness Centrality）和接近中心性（Closeness Centrality），二者分别代表节点向其他网络节点的扩散能力以及节点在网络中的结构位置，共同从网络结构的角度体现了不同类型数字创新专利和数字产品在数字化发展中的价值与影响力。从结果来看，特别是在数字领域产品空间中，出入度排名前20的产品中有7类半导体数字产品；中介中心性排名前20的产品中有11类为半导体数字产品；接近中心性排名前20的产品中有10类为半导体数字产品。这表明在数字产业的发展中，半导体数字产品可被视为影响国家（地区）数字产业发展水平的重要基础。

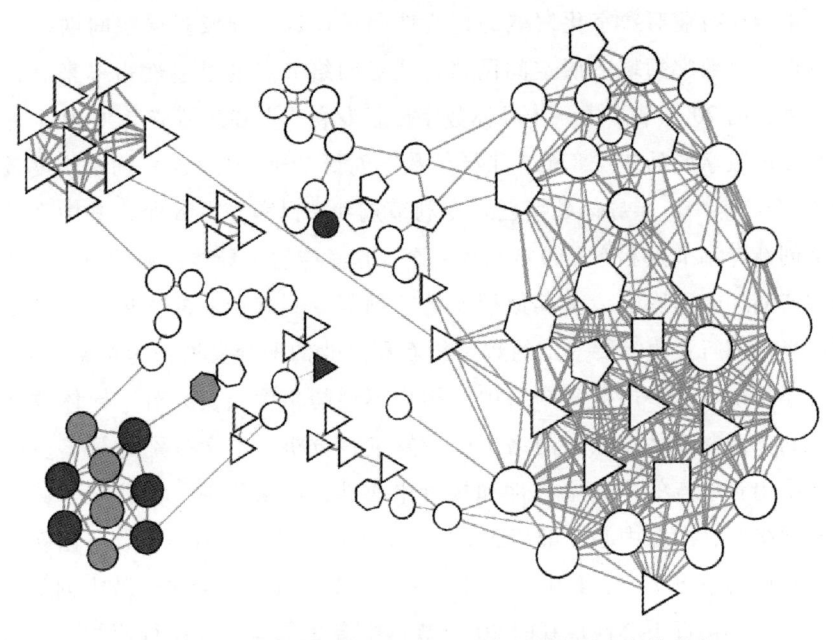

图 5　半导体数字创新专利在数字领域创新专利空间的分布

注：图中不同形状节点代表不同类型的专利；深色代表半导体核心数字创新专利，浅色代表半导体非核心数字创新专利，其余与半导体行业无关。数字创新专利的选取依据《数字经济及其核心产业统计分类（2021）》，分类源于《国民经济行业分类（2017）》。

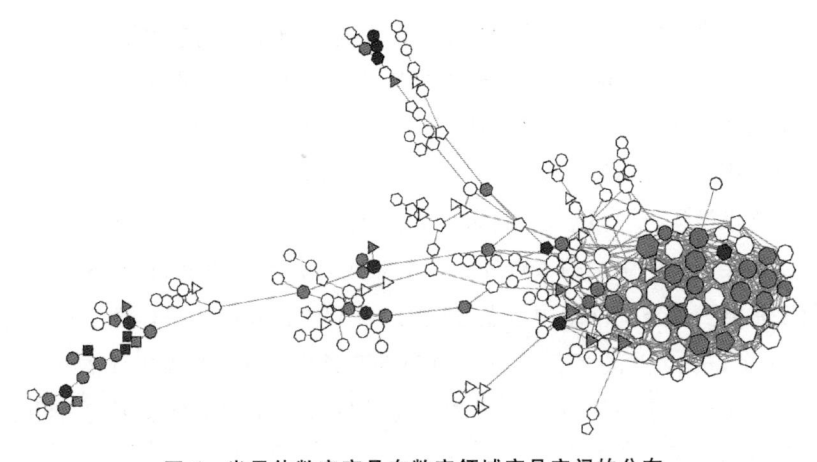

图 6　半导体数字产品在数字领域产品空间的分布

注：图中不同形状节点代表不同类型的产品；深色代表半导体核心数字产品，浅色代表半导体非核心数字产品，其余与半导体行业无关。数字产品的数据和编码来自联合国商品贸易统计数据库（UN Comtrade）。

半导体行业对数字化发展的重要性同样在数字领域多层空间网络上有所体现。在数字领域多层空间网络，从对网络节点的描述性指标来看，在入度最高的20个节点中，半导体数字创新专利节点和产品节点共10个，其中半导体数字产品节点8个，半导体数字创新专利节点2个；而在出度最高的20个节点中，半导体数字创新专利节点和产品节点共8个，其中半导体数字创新专利节点和产品节点均为4个。这意味着半导体行业的数字创新专利和产品一方面影响诸多其他行业数字创新专利和产品的发展，另一方面发展半导体行业也需要一定的数字创新和产业的融合发展作为基础。同时，本文还从节点在多层空间网络中的结构属性的角度出发，对半导体数字创新专利节点和产品节点在网络中的位置进行分析。本文分别计算了多层空间网络中各节点的中介中心性和接近中心性，结果发现，在数字领域多层空间网络中，中介中心性最高的20个节点中，共包含半导体数字创新专利节点和产品节点7个，其中半导体数字产品节点5个，半导体数字创新专利节点2个；接近中心性最高的20个节点中有3个与半导体行业相关，其中半导体数字产品节点2个，半导体数字创新专利节点1个。半导体数字创新专利节点和产品节点在多层空间网络中的结构位置也体现了半导体行业对数字化发展全局的重要影响。

为更好地体现半导体行业数字创新和产业融合发展的结构特点，本文从数字领域多层空间网络中选取与半导体数字创新专利和产品相关的节点构成半导体多层空间网络，半导体数字创新专利和产品在多层空间网络上的分布如图7所示。在多层空间网络中对相关数字创新专利和产品进行了1度扩散，将与半导体数字创新专利和产品相连接的节点纳入网络中，即包含了影响半导体行业发展的节点和以半导体行业作为发展基础的节点。从半导体多层空间网络中的节点和边的数量来看，网络中共包含150个节点，占数字领域多层空间网络中节点总数的58.37%，其中半导体数字创新专利节点51个，数字产品节点99个；共有509条边，这意味着半导体行业能串联起数字领域多项数字创新专利和产品的发展，在数字化发展过程中具有举足轻重的地位。

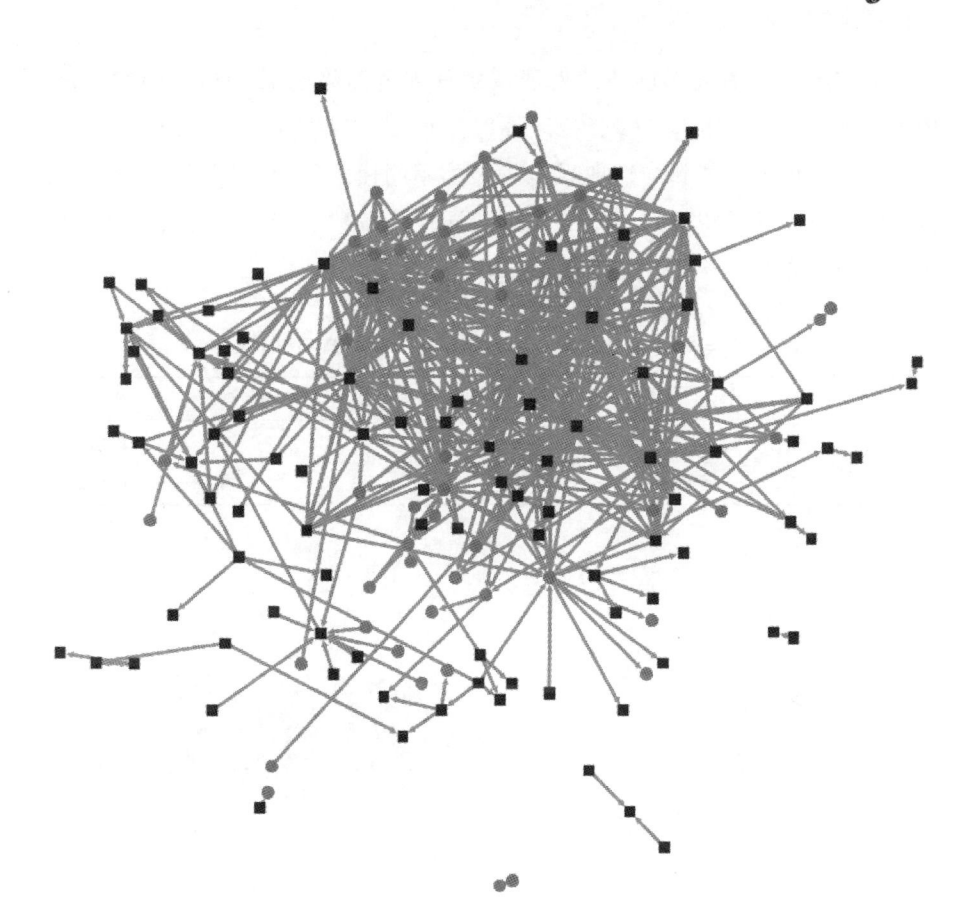

图 7　半导体多层空间网络

注：方形代表数字产品节点，圆形代表数字创新专利节点。

本文通过多层空间网络中数字创新专利和产品节点的出入度对半导体数字创新和产业间的基本关系进行了判断（见表2）。在半导体多层空间网络中，入度最高的20个节点中，数字创新专利节点5个，数字产品节点15个，二者的比值为0.333（0.333＜0.516）；而出度最高的20个节点中，数字创新专利节点7个，数字产品节点13个，二者的比值为0.538（0.538＞0.516）。结果表明，与数字领域整体发展相同，半导体数字创新专利通常是数字产业和其他类型创新专利发展的基础。在对半导体数字创新和产业融合发展情况进行深入分析后，本文发现，半导体数字创新间融合发展模式占网络的7.86%（40/509，图8左上），半导体数字产业间融合发展模式占网络的53.83%（274/509，图8右上），数字创新引导数字产业的发展模式和数字产业反哺数字创新的发展模式分别占网络的25.93%（132/509，图8左下）和12.38%（63/509，图8右下），二者共计占38.31%（195/509），半导体数字创新与产业融合发展的不同模式如图8所示。因此，与数字领域整体发展相一致，半导体行业同样具备数字产业间融合发展、数字创新与产业融合发展为主要发展模式的特征。

表2 半导体多层空间网络中数字创新专利与产品出入度比较

		专利	产品	专利/产品	参考值
半导体领域	入度最高的20个节点	5	15	0.333	0.516
	出度最高的20个节点	7	13	0.538	0.516

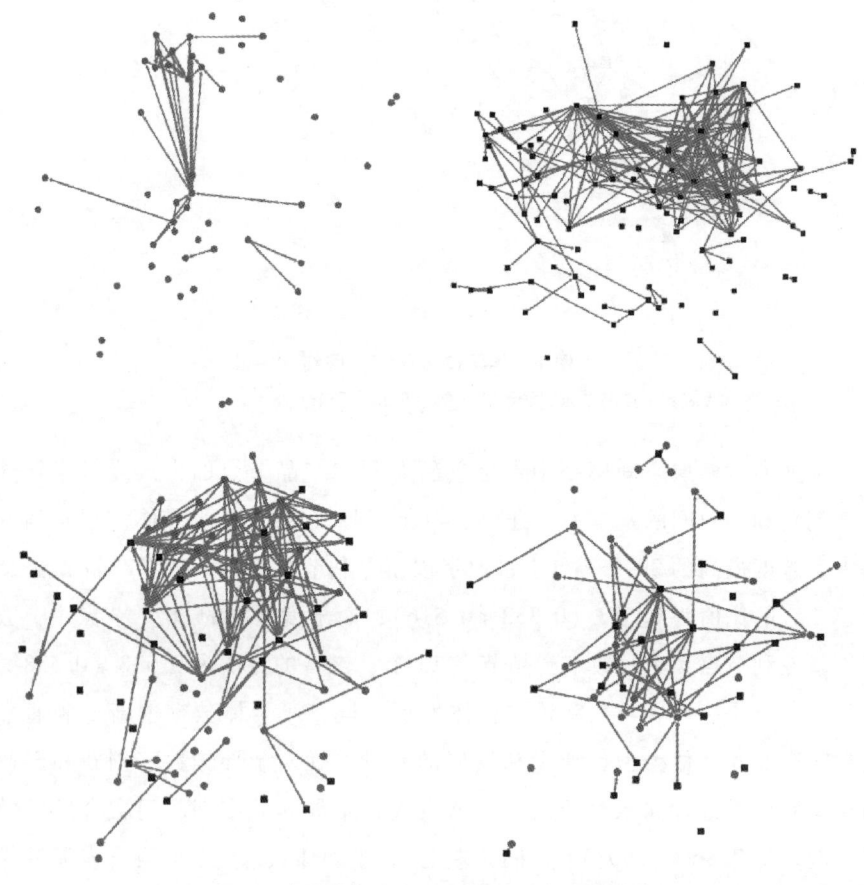

图8 半导体数字创新与产业融合发展模式

五 中国半导体行业发展现状

通过对中国半导体数字创新专利和产品显性比较优势（RCA）的测量，本文得以对中国半导体行业的发展现状予以分析，进而识别出中国当前具有发展优势的半导体数字创新专利类型和产品类型（见图9）。在12个半导体数字创新专利类型中，中国具备发展优势的数字创新专利类型有2个，二者均为半导体核心数字创新专利。在48种半导体数字产品中，中国当前在5个产品类型上已形成一定的发展优势，其中2个属于半导体核心数字产品，3个属于半导体非核心数字产品。5类数字产品主要与媒体设备生产、机械零部件生产和零部件生产设备制造相关。由此可见，无论是在半导体数字创新专利还是在半导体数字产品领域，中国当前具有发展优势的类型较少，且并未形成相对完整的半导体创新链和产业链。同时，虽然中国在半导体关键领域——电子电路和集成电路领域取得了一定的创新成果，但相关成果并未有效转化为产业发展优势，即并未在相关数字产品领域形成发展优势。中国具有发展优势的半导体数字产品类型多属于机械设备制造和零部件加工等附加值较低的产品，未能触及半导体行业的核心领域，这也从侧面表明中国数字产业在国际上的分工与工业时代相一致。

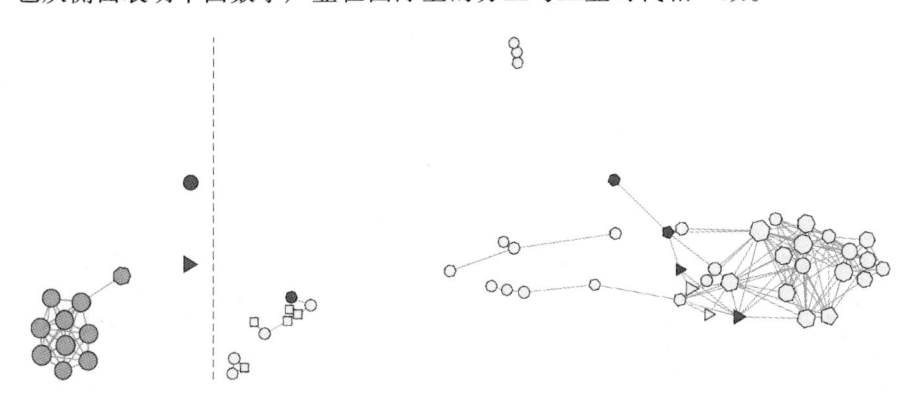

图9 中国具有发展优势的半导体数字创新专利和产品类型

注：左：创新专利；右：产品；深色代表具有发展优势的数字创新专利和产品，浅色代表不具有发展优势的数字创新专利和产品。

基于相同的评估方法，本文还比较了美国、德国、日本与韩国半导体数字创新专利和产品的发展现状。四个国家中，美国和德国作为传统的制造业大国，工业基础雄厚，其半导体产业起步较早；日本和韩国自二战结束以来通过承接美国与欧洲的产业链转移，逐步成为制造业强国，并具备独立的半导体产品研发和生产能力，现已在国际半导体市场上占据重要份额。四国具有发展优势的半导体数字创新专利和产品类型如图10所示。在美、德、日、韩四个国家中，德国具有发展优势的数字创新专利和产品类型的数量在四个国家中均居首位，德国具有发展优势的半导体数字创新专利类型共11个（11/12），半导体数字产品类型共30个（30/48），这表明德国半导体数字创新专利和产品的发展更为均衡。美国具有发展优势的半导体数字创新专利类型共8个（8/12），在四个国家中数量最少，但其具备发展优势的半导体数字产品类型共30个（30/48），与德国并列第一，远远高于日本和韩国，因此当前美国的半导体行业呈现产业优势驱动的发展特点。与美国正相反，日本的半导体行业在数字创新领域的成就更为突出，其具有发展优势的半导体数字创新专利类型为11个（11/12），数量与德国相当，具有发展优势的半导体数字产品类型共20个（20/48）。韩国半导体行业的发展较其他三国相对较弱，发展特点与日本类似，均在半导体数字创新领域成效显著，其具有发展优势的半导体数字创新专利类型为10个（10/12），半导体数字产品类型为12个（12/48），为四个国家中最少。

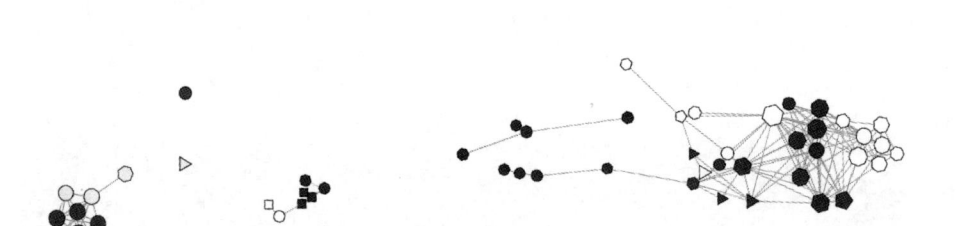

(1) 美国具有发展优势的半导体数字创新专利和产品类型（左：创新专利；右：产品）

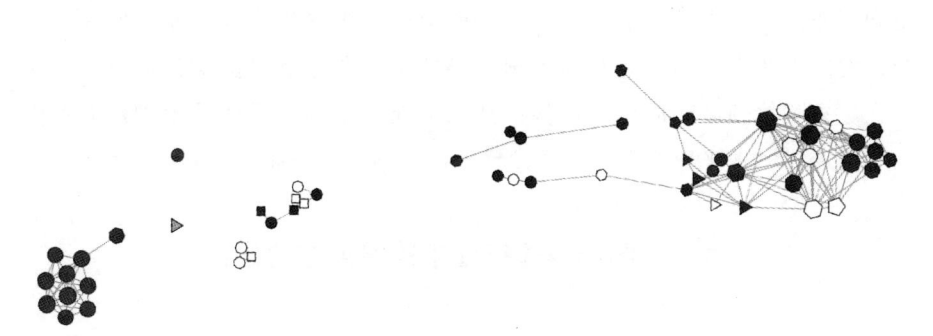

半导体技术创新与产业发展的复杂性研究

（2）德国具有发展优势的半导体数字创新专利和产品类型（左：创新专利；右：产品）

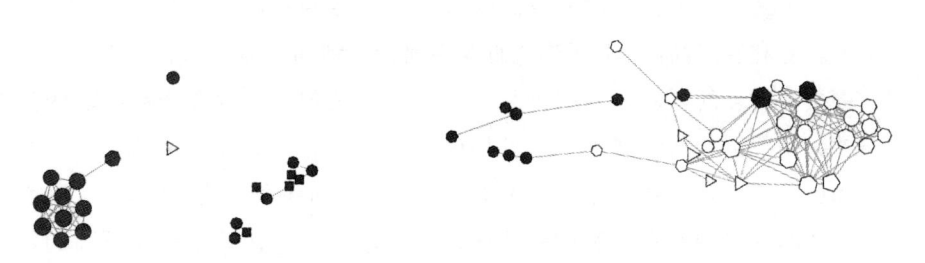

（3）日本具有发展优势的半导体数字创新专利和产品类型（左：创新专利；右：产品）

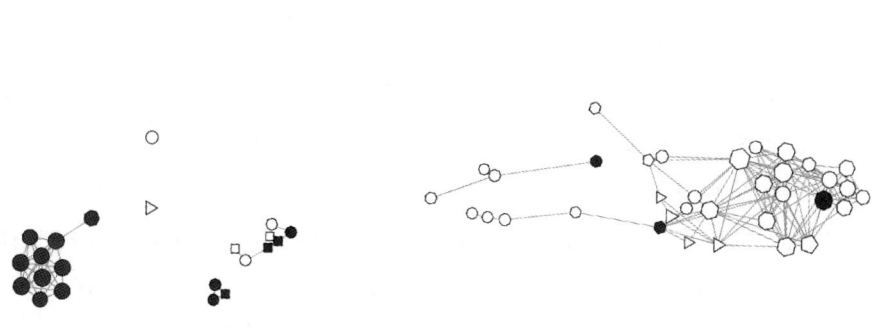

（4）韩国具有发展优势的半导体数字创新专利和产品类型（左：创新专利；右：产品）

图 10　美、德、日、韩四国半导体数字创新专利和产品发展现状

·163·

由此可见，与美国、德国、日本等半导体行业较为发达的国家相比，中国的半导体行业无论在数字创新专利和产品的数量上还是在半导体创新链和产业链的完备程度上都存在一定的差距。中国半导体行业的发展未来应注意以下两点：其一为明确中国半导体数字创新和产业的发展方向，努力在更多相关领域形成比较优势；其二为充分推动半导体技术创新和产业融合发展，实现半导体行业发展过程中技术创新和产业间的相互助力。

六　中国半导体行业未来发展方向研判

（一）基于半导体行业发展特点的研判

多层空间网络具象化地展现了数字领域创新专利和产品之间的互动关系。本文采用网络研究的相关方法，通过出入度、中介中心性和接近中心性指标，本文将相关指标数值较高的数字创新专利和产品称为关键半导体数字创新专利和产品。[①] 出度较高的数字创新专利和产品意味着其不但在网络中链接了较多的创新专利和产品，还作为其他创新专利和产品发展的先导条件，是数字创新专利和产品发展的基础。中介中心性较高的数字创新专利和产品节点意味着其可作为发展不同创新专利和产品的"跳板"，进而在更广泛的数字创新专利和产品领域建立比较优势。接近中心性较高的数字创新专利和产品意味着其在多层空间网络中占据更为中心的位置，发展相关创新专利和产品能更快地实现对其他领域创新专利和产品的优势扩散。本文最终找到关键半导体数字创新专利3类，这些专利与半导体器件制作相关；关键半导体数字产品5类，这些产品主要与集成电路制造和计算设备制造相关。除中国当前已具备发展优势的数字创新专利和产品类型外，其余均为中国可发展的关键半导体数字创新专利和产品类型。

多层空间网络具有揭示数字创新和产业间互动关系的特点，因此，通过多层空间网络，一方面可以对数字创新和产业的融合发展情况进行整体

[①] 关键半导体数字创新专利和产品与前文中提到半导体核心数字创新专利和产品所指并不相同，通俗地讲，关键半导体数字创新专利和产品是指那些十分重要的半导体数字创新专利和产品。而半导体核心数字创新专利和产品是指在所有数字创新专利和产品中，那些与半导体最为相关的类别。

把握，另一方面还可针对特定的数字创新专利和产品类型，分析其发展所需的数字创新和产业基础，以及其对其他数字创新专利和产品发展的影响。从发展半导体行业所需数字创新和产业条件来看，关键半导体数字创新专利和产品在多层空间网络中的入度均较高，即相关创新专利和产品的发展受到较多其他类型创新专利和产品的影响。这意味着中国若想在关键半导体数字创新专利和产品领域有所建树，需要以大量其他创新专利和产品领域形成发展优势作为基础。这在一定程度上说明半导体行业发展难度较大，发展门槛较高。

从技术和产业基础的角度出发对半导体关键领域的发展情况进行探索可发现，关键半导体数字创新专利和产品所需的技术与产业基础分布较为分散；在半导体多层空间网络中，大多数数字创新专利或产品仅能影响1类关键半导体数字创新专利和产品的发展，网络中的节点最多可影响3类关键半导体数字创新专利和产品发展，均为数字产品节点。在影响两类半导体关键类型发展的15类数字创新专利和产品中，数字创新专利有5类，数字产品有10类，中国当前已具备发展优势的数字创新专利类型有2个，产品类型有2个，共计4类。从当前的发展现状来看，在影响半导体关键领域发展的数字创新专利和产品中，中国具有发展优势的类型较少，在半导体行业技术创新和产业基础领域的布局相对偏弱。

（二）基于中国已具备发展优势的研判

复杂经济学的分析方法可用于对一个国家不同行业的发展进行预测。因此，本文采用邻近度和复杂度两个指标对中国半导体行业未来可发展的具体领域进行研判。最终，本文选择高邻近度且高复杂度的数字创新专利和产品类型作为中国半导体行业可重点突破的领域，其研判逻辑为：高邻近度的数字创新专利和产品更有可能从当前已具备发展优势的数字创新专利和产品中得到助力，而高复杂度的数字创新专利和产品意味着其有较高的发展门槛，在相关领域形成的优势难以被其他国家模仿和赶超。本文将符合以上条件且中国当前尚未具有发展优势的数字创新专利和产品称为半导体行业重点突破型数字创新专利和产品（见图11）。具体来说，半导体行业重点突破型数字创新专利1项，半导体行业重点突破型数字产品13项，相关产品涉及以半导体材料为原料的电子产品制造、半导体数字产品的零部件制造以及其他与半导体器件相关的产品制造。

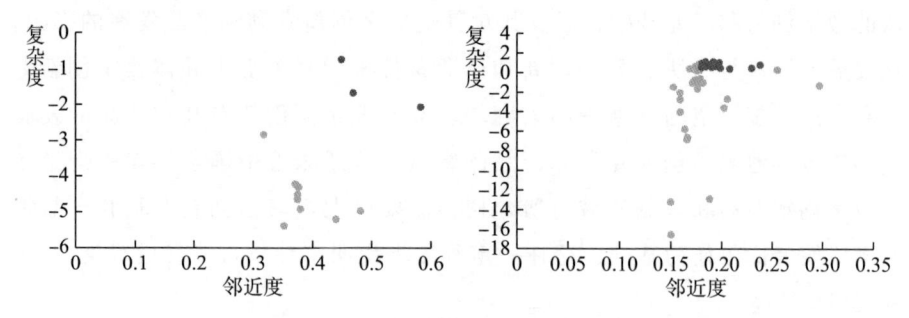

图 11　中国可发展的半导体行业重点突破型数字创新专利（左）和产品类型（右）

注：图中深色点表示中国发展中可重点突破的类型。

本文同样从发展所需要的数字创新和产业条件以及数字创新和产业条件对不同数字创新专利和产品的影响作用两个角度对中国半导体行业重点突破领域进行了分析。就半导体数字创新专利和产品发展所需要的数字创新和产业基础而言，中国半导体行业重点突破型数字创新专利和产品所需的数字创新和产业基础条件较少，而不需要其他类型数字创新专利和产品发展作为基础，可以独立发展的类型共四个，皆为半导体数字产品，其余半导体行业重点突破型数字创新专利和产品均受到1~3类数字创新专利和产品的影响。

从中国半导体行业重点突破领域的数字创新和产业基础来看，在中国半导体行业需重点突破的领域，无论是数字创新专利还是产品，均以不同类型的产品作为基础。这在某种意义上表明，中国待发展的半导体数字创新专利和产品多为产业驱动，而非创新驱动，现有的优势数字创新专利类型并未深度参与到中国半导体行业的发展中，当前技术优势未能转化为产业优势或促进其他领域创新技术的发展。此外，中国半导体行业重点突破型数字创新专利和产品的数字创新与产业基础的分布极为分散，作为发展基础的产品仅能影响1~2类半导体行业重点突破型数字创新专利和产品。

综上，本文从两个不同的研判视角中提出了中国半导体行业可选择的发展方向。本文认为，中国可采取的发展策略为：对于半导体数字创新专利和产品，可优先发展需要数字创新和产业条件类别较少的类型，这将有利于中国尽快在更多半导体相关领域建立发展优势；对于发展半导体行业的各项数字创新和产业基础，需要优先发展影响半导体数字创新专利和产品数量较多的创新专利和产品类型,这将有利于中国对半导体行业高质量发展进行提前布局。值得注意的是,基于复杂性分析得到的中国半导体行业重点突破型数字创新专利和产品,与基于多层空间网络计算得到的关键半导体数字创新专利和产品类型之间存在明显差异,二者涉及的半导体数字创新专利和产品类型并不重合。这在一定程度上说明,中国当前半导体行业的发展还处于初级阶段,未能触及半导体行业的核心领域。

七 结论

本文基于复杂性研究的相关理念,通过构建数字领域创新专利空间和产品空间并对它们展开分析的方式,考察半导体行业在数字化发展中的角色地位,并对半导体技术创新与产业融合发展的可能路径进行了探讨。重点布局半导体行业关键领域与优先布局具有综合发展优势的半导体相关领域,是可供我国选择的两条半导体行业发展路径。对于前者,要努力抢占半导体数字创新和产业发展高地;对于后者,要充分发挥当前已具备的数字创新和产业优势。但无论选择哪条路径,都需要不断引导半导体行业向创新驱动转型,推动数字创新和产业融合发展。

本研究至少在以下两个方面存在局限:其一,目前研究缺少对数字创新如何引导数字产业发展以及数字产业发展如何反哺数字创新的具体作用机制的剖析;其二,对半导体数字创新专利和数字产品类型的分类还相对粗糙,未来可根据半导体行业的共识性认知调整、细化分类框架。

参考文献

贺灿飞、金璐璐、刘颖,2017,《多维邻近性对中国出口产品空间演化的影响》,《地理研究》第 9 期,第 1613 ~ 1626 页。

理查德·尼尔森,2012,《国家(地区)创新体系比较分析》,曾国屏译,知识产权出版社。

刘守英、杨继东,2019,《中国产业升级的演进与政策选择——基于产品空间的视角》,《管理世界》第 6 期,第 81 ~ 94 页。

罗伯特·索洛,1991,《经济增长因素分析》,史清琪等译,商务印书馆。

罗伯特·索洛,2015,《经济增长理论———一种解说》,朱保华译,上海人民出版社。

罗伊·哈罗德,2013,《动态经济学》,黄范章译,商务印书馆。

迈克尔·波特,2002,《国家竞争优势》,李明轩、邱如美译,华夏出版社。

彭志国,2002,《技术集成的实证研究——以 Iansiti 对美日半导体行业的研究为例》,《中国软科学》第 12 期,第 95~100 页。

吴晓波、雷李楠、郭瑞,2016,《组织内部协作网络对探索性搜索与创新产出影响力的调节作用探究——以全球半导体行业为例》,《浙江大学学报》(人文社会科学版)第 1 期,第 142~158 页。

游达明、杨晓辉、朱桂菊,2015,《多主体参与下企业技术创新模式动态选择研究》,《中国管理科学》第 3 期,第 151~158 页。

约瑟夫·熊彼特,2015,《经济发展理论》,郭武军、吕阳译,华夏出版社。

张其仔、李颢,2013,《中国产业升级机会的甄别》,《中国工业经济》第 5 期,第 44~56 页。

周雷、杨萍、龚奕、凡庆涛,2019,《结合商业数据库的行业关键垄断技术识别研究——以半导体行业为例》,《情报杂志》第 6 期,第 30~37 页。

Abdon, Arnelyn, et al. 2010. "Product Complexity and Economic Development." Levy Economics Institute, Working Papers, 616.

Aghion, Philippe and Peter Howitt. 1992. "A Model of Growth through Creative Destruction." *Econometrica*, 60 (2): 323 – 351.

"Beitrag zur theorie des ferromagnetismus." *Zeitschrift für Physik*, 31 (1): 253 – 258.

Boschma, Ron, Asier Minondo, and Mikel Navarro. 2013. "The Emergence of New Industries at the Regional Level in Spain: A Proximity Approach Based on Product Relatedness." *Economic Geography*, 89 (1): 29 – 51.

Can, Muhlis and Giray Gozgor. 2017. "The Impact of Economic Complexity on Carbon Emissions: Evidence from France." *Environmental Science and Pollution Research*, 24: 16364 – 16370.

Felipe, Jesus, Abdon Arnelyn, Kumar Utsav, and Bacate Marife. 2012. "Product Complexity and Economic Development." *Structural Change and Economic Dynamics*, 23 (1): 36 – 68.

Freeman, Christopher. 1987. *Technology Policy and Economic Performance: Lessons from Japan*. Pinter Publishers.

Hausmann, Ricardo and Bailey Klinger. 2006. "The Evolution of Comparative Advantage: The Impact of the Structure of the Product Space." Center for International Development and Kennedy School of Government, Harvard University.

Hidalgo, César A. 2021. "Economic Complexity Theory and Applications." *Nature Reviews Physics*, 3 (2): 92 – 113.

Hidalgo, César A., et al. 2007. "The Product Space Conditions the Development of Nations." *Science*, 317 (5837): 482–487.

Jankowska, Anna, Arne Nagengast, and José Ramón Perea. 2012. "The Product Space and the Middle-income Trap: Comparing Asian and Latin American Experiences." OECD Development Center Working Paper, 311.

Kogler, Dieter F., David L. Rigby, and Isaac Tucker. 2013. "Mapping Knowledge Space and Technological Relatedness in US Cities." *European Planning Studies*, 21 (9): 1374–1391.

March, James G. 1991. "Exploration and Exploitation in Organizational Learning." *Organization Science*, 2 (1): 71–87.

Neagu, Olimpia and Mircea C. Teodoru. 2019. "The Relationship between Economic Complexity, Energy Consumption Structure and Greenhouse Gas Emission: Heterogeneous Panel Evidence from the EU Countries." *Sustainability*, 11 (2): 497.

Pugliese, Emanuele, Cimini Giulio, Patelli Aurelio, Zaccaria Andrea, Pietronero Luciano, and Gabrielli Andrea. 2019. "Unfolding the Innovation System for the Development of Countries: Coevolution of Science, Technology and Production." *Scientific Reports*, 9 (1): 16440.

Romer, Paul M. 1990. "Endogenous Technological Change." *Journal of Political Economy*, 98 (5, Part 2): S71–S102.

Vidmer, Alexandre, An Zeng, Medo Matúš, and Zhang Yicheng. 2015. "Prediction in Complex Systems: The Case of the International Trade Network." *Physica A: Statistical Mechanics and Its Applications*, 436: 188–199.

Vu, Trung V. 2020. "Economic Complexity and Health Outcomes: A Global Perspective." *Social Science & Medicine*, Volume 265: 113480.

国际数字治理格局地图

乔天宇　赵　越　李　铮　艾秋媛　宋　洁　邱泽奇*

摘　要　正在发生的数字技术变革通过改变国家间的互动,重塑着国际格局的宏观结构。本文聚焦国家和地区在数字化发展领域的互动,在拓展阿克塞尔罗德和本内特关于国家集聚的景观模型基础上,构建了"国际数字治理格局地图"模型。基于该模型并结合国际数字生态指数、联合国商品贸易统计数据库(UN Comtrade)和全球治理指数等,对世界主要国家在数字治理格局中的位置进行了计算模拟分析。研究发现,工业时代的国际格局在数字时代发展初期阶段仍然有一定程度的延续。研究将利益竞争和制度相容作为影响数字化发展领域国家间关系的两大因素予以考察,计算模拟显示,当主导国家间互动的影响因素是利益竞争时,中美在数字化发展中实现共生的可能性最大。

关键词　国际数字治理格局　景观模型　计算模拟

数字革命的影响不再仅限于对人们日常生活的改变,同时也重塑着国际格局的宏观结构,影响其演化的走向。世界上主要国家和地区都非常关注数字化发展议题,这表现在:对内制定发展战略,推动数字技术创新;对外积极寻求国家间合作、联盟。围绕数字领域的竞争已成为当下国家间竞争的核心与焦点(阎学通,2019;叶成城,2022)。如何把握世界上主要

---

* 乔天宇,北京大学大数据分析与应用技术国家工程实验室博士后;研究方向为技术社会学、组织社会学、计算社会学。赵越,北京大学工学院博士研究生;研究方向为机器学习、数据价值、数字经济。李铮,北京大学社会学系博士研究生;研究方向为技术社会学、计算社会学。艾秋媛,北京大学工学院硕士研究生;研究方向为机器学习、数字经济。宋洁,北京大学工学院党委书记、工业与工程管理系教授;主要研究领域为在线学习、仿真优化及其工程管理领域的应用。邱泽奇,北京大学中国社会与发展研究中心主任、数字治理研究中心主任,北京大学博雅特聘教授、社会学系教授;研究方向为技术应用社会变迁、组织社会学、社会研究方法。

国家和地区在数字领域的发展现状及未来可能的发展趋势，是亟待研究的重要问题。

本文尝试通过计算建模的方法，对数字领域世界主要国家和地区之间的互动关系情况进行研究，进而描述数字领域国际格局演化情况。由此，我们将所构建的模型称为"国际数字治理格局地图"。该模型是在改进用于分析和预测国际格局演化的既有理论模型——阿克塞尔罗德和本内特提出的关于国家集聚的景观模型（以下简称 AB 模型，Axelrod and Bennett，1993）——基础上得到的。一方面，结合数字时代国家间关系表现出来的新特点，并利用能够反映国家数字化发展与国家治理状况的相关数据，努力使模型设定和分析结果更能体现当下国家间互动的现实；另一方面，在反映现实情况的同时，又令其在一定程度上具有分析性。我们希望利用该模型对不同可能条件下国际数字治理格局的发展走向做出具有启发意义的预判，进而增进对数字时代国家间关系的理解。

AB 模型是阿克塞尔罗德和本内特在受到自旋玻璃模型的启发后提出的。自旋玻璃模型又称伊辛模型（Ising，1925），是统计物理学中的经典模型，我们发现，在社会科学中其实也有很多模型和它十分类似。为更好地阐述我们对 AB 模型的改进方案，本文将首先对伊辛模型的基本思想做简要介绍，继而在此基础上详细介绍 AB 模型及相关研究，并阐述将这一模型直接应用于分析当下国家间围绕数字领域互动时可能的局限性。其次，本文将呈现我们构建的国际数字治理格局地图，并介绍我们用于分析国际数字治理格局现状及其演化的数据来源。再次，将报告我们利用国际数字治理格局地图得到的研究发现。最后，总结研究发现，并对研究的理论意义与政策启示予以讨论。

一 伊辛模型与 AB 模型

（一）伊辛模型简介

伊辛模型是 100 多年前由物理学者提出的，最初是一个用于解释磁铁在受热过程中产生磁性消失现象的理论模型（Kobe，2000；Stutz and Williams，1999）。由于其具有简洁性以及揭示机制的普遍性，伊辛模型深刻改变了一个多世纪的自然科学（Wood，2020），甚至对社会科学也产生了深刻的影响。我们这里先以二维伊辛模型为例，对其模型的基本思想做一简要介绍。

伊辛模型假设铁磁物质的磁性来源于一系列小磁针的排布。所谓二维伊辛模型，就是将这些小磁针排布在一个有 $N \times N$ 个格点的二维规则图上，每个小磁针有向上和向下两种自旋状态（如表1所示）。这里用 s_i 表示每个小磁针 i 的自旋状态，$s_i \in \{+1, -1\}$，$s_i = +1$ 表示小磁针向上，$s_i = -1$ 表示小磁针向下。相邻小磁针之间会产生两两相互影响，引入一个交互作用参数 J_{ij}，用以描述小磁针 i 的自旋状态对小磁针 j 的自旋状态的影响，J_{ij} 表示：如果 $s_i = s_j$，则小磁针 i 和 j 的相互作用会导致能量减少 J_{ij} 个单位。定义 $h_{i \to j} = J_{ij} s_i$，小磁针之间的交互作用产生的能量可表示为：

$$E_{ji} = -h_{j \to i} s_i = -J_{ji} s_j s_i$$
$$E_{ij} = -h_{i \to j} s_j = -J_{ij} s_i s_j$$

伊辛模型还假设：对于一个特定的小磁针，它除了受到周围小磁针的影响外，还会受到外部环境（比如温度）的影响，这里用 h_i 表示该影响。将 h_i 与该小磁针及其周围其他小磁针互动时产生的能量加总，得到其受到局部场的全部影响为：

$$V_i = \sum_{j=1}^{N} J_{ji} s_j + h_i, \qquad V_{ii} = 0$$

进一步，将该系统的哈密顿量记为：

$$H = -\sum_{i=1}^{N} \sum_{j=1}^{N} J_{ij} s_i s_j - \sum_{j=1}^{N} h_i s_i$$

通过最小化哈密顿量，我们就能得到每个晶格点的状态，从而对不同环境下晶体磁性的变化做出解释。如表1所示，每个晶格点的磁矩存在交互作用，同时环境温度干扰会引发磁矩的随机变化：低温状态时，温度造成的磁矩变化较少，系统更多地由内部能量相互作用决定，因此大量磁矩方向一致（哈密顿量最小），铁磁系统表现出磁性；而高温状态时，磁矩随机变化较剧烈，频繁且无序的磁矩状态变化，导致整体系统磁性被抵消（磁矩上下极交替），磁性消失。

表 1　伊辛模型示例

	低温	高温
一维	↑↑↑↑↑↑↑↑↑↑	↑↑↑↑↑↓↓↓↓↓
二维	↑↑↑↑↑↑↑↑↑↑ ↑↑↑↑↑↑↑↑↑↑ ↑↑↑↑↑↑↑↑↑↑	↓↓↓↓↓↓↓↓↓↓ ↑↑↑↑↓↓↑↑↑↑ ↓↓↓↓↓↑↓↓↓↑

由于伊辛模型高度抽象且机制简单，学者将其较为广泛地应用到其他领域中。比如将小磁针类比为选民，将磁矩方向视作不同的政治观点，温度代表选民对自己观点的坚持程度，则伊辛模型又可以对政治见解的动态演化进行描述（Dong et al.，2018）。伊辛模型获得广泛应用的原因主要在于以下两个方面：一方面，模型抽象、简单，较容易加以泛化；另一方面，它能描述微观现象作用到宏观现象的机制，特别是能对系统的"临界点"进行描述，比如物理学中的相变。这种从局部解释整体的能力恰恰是人类认识社会、经济、神经网络等复杂系统的难点所在，伊辛模型为复杂系统的模型构建提供了新的思路。

（二）AB 模型：国家群组划分的景观理论

阿克塞尔罗德和本内特明确表示，他们提出用于预测国家行动者群组选择的景观模型是受到了伊辛模型的启发。国家的群组归属类似于伊辛模型中小磁针的方向，而对于国家间相互作用的结果，同样利用类似伊辛模型中的总能量概念加以描述。下面我们简要介绍一下 AB 模型的具体设置，以及阿克塞尔罗德和本内特是如何将其运用在对国际格局的研究中的。

AB 模型中设定了 n 个国家行动者。模型中第一个核心要素是国家的规模属性，它反映该国之于其他国家的重要性，比如国家的人口、工业和军事实力都是国家规模属性的体现。模型中的第二个核心要素是国家间合作倾向，它衡量的是两国合作的意愿有多强：两国的关系越好，合作倾向的值越大；若两国间存在潜在冲突，则合作倾向的值越小。

使用这一模型的目的在于：通过得到一种国家群组的归属状态，从而实现对国际格局的预测。他们假定国家最终会形成两个相互对立的群组。每一种特定的国家群组划分（用 X 表示）都将决定任意两个国家间的关系距离：如果两个国家处在同一个群组中，那么定义这两个国家间的关系距离为0；反之，如果两个国家处在不同群组中，那么定义这两个国家间的关系距离为1。接下来，阿克塞尔罗德和本内特还定义了一个受挫感函数，可以将其视为每个国家在一种特定群组划分中的"感受"，用 $F_i(X)$ 表示在特定的群组划分状态 X 下国家 i 的受挫感：

$$F_i(X) = \sum_{i \neq j} s_j\, p_{ij}\, d_{ij}(X) \tag{1}$$

其中，s_j 为国家 j 的规模；p_{ij} 为国家 i 与国家 j 的合作倾向；$d_{ij}(X)$ 为国家 i 与国家 j 在特定群组划分状态 X 中的关系距离。如果 i 和 j 两国间原本的关系很好，即合作倾向较高，但 j 却偏跑到了与 i 对立的群组中去，此时 i 会觉得 j "背叛"了自己（或许双方都会有如此感受），进而感到"不适"，产生较高的受挫感；反之受挫感会较低。由于对象国 j 对于 i 来说的重要性可能与其他国家是不同的，大国的影响可能会更大，也就是说，在与大国互动时，i 的感受会被放大，这也就是要在公式（1）中用国家规模属性 s_j 对受挫感 $F_i(X)$ 加权的道理所在。i 与除自身之外的所有其他国家互动，对其在此过程中感受到的所有受挫感求和，即为 i 国在特定群组划分状态 X 下的受挫感 $F_i(X)$。

进一步将各国在特定群组划分状态 X 下的受挫感加权求和，权重为每个国家自身的规模大小，以此来定义特定群组划分状态 X 的整体能量为 $E(X)$：

$$E(X) = \sum_i s_i\, F_i(X) \tag{2}$$

将受挫感的定义［公式（1）］代入公式（2），便可以得到一个用国家规模、国家间合作倾向和国家间关系距离共同表示的整体能量函数：

$$E(X) = \sum_{i,j} s_i\, s_j\, p_{ij}\, d_{ij}(X)$$

阿克塞尔罗德和本内特假设，作为行动者的国家在国际格局的演化进程中，会通过不断地调整自己所在的群组，尽可能地降低自己的受挫感。由于整体能量值是各国受挫感的加权求和，一国在降低自己受挫感的同时，也将会使整体能量减少。阿克塞尔罗德和本内特进一步使用一种景观模型的工具（佩奇，2019）来阐述其得到国家群组划分的理论依据。他们提出，对于所有可能的国家群组划分状态，都能求出一个对应的整体能量 $E(X)$，于是便可由此构造一个能量景观（见图1）。一旦由国家间互动形成的群组划分状态处在一个相对的能量最低点时，便意味着各国都不再有动机调整自己的群组归属。因此，可以反过来，通过寻找能量景观上"洼地"中的最低点，来确定稳定的国家群组划分状态。当任一个国家转换群组都不能再使整体能量降低时，国家间关系便处于一个均衡点，这可被看作国际格局一种稳定状态的表现，也可以用此方式找到相对稳定的国家群组划分。

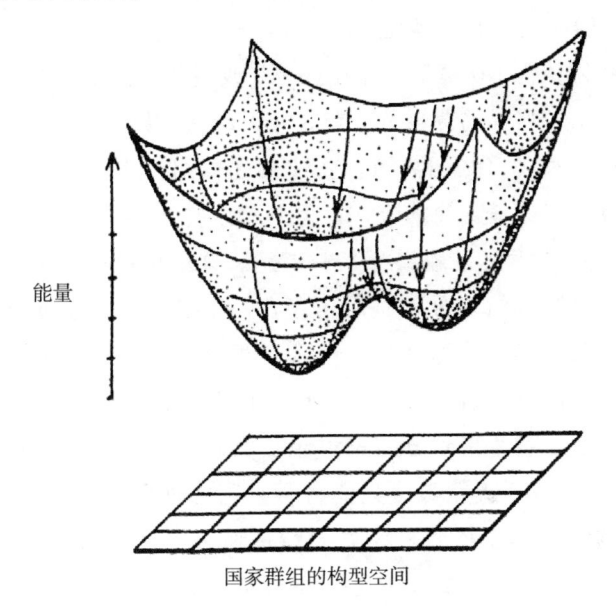

图1 有两个局部最优的景观图

资料来源：Axelrod and Bennett, 1993。

阿克塞尔罗德和本内特收集了能反映国家规模以及国家间互动中合作倾向的历史与现实的相关数据，利用上述景观模型，有效地预测了二战前同盟国和轴心国集团格局的形成，以及20世纪末苏联解体、东欧剧变前后欧洲格局的演化。他们认为，该模型除了能对国家群组的划分进行预测外，在"商业联盟、议会政党、社交网络、民主政体中的社会分歧以及组织结构等领域都有潜在的应用空间"（Axelrod and Bennett, 1993）。后来，这一模型还被应用在对商业公司联盟的研究中，通过对20世纪90年代末的9家计算机企业选择加入两个竞争性的 UNIX 操作系统标准联盟的考察，再次检验了该模型在预测行动主体形成联盟时发挥的作用（Axelrod et al., 1995）。

AB 模型在发表后也遭到了质疑。加兰认为阿克塞尔罗德和本内特误用了物理学模型，一些学者在原有模型的基础上对其进行了相应的改进和拓展（如 Galam, 1996; Florian and Galam, 2000; Vinogradova and Galam, 2013）。

AB 模型在借鉴自然科学模型的基础上，构建计算模型，并将其应用于预测国家群组划分的现实问题中，其做法无疑具有开创性意义。这一模型指向社会科学中关于聚合的理论问题，而社会科学中常用的聚类分析技术（如 K 均值算法、层次聚类算法等）并"没有以行为的动态理论为基础"，但 AB 模型显然在这方面更具优势。

当然，我们认为 AB 模型也存在进一步改进的空间，尤其是将其应用在研究国际数字治理格局的背景下。首先，无论 AB 模型，还是后来在其基础上加以改进的模型，多是用离散变量来描述群组。当然不可否认，使用离散变量是划分群组的最直接的方式，但其局限在于，当这种划分一旦给出，就意味着国家要"确定"地属于某一群组。这里可以做一个合理假定：在使用离散变量进行群组划分的背后，存在一个潜在的连续变量，我们可以将其想象为国家对其与他国之间亲疏远近程度的判断，这种国家间关系距离进一步决定了国家群组的划分，用国家间关系距离的连续变量描述国际格局比使用离散变量直接划分国家群组更具现实性。从国际数字治理格局的实际背景来看，AB 模型最终只能将所有国家划分进两个不同的群组中，对于存在利益冲突或立场明显对立的情境而言，这种划分方式或许恰当，但对于一种"你中有我，我中有你"的共同体格局来说（当下的国际数字治理格局便可被看作这样一种共同体格局），以离散变量方式确定群组归属似乎过于简化了。其次，AB 模型中纳入了多种测量国家间合作倾向的数据，如在对二战期间欧洲联盟格局的研究中，他们便使用了国家间的种族冲突情况、宗教信仰的相似程度、当时是否存在领土争端、统治类型的相似性以及近期是否发生过战争 5 种数据，但我们能发现，阿克塞尔罗德和本内特是以一种简单加权组合的方式，生成了衡量国家间合作倾向的指标，但这样的做法无法对不同类型互动的影响予以区分。最后，我们认为，AB 模型设定中，其实并没有直接模拟国家调整其所在群组的行动，而是采取了一种"上帝视角"，根据整体能量景观中的局部最低点确定国家群组的划分，各个国家的行动则像是被置入了一个"黑箱"内，但在现实中，国家作为行动主体一定会根据其自身情况进行优化决策并采取相应的行动。

本文接下来将介绍，我们是如何在分析国际数字治理格局的现实背景下，从上述三个方面出发，对AB模型加以改进，并将其应用在描述与分析国际数字治理格局上。这里我们将该模型形象地称为"国际数字治理格局地图"。

二 构建国际数字治理格局地图

（一）模型改进

首先，我们重新定义了国家的"受挫感"$F_i(X)$：

$$F_i(X) = \sum_{i \neq j} s_j [- p_{ij} d_{ij}(X) + q_{ij} d_{ij}^2(X)] \tag{3}$$

其中，与AB模型类似，s_j代表国家j的规模；$d_{ij}(X)$代表特定国家间关系格局X中国家i与国家j之间的关系距离。但与AB模型中的设定不同，X不再表示某种国家群组划分状态，而是代表各国在一个空间中的某种分布状态，所以，这里的$d_{ij}(X)$并不是一个离散的二分变量，而是一个连续变量，这也是对AB模型所做的第一处改进。

我们对AB模型所做的第二处改进，在于尝试将不同类型国家间互动关系的影响有区别地纳入模型并予以考察。在改进模型中，我们重点关注两大类国家间相互作用（利益竞争和制度相容）的影响，在公式（3）中分别用p_{ij}和q_{ij}表示。这一改进还令我们可以进一步考察，在主导国家间关系的"世界潮流"[①]发生改变的条件下，国际数字治理格局地图演化的结果会呈现何种不一样的趋势，对此，后文将详加介绍。

我们对AB模型所做的第三处改进，是希望在模型中以更明确的方式模拟国家调整其自身在格局中位置的行动。这体现在模型求解上，不再以"整

[①] 在一定时期内，国家间关系可能会有一个主导性因素，这可被视为一种主导性的"世界潮流"。国家间关系更多地受到利益性因素和制度性因素的影响，在不同因素主导下，会形成不同的"潮流"。

体能量最小"为优化目标，而是以各国通过寻找各自受挫感最低的点，确定其在空间中所处的位置，即 $\min_{X_i} F_i(X)$。这里假定各国均以此方式采取行动，直到各国在国际数字治理格局地图上的相对位置演化趋于稳定。具体来说，本模型求解方式如下：

- 在一个空间中为各国随机分配初始位置；
- 依次遍历所有国家，针对每个国家 i，使用梯度下降算法求解 $\min_{X_i} F_i(X)$，即寻找在当前条件下国家在格局中的最优位置 X_i；
- 不断重复上一步，直至演化至各国间的相对位置趋于稳定。

（二）数据

我们在应用上一部分中改进得到的模型对国际数字治理格局的演化进行模拟预测时，利用了部分现实中反映国家数字化发展情况以及国家间关系的数据。我们考察的国家共有 41 个，其中包括中国、美国、英国和 27 个欧盟国家，此外还包括俄罗斯、乌克兰、加拿大、墨西哥、日本、韩国、印度、澳大利亚、巴西、以色列、伊朗等各大洲或地区的主要国家。

反映各国数字化发展情况及国家间关系的经验数据包括如下三种。

第一，国家规模，即公式（3）中的 s_j。我们将北京大学大数据分析与应用技术国家工程实验室研发的国际数字生态指数中数字产业化和产业数字化这两个二级指标的国家得分进行加总，来测度国家在数字化发展领域展现出的实力和重要性。

第二，利益竞争，即公式（3）中的 p_{ij}。我们选取联合国商品贸易统计数据库（UN Comtrade）中数字产品贸易的相关数据，构建了 41 国间的贸易网络，进一步通过计算国家间在该网络上的结构等价关系（Lorrain and White, 1971）来衡量两国的潜在利益竞争程度（Burt and Talmud, 1993; Burt, 1992），p_{ij} 的值越大表示两国在数字产品贸易方面竞争越激烈。

第三，制度相容，即公式（3）中的 q_{ij}。我们利用世界银行发布的"全球治理指数"（World Bank, 2021），选取了其中的两个维度（①发声和问责，②政治稳定与是否存在恐怖主义），通过计算国家间在两个维度上的欧式距离得分，来衡量两国在意识形态和治理方式上的制度相容程度，q_{ij} 的值越大表示国家间的制度距离越小，相容程度越高。

理论上，模型演化的结果还将取决于各国在空间中的初始位置，即初

始的 $d_{ij}(X)$ 矩阵。类似的问题在 AB 模型的分析中也同样存在，阿克塞尔罗德和本内特曾在论文中指出，"究竟哪一种稳定格局会出现，这取决于系统的初始位置"。在本文的分析中，对于各国的初始位置，目前我们还未寻找到合适的经验测量方案①。我们通过先随机给定初始状态，然后对多个随机初始状态下由模型模拟得到的数据结果进行统计分析。我们可以用统计分析中有关变异性的指标度量演化结果的不确定性问题，对于特定的国家间关系而言，这种演化的不确定性也可被视为一种对国家间关系稳定性的描述。

三 国际数字治理格局的结构

随着模型不断迭代，国家间的相对位置逐步稳定。这里我们选择模型迭代 500 次后的结果，呈现国际数字治理格局的结构。

（一）以美国为中心的格局结构

图 2 是在我们选取的一个特定初始状态下，对模型迭代 500 次之后的演化结果所做的可视化展示。在图 2 中，不同形状代表不同群组的国家，形状的大小与国家规模变量成比例，图上点与点之间的距离表示模型模拟得到的国家间关系距离。

这里，我们先选择中、美、英三国作为中心国家，对其他国家，可以按照它们与这三个中心国家之间相对关系距离的远近，将它们划分进三个国家群组中。划分结果在图 2 中用不同的形状加以区分——圆形代表美国群组的国家，倒三角形代表英国群组的国家，星形代表中国群组的国家。

在这一群组划分结果中，围绕美国形成的国家群组中包括斯洛伐克、塞浦路斯、爱沙尼亚、拉脱维亚、罗马尼亚、比利时、捷克、韩国、马耳他、墨西哥、爱尔兰、立陶宛、加拿大、法国、丹麦、希腊、瑞典、葡萄牙、日本、西班牙、意大利等 22 个国家。其中多数是亚、美、欧的发达经

---

① 我们可以将国家投射到任意空间中测量国家间的关系距离，从而对国际数字治理格局有更直观的了解。本文选择在球面上建模。

图 2　国际数字治理格局地图

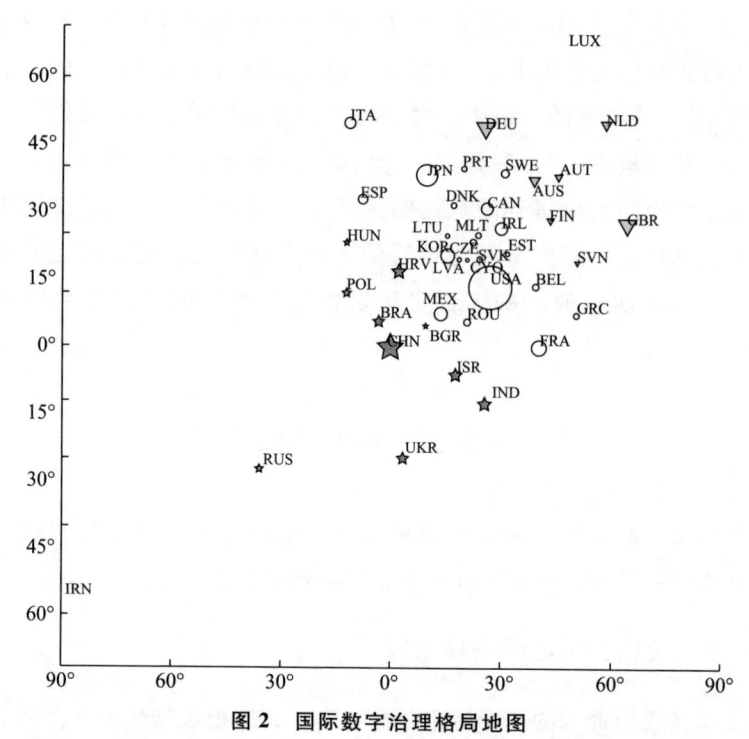

注：(1) AUS，澳大利亚；AUT，奥地利；BEL，比利时；BGR，保加利亚；BRA，巴西；CAN，加拿大；CHN，中国；CYP，塞浦路斯；CZE，捷克；DEU，德国；DNK，丹麦；ESP，西班牙；EST，爱沙尼亚；FIN，芬兰；FRA，法国；GBR，英国；GRC，希腊；HRV，克罗地亚；HUN，匈牙利；IND，印度；IRL，爱尔兰；IRN，伊朗；ISR，以色列；ITA，意大利；JPN，日本；KOR，韩国；LTU，立陶宛；LUX，卢森堡；LVA，拉脱维亚；MEX，墨西哥；MLT，马耳他；NLD，荷兰；POL，波兰；PRT，葡萄牙；ROU，罗马尼亚；RUS，俄罗斯；SVK，斯洛伐克；SVN，斯洛文尼亚；SWE，瑞典；UKR，乌克兰；USA，美国。(2) 图中 LUX（卢森堡）属于英国群组，IRN（伊朗）属于中国群组。

济体，15 个国家为北大西洋公约组织的成员国①。根据模型迭代 500 次后得到的距离矩阵结果计算，该群组内国家间平均关系距离为 0.174（见表 1），其中大部分国家与群组内其他国家的平均关系距离不超过 0.2。希腊、法国、意大利、西班牙处于相对边缘的位置，与群组内其他国家的平均关系距离在 0.2~0.3 之间，不存在与群组内其他国家的平均关系距离超过 0.3

---

① 这些国家是：美国、斯洛伐克、爱沙尼亚、拉脱维亚、罗马尼亚、比利时、捷克、立陶宛、加拿大、法国、丹麦、希腊、葡萄牙、西班牙、意大利。

的国家。

围绕英国形成的国家群组中包括斯洛文尼亚、芬兰、奥地利、荷兰、澳大利亚、德国、卢森堡等8个国家，除澳大利亚外，均为欧洲发达国家。同样根据模型迭代500次后得到的距离矩阵结果，计算该群组内国家间平均关系距离为0.166。其中每个国家与群组内其他国家之间的平均关系距离均不超过0.2。

围绕中国形成的国家群组中包括巴西、保加利亚、波兰、以色列、克罗地亚、印度、乌克兰、匈牙利、俄罗斯、伊朗等11个国家。除印度、巴西和以色列外，其余均为东欧国家或苏联的加盟共和国。该群组内部国家间的平均关系距离为0.314，这表明相对于英美的国家群组来说，围绕中国形成的国家群组内，国家间关系较为松散。俄罗斯和伊朗处于较边缘位置，与群组内其他国家的平均关系距离分别为0.42和0.73。

对国家群组间关系的分析表明，美国在这样一个特定的国际数字治理格局地图中处在相对中心的位置。这里用中国、美国、英国与其他国家间关系距离的均值来衡量它们与相应群组间的关系。例如，中国与美国群组的关系距离就通过计算中国与美国群组内所有国家间关系距离的均值得到；中国与本国群组的关系，则通过计算中国与群组内除中国外的其他国家间关系距离的均值得到。计算结果如表2所示。从这里我们能看到，中国与英国群组国家的平均关系距离较远，同样，英国与中国群组国家的平均关系距离也较远，而美国正好处在这二者之间。

表2 中美英与三群组中国家间的平均关系距离

		中国群组	美国群组	英国群组
群组内国家间平均关系距离		0.314	0.174	0.166
群组间关系	中国	0.24	0.31	0.51
	美国	0.38	0.16	0.29
	英国	0.60	0.31	0.18

从这一特定的初始状态下的演化结果来看，国际数字治理格局在一定程度上延续了工业时代国际格局的特点。在演化得到的国际数字治理格局地图中，美国周围聚集了更多的国家，世界中心的地位依旧明显。围绕美

国形成的国家群组具有规模大而分布紧密的特点，且主要由发达国家构成。[1] 围绕中国形成的国家群组中多半是发展中国家，且群组内部关系相对松散。然而，这些结论目前还都是基于特定的国际数字治理格局地图得到的，即依赖于模型设定的初始状态。一方面，从不同初始状态出发，完全有可能得到不一样的格局演化结果，进而也将得出不同的判断与结论，这也是我们在前面强调要对一些结果持审慎态度的原因；另一方面，如果从不同的初始状态出发，经由模型模拟却能得到大体相近的国家间关系结果，即演化收敛的国家间关系距离在不同初始状态下的波动不大，则可认为由模型揭示的国家间关系是相对稳定的。如果由不同的初始状态演化得到的国家间关系距离的波动较大，或许意味着国家间关系更可能受到偶然性因素影响，稳定性较差。接下来，我们尝试对模型演化的稳定性进行分析。

（二）国家间关系的稳定性与中美群组的可能变化

我们通过设定不同随机种子的方式模拟有差异的初始状态，对1000个不同的初始国家间距离矩阵下的模型演化结果进行统计，并用变异系数[2]来表征经由模型演化得到的国家间关系的稳定性。变异系数大，说明从不同初始状态演化得到的两国间关系距离结果较为离散，意味着两国间关系并不稳定，很容易受到外生因素而非模型中重点分析的利益竞争和制度相容因素的影响；变异系数小，则说明从不同初始状态演化得到的两国间关系距离结果较为集中，即无论从何种初始状态出发，总能演化到相差不多的国家间关系上面，这意味着两国间关系在利益竞争和制度相容因素的作用下能保持较为稳定的状态。这里，为了更全面地分析国际数字治理格局地图，我们进一步区分了两种演化稳定性，分别是国家间关系稳定性和特定国家的全局稳定性，分别对它们定义如下。

（1）国家间关系稳定性，直接用国家间关系距离 d_{ij} 的变异系数表示。

---

[1] 我们这里以一种确定三中心的方式划分了国家群组。但若再仔细观察图2中呈现的国家位置分布，以及分析模型得到的国家间关系距离数据可发现，一些国家（除中国、英国外，还包括日本、法国、德国等）与美国的关系距离均相对较远，而紧密围绕美国分布的多是一些欧洲国家。

[2] 这里选取变异系数是为了去除距离量纲的影响，因为经由模拟得到的平均关系距离较远的两个国家，它们之间关系距离的标准差也自然会较大。

CV_{ij} 代表国家 i 与国家 j 间关系的稳定性：

$$CV_{ij} = \frac{\sigma(d_{ij})}{\mu(d_{ij})}$$

其中，$\mu(d_{ij})$ 表示经过 1000 次模型演化得到的 d_{ij} 的均值，$\sigma(d_{ij})$ 表示这些 d_{ij} 的标准差。

（2）特定国家的全局稳定性，用该国与所有其他国家间变异系数 CV_{ij} 的加权和表示，CV_i 代表国家 i 的全局稳定性，其中，权重为对应其他国家的规模变量 s_j，

$$CV_i = \sum_{j \neq i} s_j CV_{ij}$$

图 3 先给出了 41 国的全局稳定性情况。一些欧美大国的全局稳定性相对较弱，其中美国的全局稳定性最弱（CV_i 最大），日本、法国与德国次之。中国相较于美、英、法、德等国，CV_i 要略小一些。对于国家间关系稳定性，我们更关注中、美与其他国家的国家间关系稳定性。图 4 和图 5 分别展示了中、美与其他国家的国家间关系稳定性。从中可以看出，中国与其他大部分国家的国家间关系稳定性更强，表现在与美国相比，中国变异系数不超过 0.2 的关系国数量要更多。

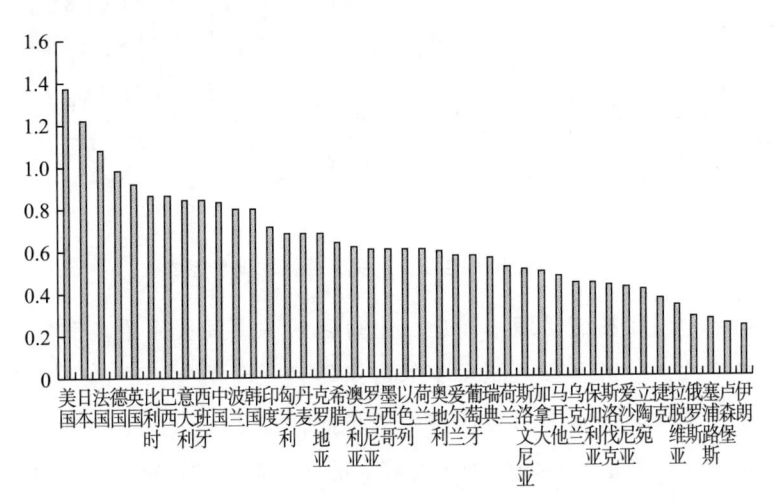

图 3　国际数字生态地图演化中各国的全局稳定性情况

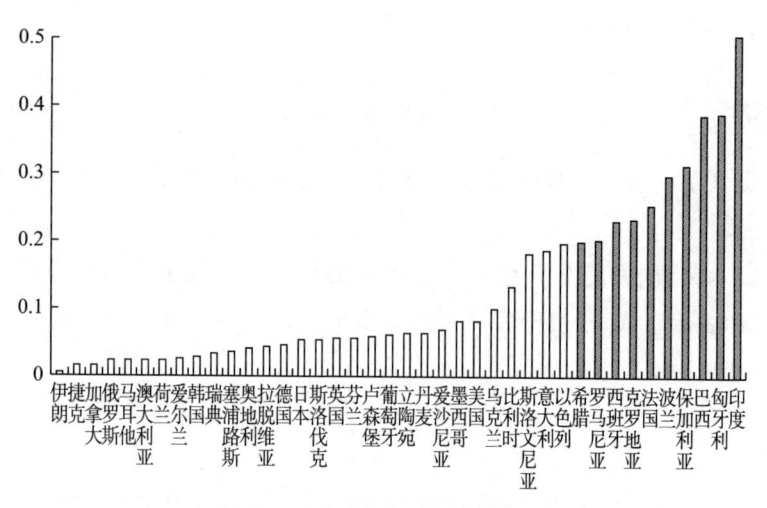

图4 中国与其他国家间关系距离的变异系数

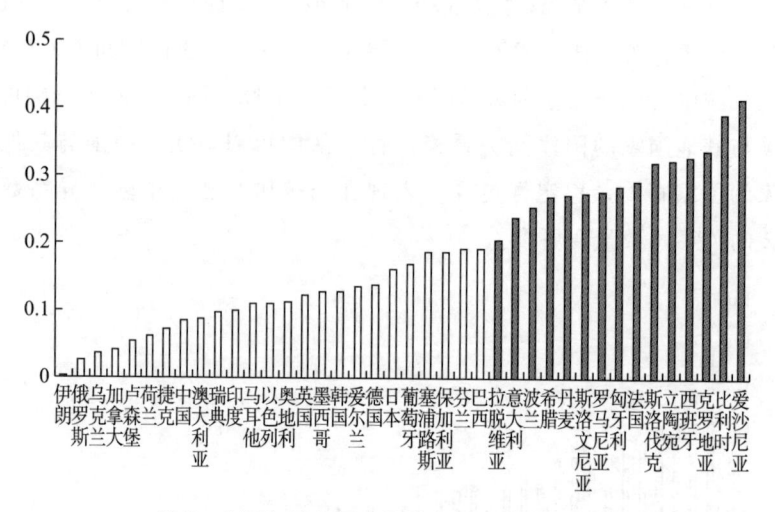

图5 美国与其他国家间关系距离的变异系数

我们结合国际数字治理格局地图中得到的两国间关系距离和它们之间关系的稳定性，分析国家可能发生的群组转换：与中心国家的关系距离较近且关系稳定性较强的国家转换群组的可能性较小，而与中心国家的关系距离较远且关系稳定性较弱的国家有较大的转换群组的可能。图6和图7为分别针对美国和中国绘制的散点图，横轴表示它们与其他国家间的关系距离，纵轴表示衡量国家间关系稳定性的变异系数。通过在关系距离中位数处绘制一条垂直于横轴的直线以及在变异系数的中位数处绘制一条垂直于纵轴的直线，将图6、图7中代表国家的点划分至四个区域。右上区域中的国家与中心国家的关系距离较远且关系稳定性较弱，与此相对，左下区域中的国家与中心国家的关系距离较近且关系稳定。

那些与中心国家的关系距离较远且关系稳定性较弱的国家是最有可能转换群组的。

图8展示了部分国家所属群组的概率情况，除俄罗斯和加拿大稳定属于当前群组外，其他国家均有一定的转换国家群组的可能。无论在图6还是在图7中，依前文方式得到的属于英国群组的国家几乎都位于右下区域，稳定地远离中国和美国。

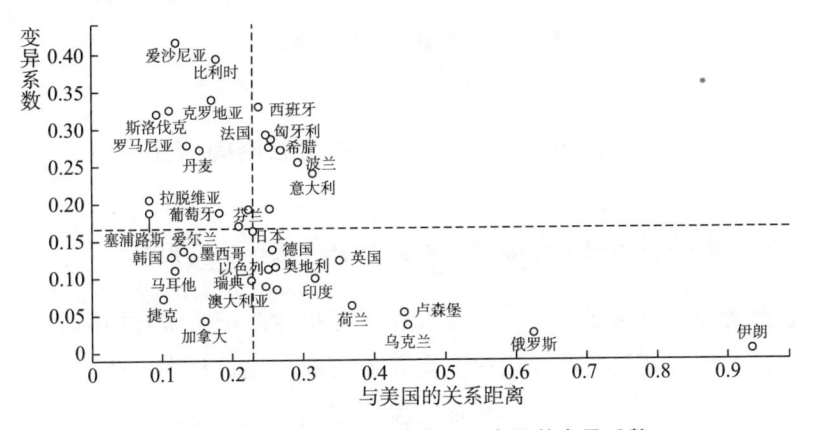

图6 其他国家与美国的关系距离及其变异系数

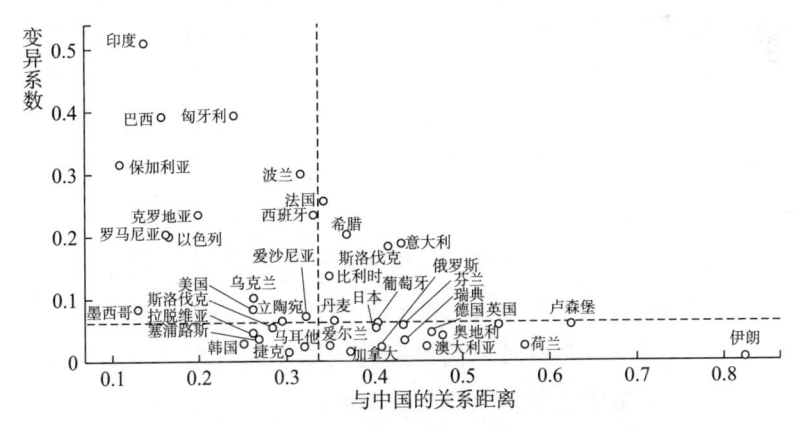

图7 其他国家与中国的关系距离及其变异系数

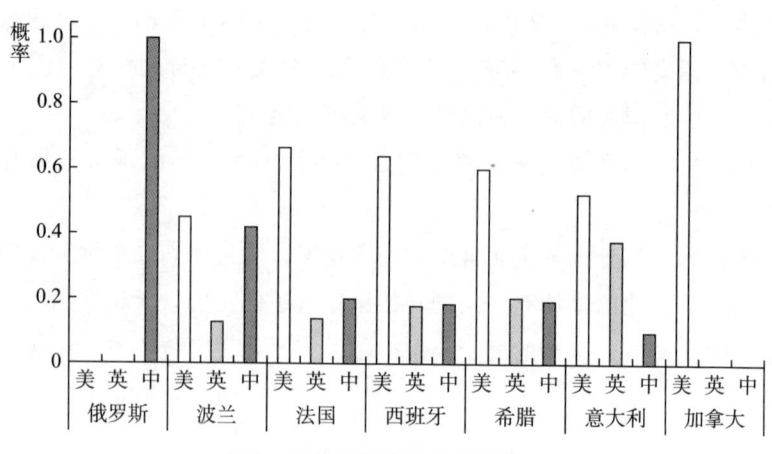

图8 国家所属群组的概率情况

四 世界潮流与国际数字治理格局演化

(一)格局演化的主导因素:利益竞争,还是制度相容?

在此前考察的模型中,利益竞争和制度相容两个因素对国际数字治理格局的影响程度是相同的。然而在实际历史的演化进程中,此二者的力量并不一定平衡,相对作用大小可能会发生变化。在一定的历史时期,主导性力量可能是其中的一种。比如二战结束后,伴随着"铁幕"在欧洲降下,国际格局呈现以苏联为首的社会主义群组和美国为首的资本主义群组两极形态,国家间在意识形态和治理方式上的制度相容逐渐成为主导国际格局形成与维持的作用力;而到了20世纪90年代,伴随着冷战的结束和全球经济一体化进程的展开,贸易互动中的利益竞争会替代制度相容,成为塑造国际格局的主要推动力量。

这里在以上模型设定的基础上,引入一个调节参量 λ。公式(3)表示的国家受挫感函数可重新写作公式(4)。如果对 λ 做统一的调整,意味着国家在相对一致地改变它们对利益竞争(或制度相容)的重视程度,这正好模拟了一种"世界潮流"发生改变的情形。

$$F_i(X) = \sum s_j [-\lambda p_{ij} d_{ij}(X) + (1-\lambda) q_{ij} d_{ij}^2(X)] \tag{4}$$

● 当 $\lambda=0$、$1-\lambda=1$ 时，利益竞争因素不再对国家受挫感产生影响，格局演化完全由制度相容因素决定；

● 当 $\lambda=1$、$1-\lambda=0$ 时，制度相容因素不再对国家受挫感产生影响，格局演化完全由利益竞争因素决定；

● 随着 λ 增大，利益竞争因素对国家受挫感的影响程度上升，进而对国家间关系的影响程度上升，相应地，制度相容因素的影响程度下降。

与此前模型模拟中所使用的数据相同，p_{ij} 反映国家间的利益竞争情况，q_{ij} 反映两国的制度相容情况。

当 $\lambda=0.1$ 时，即在国际数字治理格局由制度相容因素主导，利益竞争因素对塑造国家间关系发挥作用较小的条件下，除伊朗和俄罗斯外，绝大多数国家与其他国家间的关系距离较近（均值多在 0.06 以下）。当 $\lambda=0.9$ 时，即国际数字治理格局由利益竞争因素主导，制度相容因素的作用较弱时，各国与其他国家间的平均关系距离较大，都处在 0.637～0.710 之间，即使是伊朗和俄罗斯与其他国家间的关系距离也并没有显著增大。因此整体来看，当调节参量 λ 增大时，各国间的平均关系距离也几乎都呈现增大的趋势，这显然是与由利益竞争导致的国家间相互排斥相关。

我们当然更关心中国与其他国家间的关系状况。图 9 展示了一些国家与中国之间的关系距离是如何随调节参量 λ 的变化而变化的。与此前看到的国家间平均关系距离随 λ 的增大而增大的趋势类似，图 9 中中国与一些国

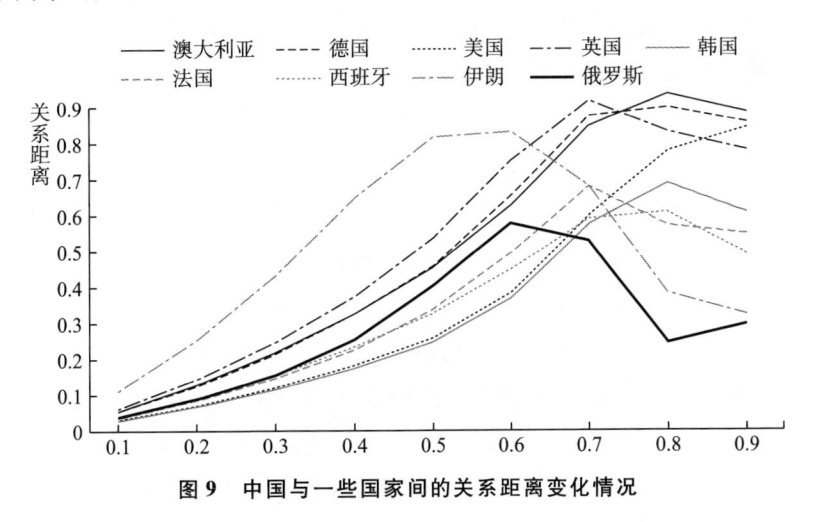

图 9 中国与一些国家间的关系距离变化情况

家间的关系距离随 λ 的增大而整体上趋于增大。但同时也可发现，当调节参量 λ 超过一定取值后，部分国家与中国间的关系距离呈现一定的缩小趋势，其中尤以俄罗斯和伊朗较为明显。

● 对于俄罗斯来说，当调节参量 λ 取值较小，即利益竞争因素不起主导作用时，俄罗斯与中国的关系距离接近全部国家的平均水平（0.041）。随着调节参量 λ 取值的增大，俄罗斯与中国的关系距离经历了一个先增加后缩小的过程。当调节参量 λ = 0.8 时，即利益竞争因素对国家间关系格局的塑造发挥绝对主导作用时，俄罗斯与中国的关系距离是最近的。

● 对于伊朗来说，当调节参量 λ 取值较小，即利益竞争因素不起主导作用时，伊朗与中国的关系距离是 9 国中最远的，这显然是因为在意识形态上，中国与伊朗之间存在较大差异。但随着调节参量 λ 取值的增大，伊朗与中国的关系距离同样经历了一个先增加后缩小的过程。

我们还可以从他国视角来考察不同主导因素条件下国家间关系发生改变的情况。图 10 共呈现了 6 幅雷达图，每幅雷达图中呈现了特定国家在不同主导因素条件下归属群组的可能性情况，这里呈现的并不是国家间绝对关系距离的变化，而是比较特定国家与中、美、英三国的相对关系距离，进而判断不同国家的群组倾向。从图 10 来看，数值越接近 1，表示该国与坐标轴相对应的国家的相对关系距离越近，则越有可能成为相对应国家的伙伴。同样，我们通过调节参量 λ 的取值，可展现在国际格局由制度相容因素主导向由利益竞争因素主导的变迁过程中，不同国家与中、美、英三国之间相对关系距离的变化情况，进而判断其国家群组的选择。这里选择的 6 个国家代表了 6 种不同类型的情况。

● 波兰：当制度相容因素发挥主导作用时，美国和中国都有可能成为波兰的伙伴；随着利益竞争因素影响程度的上升，波兰与美国之间有渐行渐远的态势，波兰与中国之间的伙伴关系则十分稳定。

● 法国：随着调节参量 λ 的增大，法国依次加入了美国、英国和中国的群组。当制度相容因素主导格局演化时，法国与美国处于同一群组。当制度相容因素与利益竞争因素二者的影响相等（λ = 0.5）时，法国与美国依然是伙伴。随着利益竞争因素的影响继续增大，当 λ = 0.7 时，法国加入英国群组；当 λ = 0.9 时，即利益竞争因素发挥绝对主导作用时，法国与中国成为伙伴的可能性远大于美、英两国。

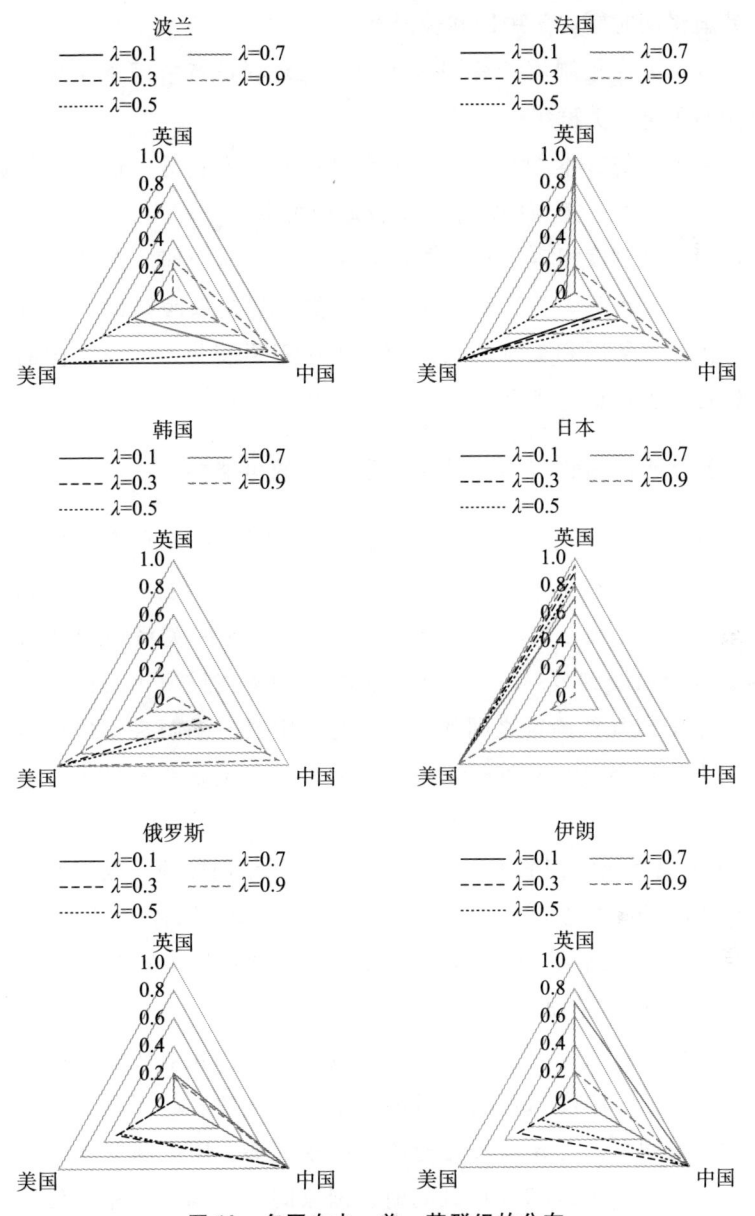

图 10　多国在中、美、英群组的分布

● 韩国：当 λ 较小，即制度相容因素主导格局演化时，在中、美、英三国中，韩国更倾向于美国群组，即使利益竞争因素对国际格局演化的影响逐渐增大直至 λ=0.7 时，这种关系也并未发生改变。但当利益竞争因素对国际格局演化发挥绝对主导作用（λ=0.9）时，韩国与中国的关系距离较近,韩国将同时倾向于中国和美国群组。

- 日本:无论是制度相容因素主导,还是利益竞争因素主导,日本都始终更倾向于英、美群组。
- 俄罗斯:与日本相反,无论是制度相容因素主导,还是利益竞争因素主导,俄罗斯都一直与中国维持着较近的关系。
- 伊朗:当制度相容因素主导国际格局演化时,即 λ 较小时,伊朗与中国的关系距离最近,其次是美国,与英国间的关系距离最远。随着 λ 逐渐增大,伊朗与美国和英国的关系距离不断发生变化,但与中国的关系距离一直较近,关系更为稳定。

(二)全球化趋势与中美数字化发展中的可能性

图 11 中,横轴表示 λ 的不同取值,纵轴表示在 1000 次模拟后得到的中、美、英三国与其他国家间关系距离变异系数的平均值。图 11 的结果给我们的第一个启示是,表示中国与其他国家的国家间关系稳定性状况的曲线基本上位于曲线的最下方,说明即使主导国际格局演化的作用力量发生改变时,中国与其他国家之间的关系在总体上是三个国家中最稳定的,这对于中国来讲可能是一种优势,它意味着国家间关系的发展在一定程度上是可预见的。

图 11 的结果给我们的第二个启示是,国际格局的演化结果会在两种因素共同作用时趋于更稳定,而当其中任意一个因素发挥绝对主导作用时,国家间关系的演化结果会因受初始国家关系距离的影响而表现出更大的变异性。图 11 中的三条曲线均大致呈现 U 形变化趋势:当 λ 较小时,即制度相容因素主导国际格局演化时,变异系数的均值都相对较大,国家间关系较为不稳定;随着制度相容因素对国际格局演化的影响下降,同时利益竞争因素的影响增大,变异系数的均值呈减小趋势,国家间关系的稳定性上升;当 λ 取值在 [0.3, 0.7] 区间时,国家间关系都处在相对最为稳定的状态;随着 λ 继续增大,当 λ 大于 0.7,即利益竞争因素主导国际格局演化时,变异系数的均值呈增大趋势,国家间关系再次趋于不稳定状态。图 11 中三条曲线的右端均要高于左端,说明相较于制度相容因素主导,由利益竞争主导的国家间关系,在一定外生力量冲击的作用下变动的可能性更大。

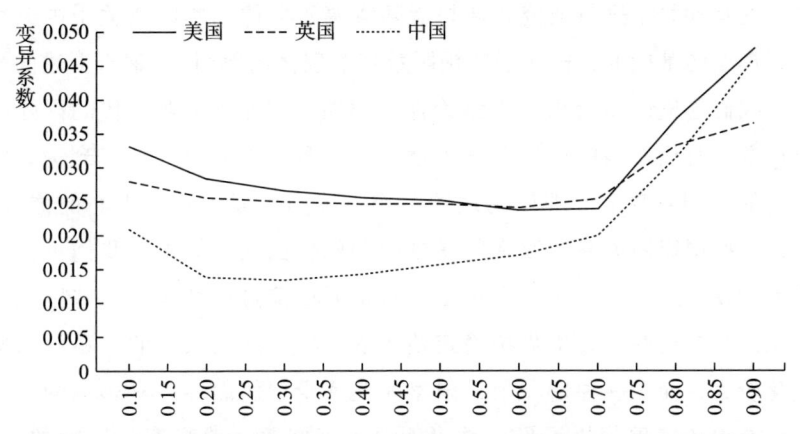

图 11　不同调节参量下中、美、英三国与其他国家的国家间关系稳定性情况

表 3 为在 λ 取不同值的条件下，分别属于中国群组、美国群组和英国群组的国家数量变化情况。第一，围绕英国的国家数量在不同 λ 取值的条件下变化较小，最少的时候有 6 个，最多的时候也只有 8 个。第二，从围绕美国的国家数量来看，当制度相容因素是塑造国家间关系的主导性力量（λ = 0.1）时，围绕美国的国家数量是最多的，共有 26 个；但随着 λ 增大，即利益竞争因素的影响增大，围绕美国形成的群组中国家的数量逐渐减少，当 λ = 0.9 时，美国群组中的国家数量只剩下 16 个。第三，围绕中国的国家数量变化趋势与美国刚好相反，当 λ = 0.1，即国家间关系主要受制度相容因素影响时，中国群组中的国家数量较少，只有 9 个；但当 λ = 0.9，即国家间关系主要由利益竞争因素决定时，中国群组中的国家数量增加到 18 个。

表 3　不同 λ 取值条件下围绕中、美、英三国形成群组中的国家数量

单位：个

λ	0.1	0.2	0.3	0.4	0.5	0.6	0.7	0.8	0.9
中国群组	9	9	9	9	10	10	10	14	18
美国群组	26	26	25	25	24	23	23	19	16
英国群组	6	6	7	7	7	8	8	8	7

五　总　结

本文尝试通过计算建模的方法，对数字化发展领域世界主要国家和地区之间的互动关系进行研究，在拓展阿克塞尔罗德和本内特关于国家集聚的景观模型的基础上，构建了"国际数字治理格局地图"。基于上述的分析结果，我们这里试图给出几点结论性的归纳：首先，工业时代的国际格局在目前数字时代发展的初期阶段仍然有一定程度的延续。这表现为，在我们构建的"国际数字治理格局地图"中，美国仍处于相对中心的位置上。其次，一些国家间关系的改变是受到了偶然性因素的影响。我们可以将不同模型的模拟进程看作历史在很多平行世界中演进的状态，一些国家间的关系状态会在这些平行世界中稳定地出现，另一些国家间的关系状态则可能变化较大，而后一种情况则是国家间关系受到偶然性因素影响的可能性更大。文中还着重分析了另一种可能对国家间关系改变产生影响的情况，即"世界潮流"发生变化。我们在前文的分析中也发现这种改变对一些国家间关系的影响更大，而有些国家间关系对"世界潮流"的变化并不敏感。最后，当主导数字化发展领域国家间互动的影响因素是利益竞争时，中美在数字化发展中实现共生的可能性最大。这一结论对指导国家行动也具有一定的启示性意义：要在国际行动和国家间互动时尽量避免让他国更多地关注制度差异，进而形成聚焦制度相容因素的主导性"世界潮流"。这一启示也与一些国际关系学者关于数字时代"中美战略竞争需要减少意识形态领域的资源投入"（阎学通，2019）的判断不谋而合。

当然，本研究也存在诸多局限。其中之一体现在模型假定上，AB模型的确"借用了物理学和生物学中一些对于研究复杂系统动力机制非常有用的抽象概念"（Axelrod and Bennett, 1993），提供了一种针对国际联盟这种聚合议题的统一分析方法。但是也能够发现，在能量景观上移动的其实并不是国家行动者，而是国家群组的构型，AB模型在某种意义上还只是一种"上帝视角"下的模型，更符合现实的假定应是基于国家行动者的行动逻辑做出的。

参考文献

斯科特·佩奇，2019，《模型思维》，贾拥民译，浙江人民出版社。

阎学通，2019，《数字时代的中美战略竞争》，《世界政治研究》第2期，第1~18页。

叶成城，2022，《数字时代的大国竞争：国家与市场的逻辑——以中美数字竞争为例》，《外交评论（外交学院学报）》第2期，第110~132页。

Axelrod, Robert and D. Scott Bennett. 1993. "A Landscape Theory of Aggregation." *British Journal of Political Science*, 23 (2): 211 – 233.

Axelrod, Robert, Mitchell Will, Robert E. Thomas, Bennett D. Scott, and Bruderer Erhard. 1995. "Coalition Formation in Standard-setting Alliances." *Management Science*, 41 (9): 1493 – 1508.

Burt, Ronald S. 1992. *Structural Holes: The Social Structure of Competition*. Cambridge: Harvard University Press.

Burt, Ronald S. and Ilan Talmud. 1993. "Market Niche." *Social Networks*, 5 (2): 133 – 149.

Dong, Yucheng, Zhan Min, Kou Gang, Ding Zhaogang, and Liang Haiming. 2018. "A Survey on the Fusion Process in Opinion Dynamics." *Information Fusion*, 43: 57 – 65.

Florian, R. and S. Galam. 2000. "Optimizing Conflicts in the Formation of Strategic Alliances." *The European Physical Journal B*, 16 (1): 189 – 194.

Galam, Serge. 1996. "Fragmentation versus Stability in Bimodal Coalition." *Physica A: Statistical Mechanics and Its Applications*, 230 (1 – 2): 174 – 188.

Ising, Ernst. 1925. "Contribution to the Theory of Ferromagnetism." *Z. Phys*, 31 (1): 253 – 258.

Kobe, Sigismund. 2000. "Ernst Ising 1900 – 1998." *Brazilian Journal of Physics*, 30: 649 – 654.

Lorrain, Francois and Harrison C. White. 1971. "Structural Equivalence of Individuals in Social Networks." *The Journal of Mathematical Sociology*, 1 (1): 49 – 80.

Stutz, Conley and Beverly Williams. 1999. "Obituary: Ernst Ising." *Physics Today*, 52 (3): 106 – 108.

Vinogradova, Galina and Serge Galam. 2013. "Rational Instability in the Natural Coalition Forming." *Physica A: Statistical Mechanics and Its Applications*, 392 (23): 6025 – 6040.

Wood, Charlie. 2020. "The Cartoon Picture of Magnets that Has Transformed Science." *Quanta Magazine*, https://www.quantamagazine.org/the-cartoon-picture-of-magnets-that-has-transformed-science-20200624/.

World Bank. 2021. "The Worldwide Governance Indicators", https://info.worldbank.org/governance/wgi/.

·数字生态指数测算·

数字生态指数（2022）报告

"数字生态指数（2022）"课题组[*]

摘　要　数字生态视角是研究数字经济的重要视角，数字生态指数旨在对国内与国际数字生态发展格局进行多层次、整体研判，为中国对内营造良好数字生态、对外积极调整全球战略定位提供科学评估依据和实践抓手工具。本文构建了一个包含数字基础、数字能力、数字应用和数字规制的数字生态理论框架，并在此基础上构建了中国数字生态指数和国际数字生态指数。研究发现，国内方面，中国省级四型联动的数字生态格局总体保持稳定，但国内数字生态发展的地区不平衡性依然存在；国际方面，中国的数字化发展水平在国际上属第一梯队，中国、美国、欧洲28国是形塑国际数字治理格局的重要力量。

关键词　数字生态指数　数字基础　数字能力　数字应用　数字规制

一　数字生态研究的意义

（一）数字生态视角是研究数字经济的重要视角

数字经济发展速度之快、辐射范围之广、影响程度之深前所未有，正在成为重组全球要素资源、重塑全球经济结构、改变全球竞争格局的关键力量。数据作为新型生产要素，成为数字经济深度发展的核心，正在推动

---

[*] "数字生态指数（2022）"课题组组长：张平文；课题组成员：宋洁、邱泽奇、王娟、乔天宇、黄晶、董盼、陈德良、王新民、孙震、黎娜、陈岩筱、颜爽、王菲、陈友将、王世东、王剑晓、张钟文、张博、王萍萍、黎梦娜、吴迪、易世洪、涂腾、贾梦珠、曹冠群、彭芙蓉、张蕴洁、谢子龙、李由君、赵越、李铮、李昊林、冯莉媛、艾秋媛、徐燕婷、王卓明、谭成、张凌宇、庄顺典。

生产方式、生活方式和治理方式的深刻变革。加强数字基础设施建设、提高数字化转型的创新能力、充分挖掘数字化场景的应用价值，已成为引领全球经济社会变革、推动经济高质量发展的重要引擎。

然而，在发展数字经济的过程中仍然面临一系列新问题，亟待开展系统深入的研究。数据要素有何特征、数字化转型有何规律、数字经济如何评估便是三个相互关联的重要问题。其中，数据要素是数字经济得以形成的微观基础，是数字时代的新媒介和新载体，更好地理解数据要素是促进其流通、发挥其价值、推动数字经济高质量发展的关键。数字化转型是应用数据与技术创新实现发展目标的手段，对不同领域、不同主体数字化转型规律的深入把握，将有助于转型升级的顺利实现，推动经济社会在数字技术助力下有序运行。数字经济如何评估是要解决数字经济的发展方向与目标问题，科学的测算与评估工具的研发有助于数字经济发展战略目标的制定，为决策提供合理的建议。

从 2020 年起，北京大学大数据分析与应用技术国家工程实验室（以下简称"国家工程实验室"）的研究团队联合合作单位，针对数字经济如何评估的问题开展了深入研究。在研究中我们引入了数字生态视角，连续两年发布数字生态指数，评价我国各省级和地市级行政单位的数字化发展状况。数字生态视角作为一种宏观关照，归纳起来具有以下五方面的特性：第一，关联性，不孤立地考察数字化发展中的各主体与因素，而重点关注它们之间的关联与互动；第二，层次性，考察数字化发展的各个不同层次、领域以及它们之间的复杂作用关系；第三，聚集性，尤其关注数字化发展中由主体间互动带来的各种聚集现象；第四，整体性，凸显数字化发展是一个各部分有机协同的整体系统；第五，动态性，注重对数字化发展动态及演化进程的分析。

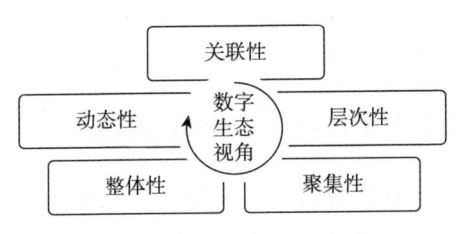

图 1　数字生态视角的五个特性

了解数字生态视角的上述特性，对分析数字化发展中的诸多问题有所裨益。无论开展理论研究工作，还是开展相关实践工作，数字生态视角均能起到积极的指导和引领作用。2022年，国家工程实验室继续基于数字生态视角，对数字生态指数的相关研究工作做进一步拓展，同时，还针对数据要素特征开展了初步研究。相信在未来，我们针对数字化转型规律的研究，也将从数字生态视角获得更多启发。

（二）数字生态指数研究的拓展与深入

数字经济具有高创新性、强渗透性、广覆盖性，其内涵和外延仍在拓展。但在边界不清晰的条件下，针对数字经济进行评估存在较多困难。目前国内外的一些研究机构热衷于在传统GDP框架下评估数字经济，但这种方法具有天然的局限性。原因在于，GDP是规模性测度，侧重于对价值总量的衡量，却在很大程度上忽视了数字经济内部的复杂性。因此，基于GDP框架的测算很难反映数字经济的发展全貌。另外，数字经济GDP的概念内涵过于单一，对其过分关注将可能导致对数字化发展中具体丰富的相互作用视而不见，比如数字化发展各环节、各部门、各领域之间的互动，不同地区在数字化发展上的相互协调，不同国家在数字化发展领域存在何种竞合关系，等等。数字生态视角从有机整体的角度入手，关注数字化发展内部更多维度的内容，以及不同维度乃至不同发展主体之间的相互联系。从数字生态视角进行评估，可以对一个国家或地区的数字经济发展水平做出更加全面、丰富、具体的描述。

2022年，国家工程实验室继续联合校内外多家研究机构，沿用前两年的做法，利用多种来源的数据及分析手段，从数字生态视角对我国各省级和地市级行政单位的数字化发展水平进行全面评估。同时，为进一步分析数字化发展情况与国际数字治理格局，明确我国在这一格局中所处的位置，2022年首次发布国际数字生态指数。

（三）数字生态视角引领数据要素规范流通

数据已经成为数字时代新的生产要素。要让数据要素发挥其应有的价值，就要让其充分地流通起来。然而在当下，数据要素要实现充分流通仍面临一系列的难题，这是由于我们目前对数据要素的认识尚不深入。数据要素在流通过程中面临的一些困难可以通过一定的技术手段克服，但更为重要的是，需要通过数字规制体系，从制度层面对数据要素流通进行合理的规范。数字生态视角将有助于引领科学合理的数字规制体系的构建，促进数据要素规范流通。

2022年6月，中央全面深化改革委员会第二十六次会议审议通过了《关于构建数据基础制度更好发挥数据要素作用的意见》（以下简称《意见》），这一文件意义深远，它启动了一项数据基础制度体系建设的系统工程。《意见》综合考虑解决数据权属、流通规范、收益分配、安全治理等关键议题，且统筹兼顾发展和安全、效率和公平、国内和国际等多方需求。《意见》在很多方面与我们提出的数字生态理念相契合。在加强数字基础方面，《意见》提出要统筹优化数据交易场所的规划布局，建立集约高效的数据流通基础设施；要顺应消费互联网和产业互联网并重的发展趋势，扩大数据要素供给规模，提高质量；要加大对数据要素市场发展的支持力度，做大做强数据要素型企业，探索数据资产入表新模式。在提升数字能力方面，《意见》提出要引导企业和科技机构推动数据要素相关技术与产业应用创新；要建立数据要素流通使用全过程的合规公证、安全审查、监测预警等制度，指导各方履行安全责任和义务。在深化数字应用方面，《意见》提出要完善和规范数据流通规则，构建场内场外相结合的交易制度体系，规范引导场外交易，培育壮大场内交易；要鼓励公共数据在"原始数据不出域、数据可用不可见"前提下，根据数据应用场景，探索无偿和有偿相结合的使用模式。未来，在针对数据流通的更多专门规制制定过程中，仍然需要数字生态视角的引领。数字生态视角提示我们，根据技术演进和环境变化，针对数字规制进行适应性的动态调整十分必要。

（四）"数字生态协同创新平台"建设体现产学研多方参与

数字生态研究需要聚合多方力量。从数据生产到数据应用产生价值的每个环节，都有大量参与者。良好的数字生态是建立在广泛联系相关参与者的基础上，通过建立合作共享、健康共赢的机制构建起来的能够实现畅通循环的有机共同体。数字生态指数的研制也要按照数字生态的内在发展要求进行模式创新。为此，国家工程实验室于2020年推动成立了"数字生态协同创新平台"，旨在为数字生态指数研究建立合作共享、互惠共赢的机制，打造一个围绕数字生态研究的创新共同体。该共同体由数字生态相关领域最具代表性的科研机构、事业单位、平台企业等构成，集数字生态的理论研究、数据融合、指数发布、咨询服务、示范推广等于一体，为数字中国建设与数字生态发展建言献策。

2022年，参与中国数字生态指数（2022）研制和发布工作的合作单位/研究团队增加到26个，基于拥有或掌握的具有全国代表性的数据资源，按照统一的科学标准，单独或联合国家工程实验室共研制22个专项指数，反映某一领域在全国省级和市级层面的数字化发展水平。此外，我们还引用了5个具有全国代表性的公开发布的指数。

在中国科学院学部工作局的支持下，2021年国家工程实验室和北京大学数字治理研究中心组织研究力量开展对中美欧数字治理格局的研究，国际数字生态指数即是这项工作的重要组成部分。

从数字生态视角入手探讨数字化发展与数字治理是北京大学张平文院士带领跨学科团队的集体努力。在这个团队中，融汇了数学、数据科学、工学、社会学、政治学、法学、国际关系学、管理学等文理工多学科研究人员的智慧。本报告是这一努力的阶段性产出，目的是助力国家"十四五"规划提出的营造开放、健康、安全的数字生态，引领数字时代的高质量发展。

二 数字生态理论框架与指数测算

（一）数字生态理论框架

数字生态是数字时代下的政府、企业和个人等社会经济主体，围绕数据的流动循环和相互作用，通过数字化、网络化和智能化等技术进行连接、互动与融合，进而形成的社会、经济系统。我们构建了一个包含数字基础、数字能力、数字应用和数字规制的数字生态理论框架，分别反映数字化发展的投入、转化、产出各个环节及其依托的制度环境。

数字基础反映数字化发展的投入环节，是数字生态形成的前提。在数字时代，有些关键基础设施与工业时代一脉相承，比如能源；同时也存在一些数字时代特有的基础设施，比如服务器、基站、数据中心以及相关的技术标准等。数据资源是数据基础中的另一项重要内容，它一直被视为数

```
                        数字生态
        ┌──────────┬──────────┬──────────┐
     数字基础    数字能力    数字应用    数字规制
```

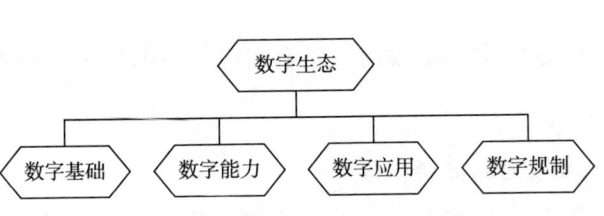

图 2　数字生态理论框架

字时代的"石油",数字连接的建立要依靠数据连通。数字基础不健全,数字时代各主体间不可能实现充分有效的互动。

数字能力反映数字化发展的转化环节,是数字生态演化的关键动力。数字能力首先体现在技术创新上,各种数字连接的充分实现和不断完善都要依靠持续的技术创新。人才是技术创新的基石,技术创新以大量的数字人才作为基础。另外,数字化发展要对数字连接中可能存在的风险进行有效的应对和处理,保障数字生态稳定和安全的能力也是数字能力的重要体现。

数字应用反映数字化发展的产出环节,是指数字技术在经济、社会和治理等具体场景中的应用落地,也是数字生态价值的真正实现。数字基础和数字能力也只有通过数字应用才能切实发挥作用,推动数字生态发展。如果不能在各种具体场景中实现落地,投入建设的数字基础设施便不会得到充分且有效的利用,数据资源也不可能源源不断地产生。同时,没有具体场景中催生的各类新需求,技术创新就会成为无源之水,人才培养更无从谈起。因此,数字应用是数字生态价值实现的关键一环。

数字规制构成了一定区域内数字化发展的制度环境,是推动数字生态发展的重要力量。一方面,数字规制可以通过厘清市场中各类资源要素权属、明确数据跨境流通规则、划定各类创新实践的监管空间等方式,不断为数字化发展赋能;另一方面,数字规制可以通过构建个人信息保护规范体系、数据安全与网络安全规范体系、数字市场竞争规则体系等,为数字经济、数字社会、数字政府的建设保驾护航。从世界范围来看,当前数字化发展相关法律和政策体系都只作用于一定区域范围内的数字生态发展,因受到不同历史、文化传统和意识形态的影响,相互之间可能会表现出很大的差异性。

（二）中国数字生态指数指标体系构建与中国数字生态指数（2022）计算方法

1. 中国数字生态指数指标体系

对一国数字化发展而言，可以从"数字基础－数字能力－数字应用"三个维度[①]构建数字生态理论框架和指标体系。

数字基础下设基础设施、数据资源与政策环境三个二级指标。基础设施指标反映支撑数字化转型、智能升级和融合创新的新型基础设施的建设情况，涉及信息基础设施、融合基础设施和创新基础设施。数据资源指标反映数据要素在开放、共享、流通、交易等各环节的发展水平。政策环境指标反映各地在健全数据市场规则和规范发展环境时的制度供给与政策成果。

数字能力下设数字人才、技术创新和数字安全三个二级指标。数字人才指标反映各区域数字领域人力资源的结构、流动、供需及环境等情况。技术创新指标反映大数据、人工智能、集成电路等数字技术前沿领域的专利研发水平和自主创新能力。数字安全指标反映重要数据资源、信息网络和信息系统的安全保障水平，以及网络安全产品和产业发展现状。

数字应用下设数字政府、数字经济和数字社会三个二级指标。数字政府指标反映数字技术在政府管理服务领域的应用发展情况。数字经济指标反映以企业为主体的数字化发展水平，包括数字产业化和产业数字化两方面。数字社会指标反映数字技术在个人社会生活中的应用和普及水平。

2. 中国数字生态指数（2022）情况

中国数字生态指数（2022）是依据数字生态理论框架，基于多渠道获得的测量指标逐级构建而成的综合性指数。数据来源除个别已向公众发布的成熟指数外，多数来自"数字生态协同创新平台"的合作单位针对2021年度全国31个省级行政区（不包括港澳台地区）以及重点城市所研制的指数数据源，具体情况见表1。

[①] 在本文中，将一级指标与维度交替使用。

表 1 中国数字生态指数（2022）及其基本情况

一级指标	二级指标	测量指标	基本情况
数字基础	基础设施	新型基础设施竞争力指数	由清华大学互联网产业研究院提供，从网络基础设施、新型应用基础设施和新型行业基础设施三方面反映各地新基建的发展水平
		云栖指数	由阿里云研究院提供，反映各地的上云水平及发展进程
	数据资源	开放数林指数	引自复旦大学数字与移动治理实验室，反映各地政府公共数据对外开放水平
		数据流通指数	由国家工程实验室研制，从政策支持度、数据开放质量、大数据交易平台成熟度与地区数据流通活跃度四个方面，反映各地数据要素市场的建设水平与数据流通程度
	政策环境	数字政策指数	由国家工程实验室联合北京北大英华科技有限公司（北大法宝）、北京大学重庆大数据研究院共同研制，从数字治理、数字经济、数字社会、数字政府四个方面对各地政策环境建设情况进行评估，反映各地数字生态政策的发展水平
数字能力	数字人才	数字人力指数	由国家工程实验室联合猎聘网、北京大数据研究院共同研制，依托猎聘网以及地方统计年鉴数据，反映各地数字人才现状
		AI 开发者指数	由国家工程实验室联合百度飞桨共同研制，依托百度飞桨数据，反映 AI 开发者在各地的分布情况
	技术创新	数字专利指数	由国家工程实验室联合江苏佰腾科技有限公司共同研制，依托佰腾专利数据，根据数字产业化和产业数字化的相关行业技术专利申请情况，反映各地数字化技术创新水平
	数字安全	网络安全生态总体指数	由国家工程实验室共建单位中国信息安全研究院研制，依托奇安信、中国知网、佰腾科技、北大法宝等数据库，从"政、产、学、研、用、融"六个角度对网络安全发展状况进行多维画像与监测评价，反映各省级行政区、地区网络安全"政、产、学、研、用、融"综合竞争力
数字应用	数字政府	网上政务服务能力指数	引自中央党校（国家行政学院）电子政务研究中心《省级政府和重点城市一体化政务服务能力（政务服务"好差评"）调查评估报告（2021）》，依托政务服务网和国家政务服务平台数据，评价全国各省级行政区和主要城市政府的网上政务服务能力
		智慧环保指数	由国家工程实验室联合公众环境研究中心共同研制，以公开的环境信息为基础，评估城市应用大数据、物联网和新兴监测技术，以更加精准、高效和动态的方式实现环境管理和决策的智能化程度

续表

一级指标	二级指标	测量指标	基本情况
数字应用	数字政府	乡村数字治理指数	由北京大学公共治理研究所提供，引用其《中国数字乡村建设报告2021：基于媒体大数据的评估》中有关"乡村数字治理"的报道数据
	数字经济	大数据产业发展指数	由国家工程实验室共建单位北京大数据研究院研制，依托监测的7472家大数据企业数据库，从政策、组织、产业、企业、创新、投资等多个维度综合评估各省级行政区和主要城市大数据产业发展水平
		人工智能产业发展指数	由中关村数智人工智能产业联盟、北京大学中国社会科学调查中心和北京大学重庆大数据研究院共同研制，依托IT桔子、佰腾专利、北大法宝和公开数据，从人工智能企业竞争力和外部环境两个方面对人工智能产业发展情况进行评估
		数字产业电力消费指数	由国家电网有限公司大数据中心研制，通过用户数、用电量、业扩净增容量的变化情况反映与数字产业相关电力消费市场的当前状态、发展趋势与变动规律
		数字经济投资者信心指数	由北京大学数字金融研究中心研制，基于网络论坛数据、企业融资数据、企业基本信息、企业年报文本数据等构建指标体系，体现投资者对数字化经济产业的信心程度
		企业数字化转型指数	由北京国信数字化转型技术研究院与中关村信息技术和实体经济融合发展联盟共同研制，依托点亮智库数字化转型服务平台调查数据，对企业数字化转型的发展战略、新型能力、解决方案、治理体系、业务创新转型和综合效益等方面进行综合评估
		中小企业数字化指数	由亚太经合组织中小企业信息化促进中心联合北京航空航天大学经济管理学院、钉钉等20余家研究机构共同研制，从组织数字化指标、业务数字化指标和产业链数字化指标三方面构建中小企业数字化指数指标体系，评估中小企业数字化发展程度
		小微企业数字化发展指数	由北京大学企业大数据研究中心提供，依托支付宝平台的"中国小微经营者调查"数据，以及中国财政科学研究院和蚂蚁集团研究院联合发布的数字生活指数，从数字化经营、数字化管理、数字化融资、数字商贸四个方面评估小微经营者的数字化发展情况
		乡村数字经济指数	由北京大学公共治理研究所提供，引用其《中国数字乡村建设报告2021：基于媒体大数据的评估》中有关"乡村数字经济"的报道数据

续表

一级指标	二级指标	测量指标	基本情况
数字应用	数字社会	数字普惠金融指数	由北京大学数字金融研究中心提供（2020年数据），以支付宝为数据来源，从覆盖广度、使用深度、数字化程度等方面，反映数字普惠金融发展现状和演变趋势
		数字生活指数	由中国联通智慧足迹数据科技有限公司研制，通过手机信令大数据，从线上生活和数字消费两方面对各省级行政区和主要城市的居民数字生活状况进行评估
		社会纠纷搜索指数	由国家工程实验室联合华院计算技术（上海）股份有限公司共同研制，通过从搜索引擎、中国裁判文书网和国家统计局获得的相关数据，反映各地居民通过网络搜索的方式解决相关民事纠纷案件的程度
		便民缴费数字化指数	由中国光大银行股份有限公司、光大云缴费科技有限公司和光大科技有限公司联合研制，基于以"云缴费"为代表的便民缴费平台数据，从客户参与度、项目覆盖度、体验完善度三个维度，评估我国便民缴费数字化发展程度
		乡村数字社会指数	由北京大学公共治理研究所提供，引用其《中国数字乡村建设报告2021：基于媒体大数据的评估》中有关"智慧绿色乡村、乡村网络文化、信息惠民服务"的媒体报道数据评估各地乡村的数字化发展程度

如表2所示，效益指数用于衡量某一领域数字化发展情况对社会综合效益提升的具体影响。通过研究数字生态指数和效益指数的关系，可以更好地分析和验证数字生态对社会经济的综合影响。

表2 效益指数及其基本情况

指数名称	基本情况
低碳综合指数	由北京大学工学院工业工程与管理系和北京大学计算与数字经济研究院共同研制，基于生产、经济、人口、土地、解耦五个维度的动态和静态数据来衡量各省级行政区碳排放情况
城市交通健康指数	由高德地图研制，基于高德超6.3亿月活跃用户和交通行业浮动车数据，通过综合性评价方法，全面分析城市交通运行状况
城市居住竞争力指数	由贝壳研究院研制，借助贝壳楼盘字典和实际交易数据，从居住成本、居住品质、居住生活便利度、人居环境四大维度，评估各城市在居住领域的吸引力
长三角一体化发展指数	由中国经济信息社和中国城市规划设计研究院共同编制，依托互联网迁徙数据、信令数据等多元融合的大数据资源，从人的流动、产业创新、设施联通、民生服务、生态共保五个维度，分重点、分领域评估长三角各城市高质量参与一体化发展的水平

3. 中国数字生态指数（2022）计算方法

中国数字生态指数（2022）的具体计算方法详见课题组已发表论文（王娟等，2022）。为体现子指标权重的客观性与科学性，报告采用熵值法确定二级指标和测量指标的权重。中国数字生态指数（2022）一级指标则采用专家打分法确定权重，数字基础、数字能力、数字应用三个一级指标权重分别为0.3、0.3和0.4。中国数字生态指数（2022）与一级指标得分采用几何加权平均的方式计算，从而体现子指标的发展均衡性。二级指标得分采用算术加权平均的方式进行计算，体现子指标间的可替代性。具体计算方法的介绍如下。

数据标准化：数据使用最小－最大（Min-Max）方法统一将指标得分转化到 [10, 100] 区间：

$$\hat{X} = \frac{X - \min X}{\max X - \min X} \times 90 + 10$$

熵值法：研究采用熵值法来确定二级指标和测量指标的权重。熵值法是依靠数据分布的离散程度来确定指标权重的方法。在信息论中，熵是对概率分布不确定性的一种度量。如果指标的数值分布稳定，说明该概率分布的信息量较大，不确定性较小，熵比较小；反之，如果指标的数值分布完全均匀，据此得出的相关推断仍是随机的，则熵比较大。因此，可以通过计算熵值来判断一个指标对综合评价的影响程度。当指标的熵值越小时，会认为其能提供的信息量越大，则赋予其更大的权重。运用熵值法计算指标聚合的权重时，须将经标准化处理的测量指标转换为离散概率分布，计算该概率分布的熵值来判断该指标的离散程度，再将熵值转化为各指标的权重。

（三）国际数字生态指数指标体系构建与国际数字生态指数（2022）计算方法

1. 国际数字生态指数指标体系

国际数字生态指数指标体系旨在分析全球主要国家的数字化发展与数字治理状况。在指标体系上，我们根据数字生态理论框架设置了一级指标，二级指标的设置借鉴了中国数字生态指数（2022），并结合国际数字生态研究的实际需求做了适当调整。

数字基础下设基础设施和数据资源两个二级指标。基础设施指标分别考察能源和硬件两个方面。能源指标反映电力供给量、电力供给的覆盖性和稳定性、新能源发展水平等；硬件指标反映数字通信设备的拥有情况。数据资源指标关注数据规模和数据开放两个方面。数据规模指标涉及一国的数据资源存量，涉及数据中心数量、网民数量等；数据开放指标反映数据资源的开放水平，涉及有关公共数据开放的政策制定与实施情况。

数字能力下设数字人才和技术创新两个二级指标。数字人才指标考察各国数字人才的规模与结构，以及数字人才的流动情况。技术创新指标包含成果和开发者两个方面。成果指标体现一国研究论文、专利申请、在线创新力和创新成果转化等的发展现状，开发者指标衡量一国开发者的年龄、相对经验、学习新技能的频率、薪资水平和工作环境等。

数字应用下设数字政府、数字社会、数字经济三个二级指标。数字政府指标反映国家整体在线政务服务、地方政府在线政务服务、居民电子政务参与等内容。数字社会指标聚焦接入性、数字健康和数字教育三个方面。数字经济指标以数字产业化和产业数字化为核心，同时对数字贸易予以考察。

数字规制下设数字商务、数据流通和数据保障三个二级指标。数字商务指标关注各国在电子商务领域的立法情况。数据流通指标从法规和政策的角度对各国公共数据、私人数据的国内流通与跨境流通的潜在能力进行综合评价。数据保障指标考察个人信息保护法规和网络安全法规两方面的内容，对各国应对数字化进程中潜在风险的能力予以评估。

2. 国际数字生态指数（2022）情况

国际数字生态指数（2022）是依据数字生态理论框架，基于从公开渠道收集的权威数据构建而成的综合指数，数据截至2021年12月。国际数字生态指数（2022）的数据来源具有如下特点。

数据来源广泛。国际数字生态指数（2022）研究团队从经合组织、世界银行、国际电信联盟、欧盟委员会等十余个机构的28个数据源收集相关数据。

数据收集对象覆盖全球主要国家。数据收集对象目前覆盖全球41个主要国家，包括中国、英国、美国、27个欧盟国家，以及俄罗斯、澳大利亚、加拿大、日本等各大洲或地区的主要国家。

数据类型丰富多样，既包括调查统计数据和已有的指数型数据，也包括文本数据和来自互联网平台的数据等。国际数字生态指数（2002）的指标体系及数据来源见表3。

表3　国际数字生态指数（2022）的指标体系及数据来源

一级指标	二级指标	三级指标	数据来源
数字基础	基础设施	能源	英国石油公司、联合国营商环境指数、世界银行、英国石油公司
		硬件	国际电信联盟
	数据资源	数据规模	Cloudscene、世界银行、国际电信联盟
		数据开放	开放数据晴雨表、开放指数
数字能力	数字人才	人才状况	领英&清华大学经济管理学院互联网发展与治理研究中心、世界银行、联合国教科文组织、国际劳工组织
	技术创新	成果	Web of Science、经合组织、全球移动通信系统协会、世界贸易组织
		开发者	Stack Overflow 开发者调查
数字应用	数字政府	在线服务指数	联合国电子政务调查
		电子参与指数	
		开放政府数据指数	
		地方在线服务指数	
	数字社会	接入性	国际电信联盟、全球移动通信系统协会、联合国教科文组织
		数字健康	联合国 E–Health 调查
		数字教育	经合组织的国际学生评估项目（PISA）
	数字经济	数字产业化	欧盟委员会、福布斯2000强排行榜
		产业数字化	信通院《数字贸易发展与影响白皮书》、欧盟委员会、国际数字经济和社会指数 I–DESI、戴尔科技集团2020年数字化转型指数
		数字贸易	欧盟委员会、世界进出口数据库（WIOD）
数字规制	数字商务	电子商务法规	各国法条
	数据流通	公共数据开放法规	
		私人数据开放法规	
		数据跨境法规	
	数据保障	个人信息保护法规	
		网络安全法规	

3. 国际数字生态指数（2022）计算方法

国际数字生态指数（2022）的具体计算方法详见课题组已发表论文（乔天宇等，2022）。具体而言，研究团队在对收集到的各种原始数据进行适当预处理之后，通过自编码器法和熵值法计算各一级指标权重，得到四个一级指标得分后，最终通过加权聚合的方式得到国际数字生态指数（2022）得分和各级指标得分。

（1）数据预处理

在国际数字生态指数（2022）计算的研究中，我们采用三种方式对数据进行了预处理。

缺失值插补。针对部分国家缺失最新数据的情况，首先采用冷卡插补法，收集该国在缺失指标上的既往数据进行填充；如果该国既往数据仍然缺失，则使用平均值插补法对部分数据做对数化处理。

偏态数据对数化处理。反映对象规模总量的数据（如网民数量）的绝对数值大、各国之间的差异大，导致这部分数据呈现偏态分布。本报告对以上数据进行对数化处理，以使其更接近正态分布的情况，便于后续的指数计算。

标准化。在计算指标权重和指标聚合之前，研究团队同样采取最小 - 最大（Min - Max）方法，将除数据规制①部分外的底层数据统一转化到[10，100]区间，作为对四级指标的测度。

（2）权重计算方法

我们主要使用加权聚合的方法对国际数字生态指数（2022）得分进行测算。一级指标下的加权聚合，主要使用自编码器法和熵值法进行指标权重计算。最终的指数得分通过对数字基础、数字能力、数字应用和数字规制这四个一级指标得分进行等权加总得到。

自编码器法。自编码器法作为机器学习领域的经典算法，过去多用于自然语言处理和图像处理。这里创造性地将其运用在对指标权重的计算中。根据国际数字生态指数（2022）指标体系设置，我们可以将具体测量指标作为自编码器中的输入数据，将一级指标、二级指标、三级指标作为神经网络的隐藏层，根据指标间层级关系结构建立神经网络中的连边。这样，

---

① 数据规制数据由于经过专业人员打分，故不对分布进行调整。

由模型训练得到神经网络中连边上的权重即可作为指标聚合时使用的权重，由自编码器法得到的数据降维结果作为对应一级指标的得分。研究对数字基础、数字能力和数字应用三个一级指标使用自编码器法计算权重和得分。

熵值法。在对国际数字生态指数（2022）的计算中，研究使用熵值法确定了数字规制一级指标下各层级指标的权重。

以等权方式生成国际数字生态指数（2022）。在使用自编码器法和熵值法完成对数字基础、数字能力、数字应用和数字规制四个一级指标下的指标权重的计算，形成四个一级指标得分之后，以等权的方式（即每个一级指标的权重均为0.25），生成国际数字生态指数（2022），以此来综合判断各国数字生态的发展现状。

三　中国数字生态指数（2022）与地方格局

（一）中国的省级数字生态

1. 四型联动的数字生态

与前两年类似，我们首先根据数字生态的发展阶段，将全国31个省级行政区划分为全面领先型、赶超壮大型、发展成长型、蓄势突破型四个梯队。表4展示了31个省级行政区的数字生态指数得分，以及数字基础、数字能力、数字应用三项一级指标的得分。

全面领先型：北京、广东、上海、浙江、江苏属于全面领先型。该梯队省级行政区在指数得分上位居国内前列，在一级指标得分上也表现突出。北京在数字基础、数字应用一级指标上表现十分优秀，数字生态指数稳居第一。广东的数字能力一级指标得分最高；上海的数字基础一级指标得分较高，撑起上海市数字生态的基本面，在一定程度上弥补了其他一级指标的不足。江苏、浙江在各个一级指标上的得分较为均衡。

赶超壮大型：山东、四川、福建、重庆、湖北、天津、安徽、河南属于赶超壮大型。该梯队中的各省级行政区已经形成了良好的数字生态基础，但部分一级指标还有待发展。具体来看，该梯队省级行政区中，山东在数字基础、数字能力、数字应用一级指标上发展较为均衡。重庆、天津在数字基础一级指标上表现优异,福建、安徽在数字应用一级指标上表现亮眼。

发展成长型:陕西、广西、贵州、湖南、河北、江西、辽宁、山西、吉林、黑龙江、云南属于发展成长型。该梯队省级行政区普遍进入了数字生态发展的成长期。其中陕西、湖南在各一级指标上发展较为均衡,广西、贵州在数字基础一级指标上表现突出,河北、江西在数字应用一级指标上表现相对优异。各地因地制宜寻求突破,将有望形成全面发展的数字生态。

蓄势突破型:海南、宁夏、内蒙古、甘肃、新疆、青海、西藏属于蓄势突破型。尽管这些省级行政区数字生态指数得分在全国的平均水平以下,但是在一些一级指标上有相对突出的表现。例如,宁夏、海南、甘肃都已具备较好的数字基础,内蒙古、新疆在数字能力一级指标上与上一梯队差距较小。根据地方的禀赋结构制定数字化发展战略和政策是这些地区未来实现突破的关键。

表4 中国31个省级行政区的数字生态指数及其一级指标得分

省级行政区	数字基础	数字能力	数字应用	数字生态	发展类型
北京	87.2	82.2	90.9	87.1	全面领先型
广东	69.6	86.2	68.8	73.9	全面领先型
上海	84.2	44.4	67.0	63.4	全面领先型
浙江	62.0	45.0	65.3	57.5	全面领先型
江苏	44.1	54.8	66.0	55.3	全面领先型
山东	50.2	37.0	53.7	47.1	赶超壮大型
四川	38.5	29.6	48.2	38.9	赶超壮大型
福建	38.2	25.4	49.7	37.5	赶超壮大型
重庆	45.4	21.1	45.6	36.1	赶超壮大型
湖北	34.4	28.4	43.8	35.8	赶超壮大型
天津	44.9	20.6	43.4	35.0	赶超壮大型
安徽	29.4	26.5	48.3	34.8	赶超壮大型
河南	30.0	25.4	44.3	33.3	赶超壮大型
陕西	26.1	24.7	37.4	29.7	发展成长型
广西	34.7	17.8	35.0	28.5	发展成长型

续表

省级行政区	数字基础	数字能力	数字应用	数字生态	发展类型
贵州	35.1	15.9	36.6	28.1	发展成长型
湖南	22.6	22.9	38.1	27.9	发展成长型
河北	23.3	21.4	37.0	27.3	发展成长型
江西	26.0	18.4	36.9	27.0	发展成长型
辽宁	21.1	19.8	33.0	24.8	发展成长型
山西	19.4	16.1	27.9	21.2	发展成长型
吉林	17.0	15.4	29.3	20.5	发展成长型
黑龙江	17.7	16.4	26.6	20.4	发展成长型
云南	14.7	17.5	28.8	20.3	发展成长型
海南	19.3	12.9	24.8	18.9	蓄势突破型
宁夏	19.5	11.5	24.7	18.3	蓄势突破型
内蒙古	15.4	14.4	24.7	18.2	蓄势突破型
甘肃	17.5	13.6	19.8	17.0	蓄势突破型
新疆	13.5	14.9	16.5	15.1	蓄势突破型
青海	12.3	11.1	17.4	13.7	蓄势突破型
西藏	10.5	10.2	17.0	12.6	蓄势突破型

2. 数字生态各一级指标协同情况

数字生态各维度协同有利于实现数字生态的不断优化。我们借助数字生态一级指标耦合得分来衡量不同地区数字基础、数字能力与数字应用三者间的协同发展情况。图3给出了中国31个省级行政区数字生态指数与数字生态一级指标耦合得分的分布情况。从图3中能明显看出，绝大部分省级行政区落在右上和左下区域，表明数字生态整体发展与其各一级指标耦合状况之间总的来说呈正相关关系，大部分省级行政区采取数字基础、数字能力、数字应用协同发展的稳健策略。北京表现最为突出，不仅数字生态指数得分第一，数字生态一级指标耦合得分同样位居第一，综合实力和未来潜力均领跑全国。

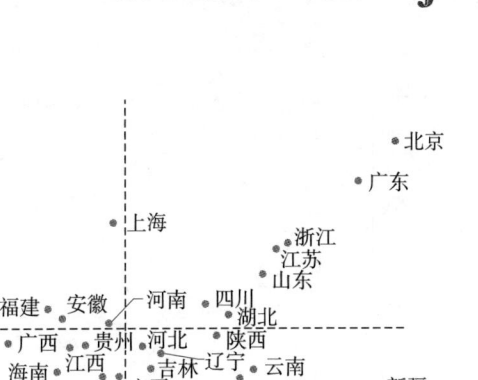

图3 中国31个省级行政区数字生态指数与数字生态一级指标耦合得分情况

不同发展阶段省级行政区存在数字生态发展策略差异。上海、重庆、天津等尽管在数字生态指数得分上高于全国平均水平，但数字生态一级指标耦合得分较低，说明这些高得分低协同省级行政区采取的是重点方向优先突破的发展策略，须及时跟进相对弱势领域的建设，弥补数字生态发展短板。新疆、陕西、黑龙江等省级行政区处在低协同状态，这些低协同省级行政区须考虑在相对优势领域重点突破，推动数字生态发展向下一阶段迈进。

数字基础是多地发展数字生态的突破方向。图4呈现了中国31个省级行政区的数字生态指数及其一级指标（数字基础、数字能力和数字应用指标）排名情况。上海、重庆、天津、广西、贵州、海南、宁夏等地的数字基础排名要高于其数字生态指数排名，一定程度上反映出这些地区数字生态的发展策略：将数字基础设施建设作为先导和突破方向。

数字能力仍然是大多数省级行政区数字生态发展的短板。全国31个省级行政区的数字能力得分普遍较低，表明大部分地区与北京、广东、江苏等头部地区在数字能力上的差距较大，且远大于在数字基础和数字应用上的差距。由于数字能力建设见效慢，故而容易成为绝大多数省级行政区数字生态的发展短板。

数字应用水平普遍较高。与数字基础、数字能力不同，31个省级行政区在数字应用上的得分均较高，表明31个省级行政区之间在数字应用上的差距最小，体现了数字应用发展的均衡普惠特征。

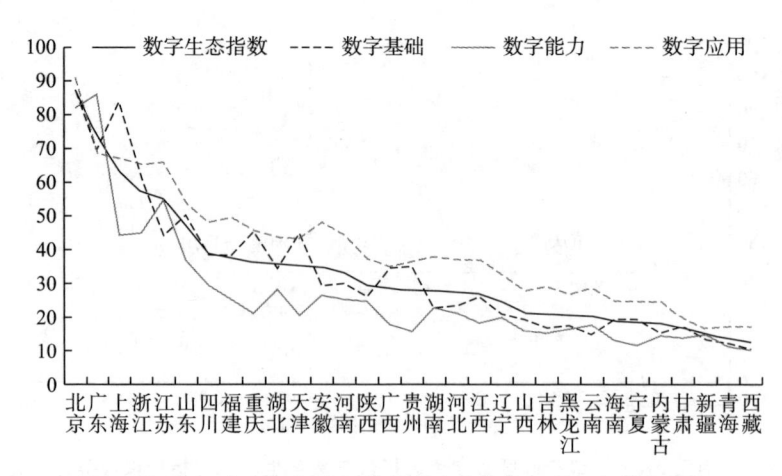

图 4　中国 31 个省级行政区的数字生态指数及其一级指标排名

（二）中国的城市数字生态

1. 中国的城市数字生态情况

中国的城市数字生态延续了中心城市优势领跑、邻近城市稳步跟随、周边城市活力初现的发展格局。我国数字生态东西部发展差异较大，东部城市和中部城市的发展要优于西部和东北地区的城市。数字生态第一梯队城市均位于京津冀、长三角、珠三角城市群，数字生态第二梯队城市除位于上述城市群外，还出现在成渝城市群和中三角城市群，数字生态第三梯队城市主要分布在东部沿海及中部地区，少量分布在东北和西北部地区。

2. 中国数字生态城市排名 TOP 30

中国数字生态指数（2022）前 30 的城市排名整体较为稳定。表 5 给出了数字生态指数、一级指标得分排名前 30 的城市，以及相应年份的变化情况。排名靠前的城市在数字基础、数字能力、数字应用三个一级指标形成了较好的合力，具备较为健全的城市数字生态。与 2021 年相比，各城市数字生态指数的增幅或降幅总体较小。在排名前五的城市①中，北京仍以较大优势稳居第一，深圳和杭州的数字生态指数得分超过上海和广州。以长沙、青岛为代表的数字生态新兴城市排名上升较为明显。表 6 给出了数字应用维

---

① 北京、上海、天津、重庆同时参与省级行政区和城市排名分析，由于数据来源和分析方法略有不同，四个直辖市在省级行政区排名和城市排名的得分结果也会不一致。

度下数字政府、数字经济和数字社会得分排名前30的城市。

表5 数字生态指数、一级指标得分排名前30的城市及变化情况

排名	数字基础	数字能力	数字应用	指数 2022年	与2021年相比
1	杭州	北京	北京	北京	—
2	深圳	上海	上海	深圳	▲ 1
3	北京	深圳	深圳	杭州	▲ 2
4	广州	广州	广州	上海	▼ 2
5	武汉	杭州	杭州	广州	▼ 1
6	上海	成都	天津	武汉	▲ 1
7	成都	南京	南京	成都	▲ 1
8	南京	武汉	重庆	南京	▲ 1
9	苏州	苏州	成都	苏州	▲ 2
10	厦门	重庆	苏州	重庆	—
11	重庆	西安	武汉	天津	▼ 5
12	青岛	天津	合肥	长沙	▲ 4
13	长沙	合肥	西安	青岛	▲ 5
14	东莞	长沙	无锡	合肥	▼ 2
15	天津	济南	郑州	西安	—
16	济南	无锡	济南	济南	▲ 3
17	福州	青岛	青岛	厦门	▼ 4
18	商丘	宁波	厦门	东莞	▲ 3
19	宁波	佛山	福州	郑州	▲ 3
20	郑州	沈阳	长沙	无锡	—
21	西安	南昌	珠海	福州	▼ 4
22	合肥	东莞	宁波	宁波	▼ 8
23	贵阳	厦门	贵阳	贵阳	▲ 1
24	温州	常州	沈阳	沈阳	▲ 2
25	珠海	南宁	东莞	珠海	—
26	无锡	郑州	佛山	佛山	▼ 3
27	佛山	福州	哈尔滨	常州	▲ 1
28	沈阳	珠海	嘉兴	石家庄	▲ 6

续表

排名	数字基础	数字能力	数字应用	指数 2022年	与2021年相比
29	石家庄	潍坊	石家庄	南昌	▼ 2
30	常州	哈尔滨	常州	哈尔滨	▲ 10

表6 数字政府、数字经济和数字社会得分排名前30城市

排名	数字政府	数字经济	数字社会
1	北京	北京	北京
2	天津	上海	天津
3	广州	深圳	重庆
4	石家庄	广州	杭州
5	重庆	杭州	上海
6	邯郸	南京	南京
7	深圳	成都	广州
8	济南	天津	合肥
9	上海	苏州	深圳
10	宁波	重庆	武汉
11	唐山	合肥	郑州
12	无锡	武汉	苏州
13	成都	青岛	西安
14	郑州	无锡	宁波
15	武汉	厦门	成都
16	衡水	西安	福州
17	南京	福州	济南
18	西安	郑州	厦门
19	廊坊	济南	南昌
20	邢台	珠海	湖州
21	杭州	长沙	长沙
22	张家口	贵阳	金华
23	淄博	沈阳	贵阳
24	苏州	宁波	无锡
25	沧州	佛山	青岛

续表

排名	数字政府	数字经济	数字社会
26	青岛	东莞	常州
27	湖州	长春	嘉兴
28	衢州	哈尔滨	南宁
29	沈阳	嘉兴	衢州
30	厦门	常州	海口

（三）中国数字生态的空间聚集性

1. 中国数字生态的空间分布格局

我们用泰尔指数衡量数字生态的空间聚集情况。泰尔指数是一种基于熵发展的不平等测度指标，可以用来衡量地区间发展的不平衡程度。泰尔指数越大，说明地区间发展的不平衡程度越高。利用省级数字生态指数得分以及省级人均 GDP，我们分别计算了我国数字生态泰尔指数以及人均 GDP 泰尔指数。同时，还区分了南方地区和北方地区[①]、东部地区和西部地区[②]，用以比较数字生态均衡性在不同区域空间的分布差异。

相比于传统经济，当前中国各区域数字生态的发展更加不均衡。从数字生态泰尔指数与人均 GDP 泰尔指数的比较来看，数字生态发展的泰尔指数均更大。这表明在当前阶段，数字生态在区域上的发展不均衡性要高于经济社会发展的不均衡性。

南方地区数字生态的发展属于高水平均衡，西部地区数字生态的发展属于低水平均衡。从东部和西部地区、南方和北方地区数字生态发展的均衡性差异来看，南方地区各省级行政区间发展的不均衡性低于北方地区，西部地区各省级行政区间发展的不均衡性低于东部地区。其原因在于：南

[①] 中国南北地区按照经济地理划分：北方地区包括北京、天津、河北、山西、辽宁、吉林、黑龙江、山东、河南、陕西、甘肃、青海、内蒙古、宁夏、新疆，共计 15 个省级行政区；南方地区包括上海、重庆、江苏、浙江、安徽、福建、江西、湖北、湖南、广东、海南、四川、贵州、云南、广西、西藏，共计 16 个省级行政区（参见许宪春等，2021）。

[②] 东、西部地区按照国家统计局《中华人民共和国 2020 年国民经济和社会发展统计公报》划分。东部地区包括北京、上海、天津、河北、江苏、浙江、福建、山东、广东、海南，共计 10 个省级行政区；西部地区包括重庆、四川、贵州、云南、陕西、甘肃、青海、内蒙古、广西、西藏、宁夏、新疆，共计 12 个省级行政区。

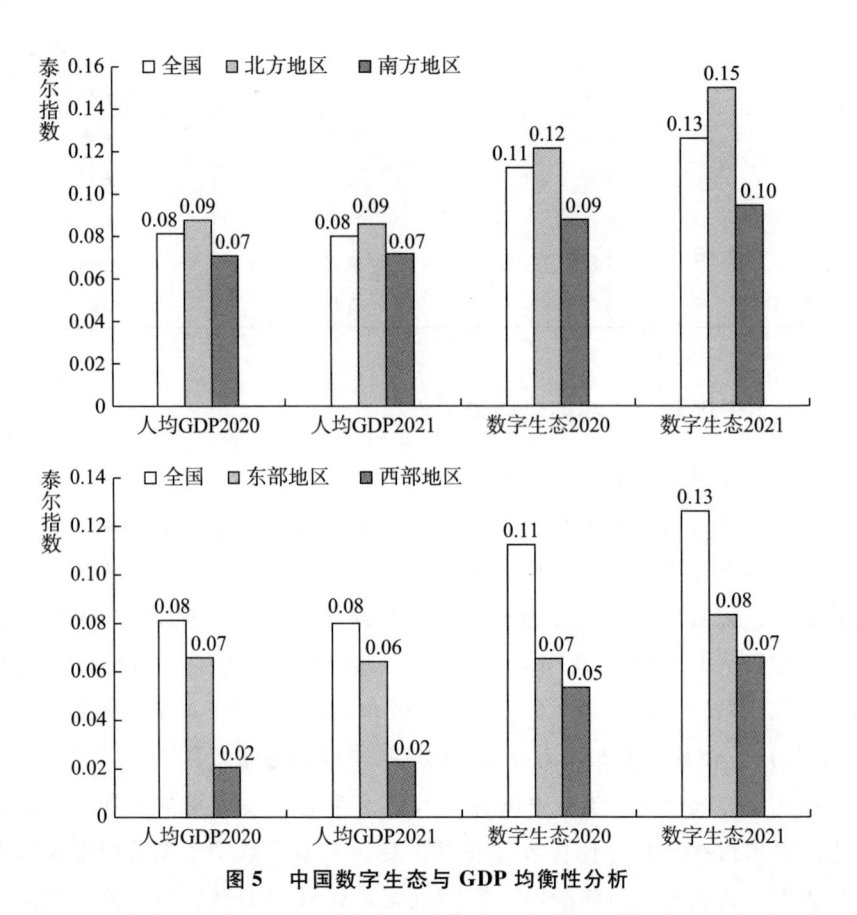

图 5 中国数字生态与 GDP 均衡性分析

方地区各省级行政区数字生态发展的均衡性是在整体较好的条件下实现的，南方地区各省级行政区数字生态整体发展水平高于北方地区各省级行政区，各省级行政区相互之间差异较小；西部地区各省级行政区数字生态发展的均衡性则是在整体水平较低的条件下实现的，由于西部地区各省级行政区数字生态发展普遍较晚，各省级行政区数字生态指数得分均较低，故均衡性比东部地区各省级行政区更高。

长三角城市群数字生态区域协调发展程度较高，其余城市群数字生态区域协调发展程度有待提升。在中国五大城市群中，城市数字生态发展梯队的分布情况也有一定差异，各城市群内部协调发展程度不同。长三角城市群拥有完备的数字生态发展梯队，且拥有两个第一梯队城市、两个第二梯队城市，整体发展水平均较高。京津冀城市群中只有北京处于第一梯队，天津处于第二梯队，比 2021 年有所提升。成渝城市群和中三角城市群，仅有第二、三、四梯队城市，缺少第一梯队城市引领区域发展。珠三角城市群存在明显断层，区域内虽有两个第一梯队城市，但其余城市均处在第三梯队，数字生态区域协调发展程度有待提升。

2. 中国数字生态的维度发展差异

数字政府建设与经济社会发展基本步调一致。从图 6 可以看出，在 2019~2021 年，数字政府的泰尔指数始终与各地人均 GDP 泰尔指数相近，各地的数字政府建设基本上与经济社会发展水平保持同步。

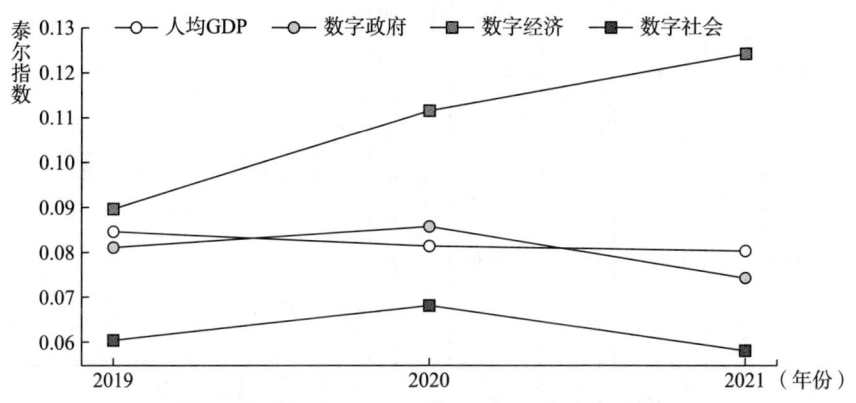

图 6 数字经济、数字政府、数字社会的泰尔指数

数字社会发展更均衡，有利于促进包容普惠。数字社会的泰尔指数始终低于各省级行政区人均 GDP 泰尔指数，说明与经济社会发展水平的差异相比，各地数字社会发展呈现更加均衡的态势。近年来，各地数字技术助力城市社区建设和乡村振兴，也让我们看到了数字社会发展在促进包容普惠方面的现实功能。数字社会发展可能是一条促进共同富裕的有效途径。

数字经济的发展表现出较强的聚集性。数字经济的泰尔指数逐年上升，这与人均 GDP 泰尔指数逐年下降形成了鲜明对比，说明数字经济发展的地区不均衡性正在加剧，数字经济发展表现出很强的马太效应。尽管发展数字经济是把握新一轮科技革命和产业变革新机遇的战略选择，但各地在发展数字经济的禀赋上有较大差异，加之聚集性明显，发展数字经济不见得是每个地区都适合的路径。

数字经济集聚发展是数字能力集聚效应导致的，而夯实数字基础则能有效推进数字社会普惠进程。如图 7 所示，从发展现状来看，数字基础和数字能力构成了数字经济发展的重要前提条件，其中数字能力的影响相对更大。这反过来也说明,一地想要在数字经济发展中脱颖而出,需要依靠人才和技术创新,才能发展为数字能力上的高地。但对数字社会发展而言,数字基础的重要性凸显,而数字能力的影响微弱且并不显著。这启示我们,要想通过发展数字社会实现包容普惠和共同富裕的目标,夯实数字基础是必由之路。

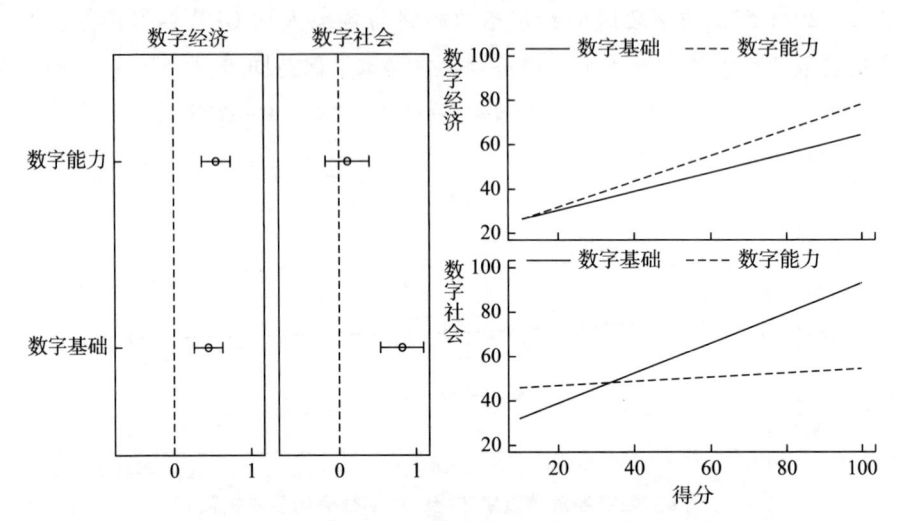

图7 数字基础、数字能力状况与数字经济、数字社会发展水平的关系

注:此图是分别对数字经济和数字社会得分进行线性回归分析的结果(自变量均为数字能力和数字基础得分),左图中线段表示回归系数的95%置信区间。

部分数字经济发展先行城市对周边城市发挥了良性的拉动效应。莫兰散点图展现了同一城市群内相邻城市在数字经济二级指标上的相互依赖性(见图8)。珠三角城市群中的东莞市,京津冀城市群中的天津市,中三角城市群中的咸宁市,长三角城市群中的上海市、苏州市、南通市、嘉兴市,这些城市均位于散点图的右上方。这意味着这些城市自身的数字经济发展水平较高,且周边城市数字经济发展水平也较高,显示出这四个城市群均已出现数字经济良性拉动效应。

一些数字经济发展先行城市对周边城市产生了一定的虹吸效应。珠三角城市群中的广州市、深圳市、佛山市,长三角城市群中的宁波市、杭州市、南京市、合肥市、常州市,京津冀城市群中的北京市、石家庄市、唐山市,中三角城市群中的武汉市、长沙市、南昌市等城市,成渝城市群中的成都市、重庆市、泸州市都明显位于散点图的右下方。这意味着这些城市自身的数字经济发展水平较高，但周边城市数字经济发展水平较低，这显示出数字经济发展先行城市对周边城市存在虹吸效应。

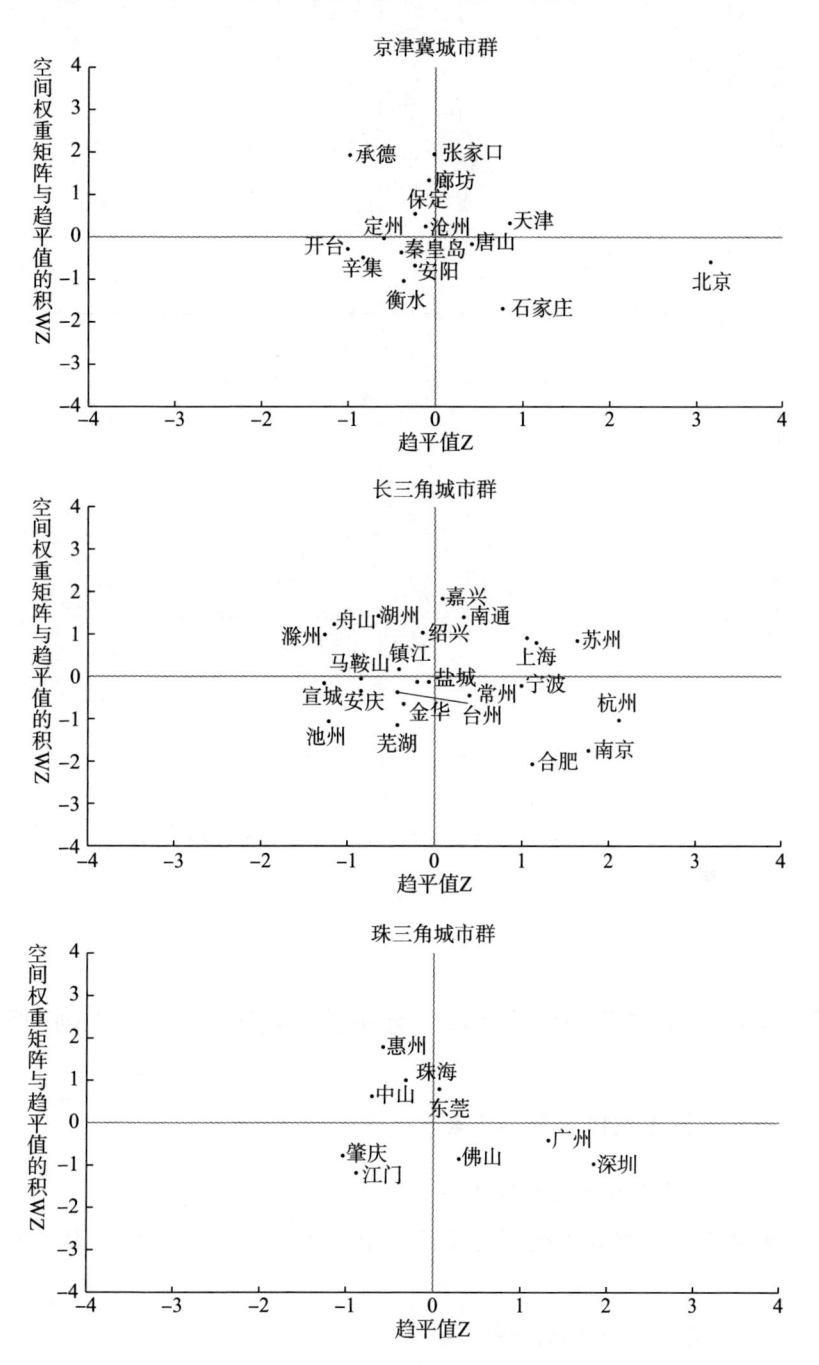

京津冀城市群

长三角城市群

珠三角城市群

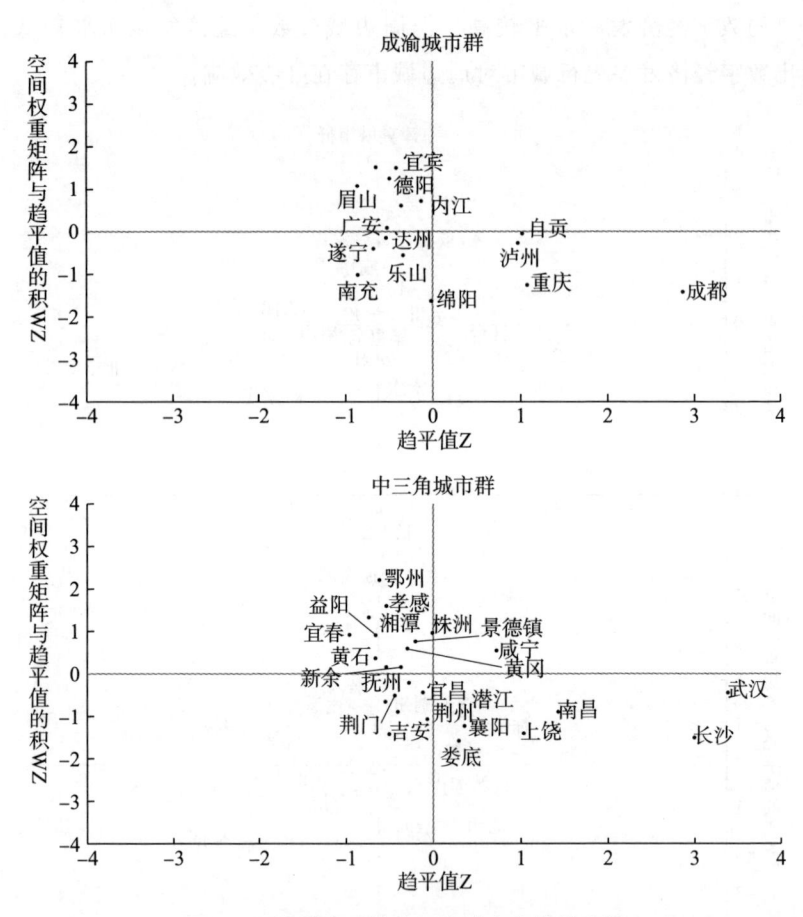

图 8　五大城市群数字经济城市依赖性分析

注：横坐标表示城市自身的数字经济发展水平，纵坐标表示周边城市的数字经济发展水平。

四　国际数字生态指数（2022）与中国、美国、欧洲 28 国①格局

（一）世界主要国家数字生态

1. 各国数字生态指数及维度分析

国际数字生态呈现美英领先格局，中国居第一梯队。基于国际数字生

---

① 欧洲28国包括欧盟成员国和英国。

态指数（2022）两种测算方式的结果，图9展示了国际数字生态发展排在前十位的国家，这些国家可被视为处在国际数字生态发展的第一梯队。我们发现，采用两种测算方式得到的国际数字生态发展第一梯队国家的集合基本重合，只不过排序不同。如果不将数字规制得分纳入国际数字生态指数（2022）计算，中国在41国中排第3位，仅次于美国和英国。表7给出了对国际数字生态指数每个一级指标得分的测算结果。

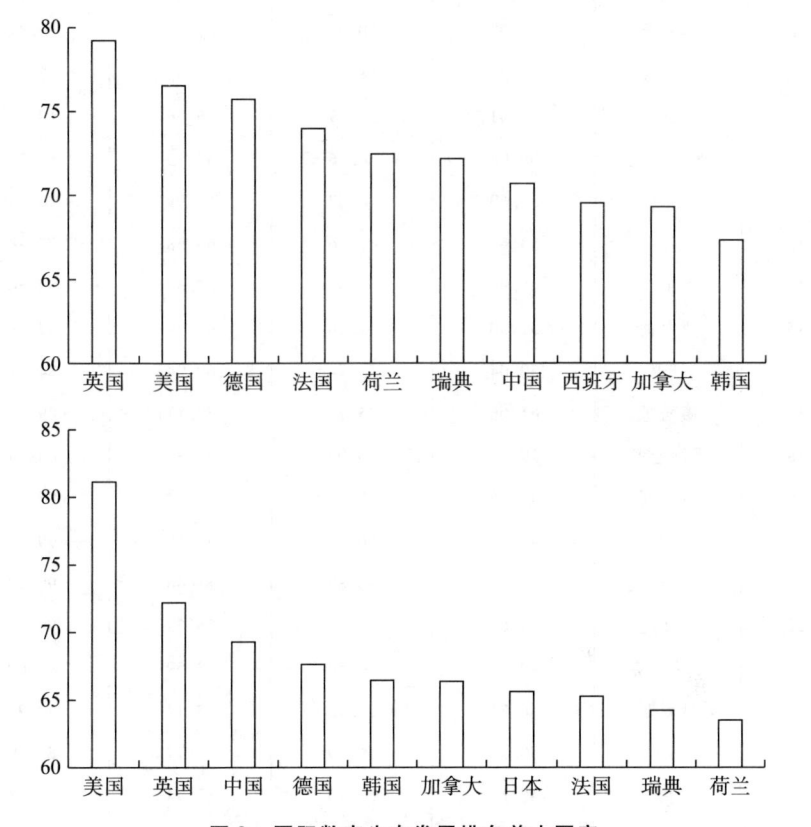

图9 国际数字生态发展排名前十国家

注：上图为数字基础、数字能力、数字应用、数字规制四个一级指标加权聚合的得分结果；下图为剔除数字规制后的三个一级指标加权聚合的得分结果。

表7 国际数字生态指数一级指标得分

排名	国家	数字基础	数字能力	数字应用	数字规制
1	英国	75.19	63.97	77.54	100.00
2	美国	87.94	67.08	88.49	62.59

续表

排名	国家	数字基础	数字能力	数字应用	数字规制
3	德国	69.53	62.63	70.67	99.98
4	法国	66.54	55.76	73.48	99.98
5	荷兰	62.49	54.17	74.01	99.14
6	瑞典	59.64	61.66	71.30	96.16
7	中国	69.65	56.86	81.50	74.58
8	西班牙	58.92	50.92	68.83	99.42
9	加拿大	70.31	58.59	70.32	77.91
10	韩国	64.41	58.49	76.66	69.72
11	澳大利亚	60.98	56.56	67.35	83.71
12	波兰	51.69	46.47	64.99	99.42
13	芬兰	53.64	61.56	69.58	77.48
14	爱尔兰	45.99	53.94	67.37	94.50
15	意大利	57.30	51.30	64.29	87.89
16	丹麦	50.04	54.74	69.04	84.37
17	墨西哥	61.66	45.73	59.17	89.88
18	爱沙尼亚	39.34	50.05	66.31	100.00
19	奥地利	49.25	56.79	65.34	83.81
20	葡萄牙	43.28	50.91	56.30	99.98
21	罗马尼亚	46.32	46.80	51.48	99.98
22	斯洛文尼亚	42.03	45.81	55.52	98.86
23	斯洛伐克	42.53	46.58	53.59	97.00
24	俄罗斯	66.36	57.13	63.12	52.27
25	乌克兰	50.27	46.79	57.77	83.69
26	比利时	48.61	51.15	57.94	77.48
27	卢森堡	46.95	52.82	53.62	81.36
28	保加利亚	46.64	47.81	55.06	82.88
29	巴西	61.77	43.99	62.15	63.74
30	捷克	47.56	49.55	57.02	77.20
31	立陶宛	43.54	45.39	53.64	87.62
32	希腊	42.93	47.33	51.56	87.89
33	印度	66.11	51.35	65.02	41.14

续表

排名	国家	数字基础	数字能力	数字应用	数字规制
34	匈牙利	38.16	44.63	52.65	87.62
35	克罗地亚	35.10	50.84	51.84	84.37
36	马耳他	26.52	55.02	53.18	85.19
37	以色列	43.24	61.91	62.84	51.51
38	日本	66.85	56.27	73.80	20.30
39	塞浦路斯	35.13	46.63	48.75	77.48
40	拉脱维亚	31.90	41.12	43.85	82.21
41	伊朗	45.95	45.97	41.51	64.51

英美在数字基础方面领先。这反映出其在数字基础领域的持续投入。不过，中国、日本、印度、韩国等亚洲国家的数字基础设施也已逐步建成，已明显缩小甚至超过与以德国、法国为代表的欧洲国家之间的差距。

欧美主要国家的数字能力优势明显，具备强大的数字人才培养与数字科技创新能力。除欧美主要国家外，瑞典、芬兰等在人口、经济等规模上不具竞争优势的国家，也表现出了较强的数字能力。中国在数字能力方面虽已进入前十之列，但距离第一梯队国家还有较大提升空间。

中国数字应用得分仅低于美国。中美两国在创新数字应用场景、推动数字技术落地上均积累了丰富经验，形成良好发展势头。数字应用的创新发展，有利于数字技术在数字经济、数字社会和数字政府领域落地，带动数字基础的潜力释放与数字能力的创新发展，从而推动数字生态整体健康发展。

欧洲28国数字规制的完备性高于中国和美国。数字规制指标得分前21名的国家中有20个来自欧洲。欧洲在数字规制方面起步较早，治理经验较为丰富，体系相对完备，并且在实践过程中提出了数字主权等主张，在世界范围内具有较大影响力。

2. 各国数字生态驱动模式

全球41国的数字生态驱动模式可分为四种类型，即基础引领型、能力引领型、应用引领型以及全面发展型。

中国数字生态驱动模式属于应用引领型。中国数字生态发展表现出鲜明的应用驱动特征（见图10），数字应用指标得分居全球第2位，其数字基础、数字能力指标则分别排在第 4 位、第 10 位。中国在数字经济领域优势明显，在数字贸易和数字产业化方面有较强国际竞争力，这为数字技术的落地提供了广阔应用场景。

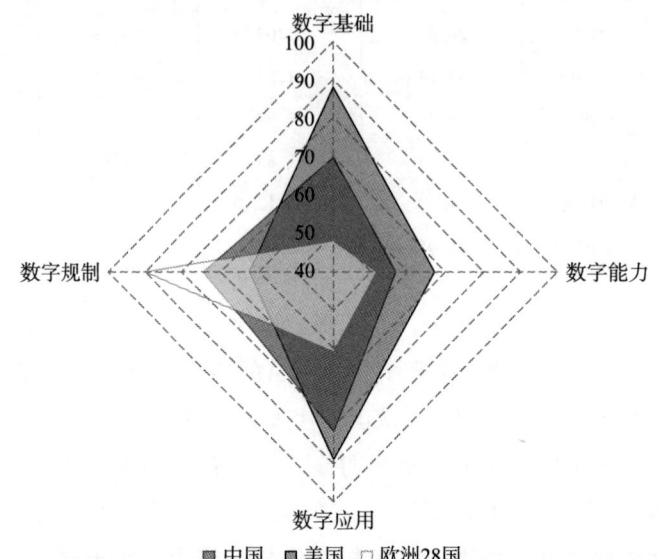

图 10 中国、美国、欧洲 28 国数字生态四维度雷达图

美国数字生态属于全面发展型。美国在数字基础、数字能力与数字应用领域都高居首位。不过，从子指标看，美国在数字社会领域表现相对滞后，与其整体优势并不相称，尤其在接入性与数字健康方面表现不佳，排名分别为第 13 位和第 26 位，这反映出美国数字生态发展中存在的数字鸿沟问题。

欧洲 28 国数字生态驱动模式多元。这种多元生态包括以英国为代表的全面发展型，以荷兰为代表的应用引领型，以德国为代表的能力引领型，以俄罗斯为代表的基础引领型。其中，数字规制是欧洲国家的强项。

3. 各国数字生态耦合模式

图 11 展示了各国数字生态指数和数字生态各维度耦合得分的分布情况。

中国数字生态各维度耦合性有待增强。从数字生态要素协同发展角度看，中国的数字生态各维度耦合得分排第 25 位，处中游位置，属于数字生态指数得分较高但各维度耦合得分偏低的国家。这一反差可能缘于中国在数字应用与数字基础方面的快速发展，使得自身在数字能力上的"短板"

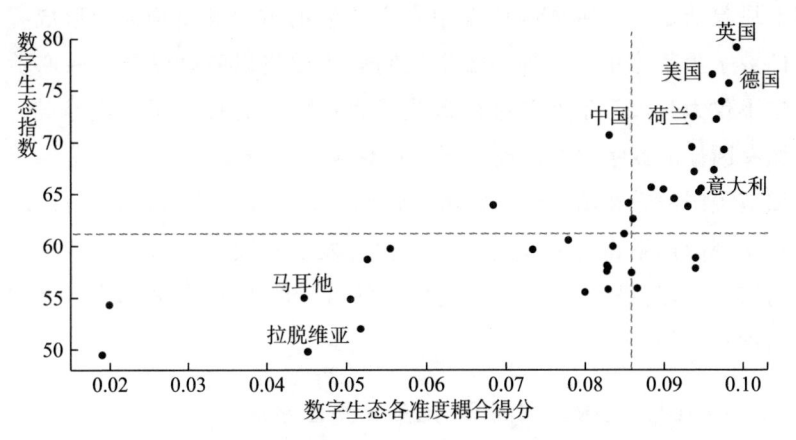

图11 各国数字生态指数与数字生态各维度耦合得分情况

更加凸显，导致各维度耦合得分偏低。

美国数字生态各维度耦合较为紧密，数字生态各维度耦合得分排第7位。欧洲28国的数字生态各维度耦合水平不一。以德国和法国为代表的欧洲国家，其数字生态各维度协同水平较高，各维度耦合得分分别居第2位和第4位，但同时也存在以拉脱维亚和马耳他为代表的欧盟成员国，其数字生态各维度耦合得分排在41国的末尾，后者在发展上的不协调，可能缘于人口规模、资源禀赋、经济基础等的客观约束。

4. 各国数字规制体系特征

中国的数字规制体系突出安全有序，美国的数字规制体系强调鼓励创新，欧洲28国的数字规制体系侧重维护市场秩序。具体而言，中国现行数字规制体系在数字风控领域较为完备，集中体现了保障数字安全的价值取向（李昊林、彭錞，2022）。美国通过多种治理手段促进数字基础要素、数字能力要素的发展，为企业创新提供政策支持。在个人信息保护等可能对市场创新产生一定影响的数字风控领域，联邦政府将规则制定权交给各行业监管部门，以使各行业的监管水平与发展水平相协调。欧洲28国则通过制定数据跨国流通框架规则、数字市场规则、数字服务规则等一系列规章制度，建构具有一定整体性的数字市场秩序。

中国、美国、欧洲28国数字规制体系特征与其各自数字生态发展模式特征息息相关。中国在数字化发展初期构建的是以发展为核心的数字规制体系。伴随数字应用的逐渐发展，社会安全风险、国家安全风险、个人信息权益风险凸显，数字规制体系中安全要素的占比开始增大，形成了安全有序的数字规制体系。美国的数字规制体系始终以鼓励创新为核心治理目标，这不仅为其数字生态各维度形成紧密耦合状态提供了环境基础，也为其巩固垄断性的数字生态位提供了制度保障。欧洲 28 国早期的数字规制体系以回应美国数字垄断为核心诉求，强调人权保障。但其后，欧洲 28 国逐渐将数字规制体系作为驱动自身数字生态发展的要素，将单一数字市场构建作为核心治理目标，通过一系列规制举措，促进欧洲 28 国内部数字要素流通与优势互补。

（二）中国、美国、欧洲 28 国数字生态格局

1. 中国、欧洲 28 国数字生态位相近，分别居数字货物贸易中心与数字服务贸易中心

中国、欧洲 28 国的数字化发展处于相近的数字生态位。特别是在数字贸易领域，中国与欧洲 28 国分别为数字货物贸易中心和数字服务贸易中心（王娟等，2022）。中国生产的数字产品可供应欧美等全球主要市场。欧洲 28 国的数字服务出口占全球数字服务出口市场的近 50%，且欧盟内部贸易往来密切。

中国、欧洲 28 国具有实现优势互补与开展深度合作的良好条件。中欧贸易互通程度高且各具优势，数字服务贸易的发展使得欧洲 28 国成为中国未来发展的重要参照体。欧洲 28 国在数字规制框架与市场监管方面有丰富的经验，一定程度上契合了中国完善数字安全与市场监管体系的需求，但欧洲 28 国的规制发展理念是否适用于中国数字生态的发展现状，仍需进一步探讨。

2. 美国处于全面垄断生态位，居数字贸易价值链高位

美国在数字基础、数字能力及数字应用领域均领先于其他国家，在国际数字生态中占据垄断性生态位。中国的数字化发展势头强劲，在国际数字生态中发挥重要作用。从数据看，2020 年中美两国互动频繁，美国依赖对中国数字产品的进口，中国对美国形成数字产品贸易顺差。但在电子元器件等核心数字产业领域，中国较美国仍有差距。美国依托高校和企业，形成巨大的数字人才存量优势。中国则在人工智能、物联网等前沿领域重点布局，相关人才数量增速快，发展潜力大。

中美数字博弈仍将是国际数字生态发展中的重要趋势。因此，中国既要"促优势"，又要"补短板"。一方面，要继续推进数字基础和数字应用发展，力争在相关领域占据优势生态位；另一方面，加强培养与引进高质量数字人才，掌握核心数字科技，全面提升数字能力。

3. 美国、欧洲28国数字规制反映利益冲突

美国依托其数字市场，在数字基础、数字能力、数字应用领域全面领先于欧洲28国；欧洲28国则在数字货物和数字服务出口领域较美国有一定优势。在数字规制领域，美国、欧洲28国分别代表了两种截然不同的数字规制体系。美国强调对数字市场采取自由放任的策略，在数字风控领域呈现弱监管的特征；欧洲28国则在数据流通、数字风控领域采取严厉且完备的监管措施，强调"数字主权"，并将强化规制与维护数字主权作为最主要的手段和策略以应对美国在数字领域的绝对优势。欧洲28国采取"内松外严"的政策，积极推动内部数据要素自由流动，但严格管控数据向境外传输。

4. 国际数字治理框架有待形成

中、美、欧洲28国在数字化发展中各具优势，已成为当下国际数字生态中最重要的三极。中、美在数字化发展领域呈现全方位竞争关系，在数字能力方面的竞争尤为激烈。中国积极寻求在数字能力上的突破，美国则以对中国高科技商品加征关税、将中国科技公司列入"实体清单"等方式持续遏制中国，巩固其在高科技产业领域的顶端优势；美国、欧洲28国之间也面临利益冲突，美国试图凭借其垄断性生态位抢占更多国际市场份额，欧洲28国则试图通过一系列规制或安全措施限制美国对其市场的蚕食，并降低对美国的依赖程度；中国、欧洲28国之间数字生态位相近，在数字产品和数字服务领域各具优势，具备一定的实现优势互补与开展深度合作的条件。然而，欧洲28国近年来以意识形态和政治安全为借口，限制中国企业对欧洲市场投资，阻碍了中国同欧洲28国之间的合作。

总体来看，当前三方之间的竞争格局并不是国家间互动的稳定结构，也不会是国际数字生态发展的长期状态。中、美、欧洲28国之间竞合战略的调整或转向，会影响数据、人才以及其他生产资料在不同国家和区域的再分配，进而影响国际数字生态的演化方向。正如课题组之前的研究发现，国际数据治理框架有待形成，网络空间安全问题也亟须解决，多国联动的

数字治理格局带来超越国家界限的全球挑战（李由君等，2022）。

五　总结与展望

习近平总书记指出："党的十八大以来，党中央高度重视发展数字经济，将其上升为国家战略。"习总书记对数字经济发展态势给出了积极评价，指出"这些年来，我国数字经济发展较快、成就显著。"与此同时，习总书记也指出："我们要看到，同世界数字经济大国、强国相比，我国数字经济大而不强、快而不优。还要看到，我国数字经济在快速发展中也出现了一些不健康、不规范的苗头和趋势，这些问题不仅影响数字经济健康发展，而且违反法律法规、对国家经济金融安全构成威胁，必须坚决纠正和治理。"① 为切实推动我国数字经济不断做强做优，有必要继续对数据要素有何特性、数字化转型有何规律以及数字经济如何评估等关键问题进行深入研究。

继 2020 年、2021 年之后，2022 年是"数字生态指数"发布的第三年。研究团队归纳了数字生态视角的五大特性——关联性、层次性、聚集性、整体性、动态性。表 8 展示了数字生态视角的这些特性在我们研究中的具体体现。

表 8　数字生态视角的五个特性及其在研究中的具体体现

特性	关注焦点	研究中的具体体现
关联性	连接、耦合、相互作用	数字生态的耦合模式分析
层次性	范围、领域、不同尺度	同时关注国际、国内、区域生态
聚集性	群落、共生、竞合关系	城市群及中国、美国、欧洲 28 国数字生态格局分析
整体性	综合、涌现、有机整体	数字生态指数指标体系的设置
动态性	演化、互构、发展趋势	各国数字规制的模式特征及其发展演变

针对耦合模式的分析体现了数字生态视角的关联性。研究表明，在中国的各省级行政区中，各维度协调发展的省级行政区数字生态指数得分更

---

① 习近平：《不断做强做优做大我国数字经济》，http://www.qstheory.cn/dukan/qs/2022-01/15/c_1128261632.htm，最后访问日期：2023 年 9 月 15 日。

高。与欧美发达国家相比，中国数字生态一级指标耦合程度较低，主要是因为中国属于典型的数字应用驱动型国家，在数字能力领域存在一定的短板。

对国际、国内区域不同层次数字化发展状况的关注体现了数字生态视角的层次性。根据我们对国际数字生态的研究，中国属于数字生态发展的第一梯队，并作为数字货物贸易中心参与到国际数字生态发展中。根据我们对中国数字生态的研究，从各省级行政区来看，北京、广东、上海、浙江、江苏属于全面领先型，其他省级行政区分别属于赶超壮大型、发展成长型和蓄势突破型。从国内区域发展来看，数字生态指数得分的东西差距依然存在，但是南北差距更大；从国内城市来看，中国数字生态指数（2022）前30的城市排名整体较为稳定。

对城市群发展的分析体现了数字生态视角的聚集性。在我国空间发展格局中数字经济的发展表现出较强的聚集性，而数字社会发展更为均衡。进一步分析发现，数字经济发展的聚集性在长三角城市群表现为数字经济发展先行城市对周边城市的良性拉动效应，而京津冀、珠三角、成渝和中三角城市群的中心城市均具有虹吸效应。

数字生态是一个有机的、不可分割的整体，对数字生态指数的指标设置便体现了数字生态视角的整体性。在对国际数字生态的研究中，我们新增对各国数字规制的考察，以体现我们对影响一国数字化发展及全球数字治理制度环境的关注。数字生态具有演化发展的特征，因此要从动态性角度对其进行研究。

2022年我们在更详尽地讨论数字生态视角以上五个特性的基础上，进一步深化和拓展了数字生态指数的构建与分析工作，对中国和国际的数字生态进行了更全面、更深刻的分析。我们认为基于2022年度的分析结果得到的以下几点认识是至关重要的。

第一，国家统筹布局和地方全面建设的数字基础，促进了数字社会的均衡发展，将可能成为推动包容普惠、建设共同富裕社会的新路径。中国各地区间数字社会发展的不均衡性要远低于经济社会发展的不均衡性。数字社会的发展更依赖数字基础建设。目前国内全面覆盖的先进通信网络设施，提高了全民网络接入性，在移动互联网的普及应用下，农村电商、直播带货、在线网课等新技术应用形态快速扩散，正在重塑并改善城市与乡村居民的日常生活。

第二，数字能力是各地发展的普遍短板，催生中国形成"高峰先导－高原接引"的数字经济发展格局。目前中国国内已形成"高峰先导－高原接引"的数字经济发展格局，北京、上海、深圳、杭州、广州成为数字经济发展第一梯队的高峰城市，武汉、成都、南京、苏州、重庆、天津、长沙成为数字经济发展第二梯队的高原城市。与数字社会发展不同，中国各地区间数字经济发展的不均衡性远高于经济社会发展的不均衡性，这在很大程度上是数字能力发展的集聚效应导致的，同时也与数字经济发展先行城市有更好的发展基础有关。优质的教育医疗资源、便利的公共服务成为吸引人才尤其是高端人才的关键。人才又构成了打造科技创新中心、发展数字能力的基本条件。以长沙为例，在"三高四新"的战略定位下，围绕强省会建设目标，通过引进国家级科技创新平台和高端数字人才团队等举措，长沙成功聚集了省内优势资源，驱动了数字经济实现快速发展，其城市排名大幅上升4名，至全国第12位。

第三，从国际格局来看，中国是数字货物贸易中心，欧洲28国是数字服务贸易中心，美国处于全面垄断生态位。中国呈现应用引领型的数字生态发展模式。与此同时，作为全球数字服务贸易中心的欧洲28国与中国所处的数字生态位相近。美国在数字化发展领域目前处于全面垄断生态位。与美国的全面领先型数字生态不同，中国在数字能力维度还存在明显短板。未来，努力培养与吸引数字人才、大力进行数字技术创新，是中国努力占据优势生态位的重要前提。

第四，中、美、欧洲28国在数字规制体系方面特征明显，中国突出安全有序，美国鼓励创新，欧洲28国侧重维护市场秩序。数字规制对于理解各国数字治理发展趋势尤其关键，因此我们在研究国际数字生态时注重对其进行单独分析。目前的研究显示，在数字规制完备性方面，欧洲28国要优于中国和美国。中、美、欧洲28国数字规制体系特征与其各自数字生态发展模式的特征息息相关。

展望未来，数字生态视角在科学评估、研究不同范围和领域的数字化发展状况方面具有突出优势。数字生态指数研究为我们加深理论认识、提高实践指导水平、提出政策建议等提供了有效工具。

在国内方面，中国既具有统一大市场优势，又具有体制制度优势，全国数字生态发展水平和空间格局的进一步提升与优化，主要依赖中央顶层设计和地方参与建设双重发力。中央政府一方面需要营造有利于数字生产要素在国内跨区域流动的政策环境，提出更多类似"东数西算"的区域协同发展思路；另一方面还需要帮助各省级行政区和重要城市更好地融入跨地区、跨省级行政区甚至跨境的数字生态大循环中。地方政府和企业则要从全国和区域一体化数字生态格局出发，在因地制宜、充分发挥已有优势的基础上，在更大范围内实现借力发展，努力推动地区数字经济、数字政府和数字社会建设。此外，政府和市场也需要从数字生态视角出发，努力寻求在不断演进的数字生态中扮演好角色，未来可以对哪些领域需要政府大力支持与推进、哪些领域需要留给市场更多创新空间等新型政商关系问题进行更多探讨。

在国际方面，中、美、欧洲28国是当下形塑国际数字化发展格局的核心力量。目前中国还需要探索更为全面发展的数字化路径。然而，受到中美贸易摩擦、治理方式、意识形态和规制建设等因素的影响，当前中、美、欧洲28国围绕数字化发展与数字治理形成的国际数字生态格局并不稳定，三方均有能力与动力通过改变彼此间的竞合关系，重新分配数字要素资源，进而影响国际数字生态演化。对于中国而言，在制定发展战略时需要兼顾独立发展和弥补短板的发展需求，审慎选择合作对象，评估开展合作所需的条件和可能的成果。目前中国正积极寻求加入《数字经济伙伴关系协定》（DEPA），深入了解世界各国数字治理发展状况，对全球数字规制体系可能发生的演化趋势进行科学的分析和预测，将会为深入参与全球数字化发展、开展国际数字合作、分享世界数字化发展红利提供重要的研究支撑。然而不可否认，我们针对国际数字治理体系的研究目前仍处于起步阶段。对中、美、欧洲28国数字规制模式差异开展更深入的量化分析，以及针对新加坡、印度等其他数字经济大国的治理体系开展研究，都将是我们接下来的努力方向。

参考文献

李昊林、彭錞，2022，《良好数字生态与数字规则体系构建》，《电子政务》第3期，第31~38页。

李由君、韩卓希、乔天宇、翟崑、邱泽奇，2022，《数字化转型中的国家治理变化》，《西安交通大学学报》（社会科学版）第 3 期，第 51~60 页。

乔天宇、张蕴洁、李铮、赵越、邱泽奇，2022，《国际数字生态指数的测算与分析》，《电子政务》第 3 期，第 17~30 页。

王娟、张一、黄晶、李由君、宋洁、张平文，2022，《中国数字生态指数的测算与分析》，《电子政务》第 3 期，第 4~16 页。

王娟、张蕴洁、宋洁、张平文，2022，《中美欧数字经济与贸易的比较研究》，《西安交通大学学报》（社会科学版）第 3 期，第 31~40 页。

许宪春、雷泽坤、窦园园等，2021，《中国南北平衡发展差距研究——基于"中国平衡发展指数"的综合分析》，《中国工业经济》第 2 期，第 5~22 页。

Digital Ecology and Governance

Volume 1
October 2023

Table of Contents & Abstracts

Digital Ecosystem and Digital Governance

Changes in National Governance in Digital Transformation
      Li Youjun, Han Zhuoxi, Qiao Tianyu, Zhai Kun, & Qiu Zeqi / 1

  Abstract: Digital transformation has brought significant changes to individuals, organizations, and all levels and fields of society, and has profoundly influenced the processes and effectiveness of national governance. However, there is limited research that systematically analyzes the changes in national governance caused by digital transformation from a macro perspective. There are at least three dimensions that distinguish national governance from the past: First, in terms of the governance effectiveness of internal affairs, digital transformation provides conditions for leapfrog economic growth and innovative development paths for countries. Second, in terms of governance methods among countries, there is a convergence of governance approaches due to the common new problems and logics of digital development. Third, in the widely connected digital era, the inadequacy of the effectiveness of the nation-state as a governance unit is highlighted by multiple global challenges, and national governance needs to consider the global digital order. The widespread diffusion of digital technology, its strong adaptive nature, and the connection and generation logic of digital transformation are the intrinsic mechanisms of change in national governance.

  Keywords: National Governance; Digital Transformation; Global Digital Governance;

Digital Technology; Institutional Differences; Governance Convergence

Sound Digital Ecosystem and Digital Rules System

Li Haolin & Peng Chun / 20

Abstract: The 14th Five-Year Plan proposes to create a sound digital ecosystem by constructing a digital rules system. Therefore, it is necessary to clarify the connotation of a sound digital ecosystem and analyze the sub-requirements implied by the three main requirements: openness, health, and security. China's digital rules system has made initial progress, but there are issues such as inadequate implementation of the openness requirement and insufficient implementation of the proactive innovation sub-requirements within the health requirement. The improvement of China's digital rules system should fully respond to the requirements of openness, health, and security. By establishing a digitally competitive rules system and constructing a digital ecosystem that aligns with China's development interests, a sound digital ecosystem can be achieved.

Keywords: Digital Society; Digital China; Digital Ecosystem; Digital Economy; Digital Rules System; Digital Governance

Research Methods for the Digital Governance Landscape

Exploration of Theory and Method of Studying Digital Governance Pattern

Qiao Tianyu, Li Youjun, Zhao Yue, Tan Cheng, & Zhang Pingwen / 34

Abstract: Under the background of increasingly fierce competition in the field of digital governance around the world, it is very urgent and important to make scientific research and judgment on the pattern of digital governance. The article first explains how to understand the concept of digital governance and the pattern of digital governance. After reviewing the existing two perspectives of studies on the pattern of digital governance, this article provides a digital ecological perspective for studying the pattern of digital governance. It is found that the ecological perspective pays more attention to relevance, stratification, holism, aggregation, and dynamics. Thus, it extends the scope of research questions related to grasping the pattern of digital governance, and better captures the general characteristics of the digital era: more highly interconnected and more complexly interactive. This article also introduces the methods and technical routes for studying the pattern of digital governance from the digital ecological perspective.

Keywords: Digital Governance; Digital Governance Pattern; Ecological Perspective

Calculation and Analysis of China's Digital Ecological Index
  Wang Juan, Zhang Yi, Huang Jing, Li Youjun, Song Jie, & Zhang Pingwen / 48

  Abstract: As the digital era quietly approaches, digital China has become a national strategy, and fostering a sound digital ecosystem is an inherent requirement for building a digital China. Based on research on the connotations and development trends of the digital economy, digital society, and digital government, a comprehensive evaluation system measuring the development of regional digital ecosystems is constructed from three dimensions: digital infrastructure, digital capabilities, and digital applications. By innovatively applying big data analysis methods and relying on massive data from representative institutions nationwide, sub-indexes are developed and a comprehensive calculation of China's Digital Ecological Index for the year 2021 is conducted using the entropy method. Through a comprehensive and in-depth depiction of the development level, driving modes, regional patterns, and development resilience of digital ecosystems in 31 provincial-level administrative regions and 337 cities in China, this analysis provides decision-making support for the development of digital ecosystems and the implementation of the national strategy of a digital China at the local level.

  Keywords: Digital China; Digital Society; Digital Ecosystem; Digital Economy; Digital Governance; Digital Government

Calculation and Analysis of International Digital Ecological Index
  Qiao Tianyu, Zhang Yunjie, Li Zheng, Zhao Yue, & Qiu Zeqi / 72

  Abstract: The digital transformation has become an important variable influencing the new global development landscape. Understanding and assessing the international digital development landscape is an urgent and timely research topic. This article proposes a basic framework for depicting the international digital ecosystem from the perspective of digital ecology, including four core dimensions: digital infrastructure, digital capabilities, digital applications, and digital regulations. Based on this framework, the International Digital Ecological Index is calculated to evaluate the digital development status of various countries and explore different structural patterns in their digital ecosystem development. Additionally, by studying the network of interactive relationships among countries in the digital domain, the article examines the structural positions occupied by each country and the structural constraints they face, with the aim of providing reference for formulating relevant development strategies in our country.

Keywords: Digital Development; Digital Ecosystem; Digital Governance; International Digital Ecosystem; Digital Ecological Index

Current Status and Prospects of Digital Governance Patterns in China, the United States, and Europe Union

Comparative Study on Internal Digital Governance Patterns of China, the United States, and European Union

Li Haolin, Wang Juan, Xie Zilong, Wang Zhuoming, & Song Jie / 95

Abstract: In order to better participate in the international digital development, it is crucial to investigate the internal digital governance pattern of various countries and clarify their internal generation logic on the basis of recognizing the current situation. This paper makes a comparative study of the internal digital governance patterns in China, the United States and European Union from the perspective of digital ecology, attempts to clarify their respective digital ecological development models, and analyzes the relationship between the development models and their digital regulation systems. The study found that the United States has formed an all factor leading development model and a regulation system centered on encouraging innovation. The diversified development model of EU Member States has affected the EU to form a regulation system centered on market construction. China's development model shows the characteristics of application driving, and the regulation system takes development and security as the dual core. Based on this, the article puts forward suggestions on how to optimize and adjust China's digital regulation system and speed up its digital ecological development model transform and upgrade.

Keywords: Digital Governance; Digital Ecology; Digital Regulation System

Comparative Study and Suggestions on International Digital Governance Pattern among China, the United States and European Union

Zhang Yunjie, Feng Liyuan, Li Zheng, Ai Qiuyuan, & Qiu Zeqi / 108

Abstract: Digital technology and digital economy have increasingly become important indicators for the development of competitiveness of various economies. In order to vie for digital competitive advantages and seize the advantageous ecological niches in the international digital ecological development, major economies such as China, the United States, and European Union have launched extensive competition. Based on this background, the article first introduces the connotation and characteristics of the international digital governance pattern, points out that the digital trade relationship and the comparison of digital power are the key factors to shape the international digital governance pattern, and then focuses on China, the United States and European Union for comparative analysis. The results demonstrate that the interaction between China, the US, and the EU in the international digital governance fields and their active construction of "Community of Digital Interests" are shaping the global digital governance pattern in a multi-dimensional scenario.

Keywords: Digital Governance Pattern; Trade Networks; Digital Trade Agreements

A Comparative Study of the Digital Economy and Trade between China, the USA and the EU

Wang Juan, Zhang Yunjie, Song Jie, & Zhang Pingwen / 122

Abstract: The development of digital economy and expansion of digital trade has become an inherent requirement for China to seize the high ground of digital industry revolution, and build a new development pattern in which the domestic circulation is the mainstay and the domestic and international double circulation promote each other. Clarifying China's position, especially its advantages and disadvantages relative to the USA and the EU in the international competition of digital economy and trade, is crucial to judge and guide the future development of China's digital economy in both domestic and international double circulation. At present, there are various methods to define and measure the digital economy and digital trade, but there is a lack of connection and comparison between different methods as well as between different countries from a global perspective. Based on the solid statistical measurements and comparative analysis of relevant data, we make in-depth research on scale pattern, structural pattern, dynamic pattern, competition pattern, dependency pattern, etc. between China, the USA and the EU, and find that China's digital economy and trade is "big but not excellent, fast but not first, profitable but not win". Therefore, we propose policy suggestions for the sustainable development of China's digital economy and trade such as comprehensively optimizing the digital economic structure, promoting strengths and avoiding weaknesses in the electronic equipment manufacturing industry, cultivating new trends in the information service industry, and reversing the disadvantages in the digital media industry.

Keywords: Digital Economy; Digital Trade; Digital Industry; Economic Structure

Application Exploration and Innovative Research

Research on the Complexity of Semiconductor Technology Innovation and Industrial Development

Li Zheng, Qiao Tianyu, & Qiu Zeqi / 142

Abstract: With the deepening penetration of digital development into all aspects of society, digital industry has become a new engine of economic growth in various countries, and the integration of innovation and industrial development is an important way to promote technological innovation and the development of digital industry in various countries. As an important support of digital product production, semiconductor material has become a new track of digital competition in various countries because of its high technical threshold and high additional output value. Through the complexity analysis of the digital field and the semiconductor industry, this paper identifies the different models of digital innovation and industrial integration development, and describes the development status of China's semiconductor industry. According to the characteristics of the semiconductor industry and the status quo of China's semiconductor industry, this paper also studies and judges the future development direction of China's semiconductor industry, and analyzes the technological innovation and industrial conditions needed in the development process, so as to provide reference for China's semiconductor development policy.

Keywords: Digital Development; Innovation and Industry Integration Development; Semiconductor Industry; Complexity Analysis

International Digital Governance Landscape Map

Qiao Tianyu, Zhao Yue, Li Zheng, Ai Qiuyuan, Song Jie, & Qiu Zeqi / 170

Abstract: Digital technology revolution is reshaping the interactions between countries, and redefining the macro structure of international system. This paper concentrates on the interactions among countries and regions within the realm of digital development. We introduce an "International Digital Governance Configuration Map" model, which expands upon the Axelrod and Bennett's Landscape Model of national agglomeration. Using this model, along with empirical data from sources such as the International Digital Ecology Index, the United Nations Trade Database, and the Global Governance Index, we calculate and simulate the position of major countries within the digital governance configuration. The study reveals that the international pattern observed during the industrial age continues to some extent during the early stages of the digital age's development. The study examines interest competition and institutional consistency as two major factors affecting the interaction between countries in the realm of digital development. The computational simulations demonstrate that if the interest competition were to become dominant factor impacting interactions among countries, there would be an increased likelihood of symbiotic digital development between China and the United States.

Keywords: International Digital Governance Configuration; Landscape Model; Computational Simulation

The Measurement of Digital Ecology Index

Digital Ecology Index Report (2022)

"Digital Ecology Index (2022)" Research Group / 194

Abstract: Digital ecology is a crucial perspective for the study of digital economy, and the digital ecology index aims to make multi-level and overall judgement on the development pattern of domestic and international digital ecology. It can provide a scientific assessment basis and practical tools for China to create a good digital ecosystem internally and actively adjust its global strategic positioning externally. This paper builds a theoretical framework of digital ecology that includes digital foundation, digital capacity, digital application and digital regulation, on the basis of which, Chinese digital ecology index and international digital ecology index are constructed. On the domestic front, the digital ecological pattern of four types of linkages at the provincial level in China has remained stable in general, but regional imbalance in the development of the domestic digital ecology still exists; on the international front, China's level of digital development belongs to the first echelon in the international arena, and China, the U. S. , and the 28 countries in Europe are the important forces in shaping the international digital governance pattern.

Keywords: Digital Ecology Index; Digital Foundation; Digital Capability; Digital Application; Digital Regulation

《数字生态与治理》征稿启事

为反映数字生态与治理研究和工作领域的最新成果,推动数字生态与治理的理论研究与实践,特组织出版《数字生态与治理》(*Digital Ecology and Governance*)学术集刊,每年一辑。集刊由大数据分析与应用技术国家工程实验室主任张平文担任主编,北京大学中国社会与发展研究中心邱泽奇教授和北京大学工学院宋洁教授担任常务副主编,在社会科学文献出版社出版。集刊每一辑的字数在30万字左右,拟收录和发表论文12篇左右。

一 出版宗旨

(1) 倡导数字生态与治理研究的问题意识、理论取向与实践关怀。希望投稿论文基于数字生态发展的前沿进展、发展过程和机制提出具有重要理论意义和现实关怀的研究问题,将数字生态与治理作为一个整体,或借鉴和反思学术界多学科的相关理论,关注实践领域的最新进展,推动数字生态与治理理论创新。

(2) 促进数字生态与治理研究学术共同体与实践共同体的交流。《数字生态与治理》是一个平等开放的学术与实践交流平台,真诚欢迎各大专院校、研究机构的学者以及实践领域的专家学者积极投稿、踊跃参与,共同推动数字生态与治理领域的研究和实践深入发展。

(3) 呈现数字生态与治理领域的研究进展。集刊主要发表数字生态与治理领域高质量的新作,借此,一方面积累数字生态与治理领域的原创知识,另一方面反映数字生态与治理领域的最新动态。

二 来稿要求

（1）《数字生态与治理》的内容定位于从数理类、人文社会科学类、网络与智能类、工程管理类等不同学科视野和方法开展数字生态与治理的研究和讨论，尤其欢迎数字生态与治理方面的原创性论文。

（2）投稿论文一般以1.5万字左右为宜（包括注释和参考文献），最长不要超过3.0万字。

（3）《数字生态与治理》刊登高质量学术论文、研究报告、研究综述和书评等。

（4）来稿必须遵循学术界公认的学术规范，内容应包括：标题，作者姓名、工作单位和研究方向，摘要，关键词，正文，参考文献。引文注释必须清楚明确，论述言之有据，论证逻辑一致，研究方法、分析工具清楚、准确、统一。

（5）来稿要求以中文写作，并请附中英文的论文题目（不超过20字）、摘要（不超过300字）和关键词（3~5个）。

（6）作者说明和注释采用脚注方式，序号一律采用"①、②、③……"，每页重新编号。引用采用文中夹注方式，在引文后加括号注明作者、出版（发表）年份，如原文直接引用则必须注明页码。详细文献出处作为参考文献列于文后，以作者、出版（发表）年份、书（或文章）名、出版单位（或期刊名以及期刊的卷期）、页码排序。文献按作者姓氏的第一个字母顺序排列，中文在前、英文在后。

（7）图和表的规范：统计表、统计图或其他示意图等，用阿拉伯数字连续编号，并注明图、表名称；表号及表名须标注于表的上方，图号及图名须标注于图的下方；"注"须标注于图表下方，以句号结尾；"资料来源"须标注于"注"的下方。

（8）《数字生态与治理》随时接受投稿，来稿请自备副本，概不退稿。

（9）《数字生态与治理》采用编委会审稿制，以质取文。不论采用与否，编辑部均会在2个月内通知作者。一经发表，即送作者当辑集刊2册。稿件请发至电子邮箱：digecogov@163.com。

三 文献征引规范

为保护知识产权，投稿文章如有征引他人文献，必须注明出处。《数字生态与治理》遵循如下文中夹注和参考文献格式规范示例。

（1）文中夹注格式示例

（周雪光，2005）；（科尔曼，1990：52~58）；（Sugden，1986）；（Barzel，1997：3~6）。

（2）中文参考文献格式示例

曹正汉，2008，《产权的社会建构逻辑——从博弈论的观点评中国社会学家的产权研究》，《社会学研究》第1期，第200~216页。

朱晓阳，2008，《面向"法律的语言混乱"》，中央民族大学出版社。

詹姆斯·科尔曼，1990，《社会理论的基础》，邓方译，社会科学文献出版社。

阿尔多·贝特鲁奇，2001，《罗马自起源到共和末期的土地法制概览》，载徐国栋主编《罗马法与现代民法》（第2卷），中国法制出版社。

（3）英文参考文献格式示例

North, D. and Robert Thomas. 1971. "The Rise and Fall of the Manorial System: A Theoretical Model." *The Journal of Economic History*, 31（4）：777–803.

Coase, R. 1988. *The Firm, the Market, and the Law*. Chicago：Chicago University Press.

Nee, V. and Sijin Su. 1996. "Institutions, Social Ties, and Commitment in China's Corporatist Transformation." In McMillan, J. and B. Naughton（eds.），*Reforming Asian Socialism：The Growth of Market Institutions*. Ann Arbor：The University of Michigan Press.

诚邀各界同仁积极参与，不吝赐稿，共同推动数字生态与治理理论研究和实践发展。

图书在版编目(CIP)数据

数字生态与治理. 第一辑 / 张平文主编;邱泽奇,
宋洁执行主编. -- 北京:社会科学文献出版社,2023.10
 ISBN 978 - 7 - 5228 - 2499 - 4

Ⅰ.①数… Ⅱ.①张… ②邱… ③宋… Ⅲ.①社会管
理 - 研究 Ⅳ.①C916

中国国家版本馆 CIP 数据核字(2023)第 170197 号

数字生态与治理 第一辑

主　　编 / 张平文
执行主编 / 邱泽奇　宋　洁

出 版 人 / 冀祥德
责任编辑 / 杨桂凤　孟宁宁
责任印制 / 王京美

出　　版 / 社会科学文献出版社·群学出版分社 (010) 59367002
　　　　　 地址:北京市北三环中路甲 29 号院华龙大厦　邮编:100029
　　　　　 网址:www.ssap.com.cn
发　　行 / 社会科学文献出版社 (010) 59367028
印　　装 / 三河市龙林印务有限公司

规　　格 / 开　本:787mm × 1092mm　1/16
　　　　　 印　张:15.5　字　数:256 千字
版　　次 / 2023 年 10 月第 1 版　2023 年 10 月第 1 次印刷
书　　号 / ISBN 978 - 7 - 5228 - 2499 - 4
定　　价 / 118.00 元

读者服务电话:4008918866

版权所有 翻印必究